各章作者分工

新时期中国服务业
开放战略及路径

李钢 聂平香 等著

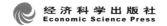

经济科学出版社
Economic Science Press

导　言

一

（一）服务经济全球化成为当今世界的基本特征

从 20 世纪中叶开始，美国率先实现了服务业为主的经济转型，随后其他发达国家相继完成了这种转型，继而新兴经济体也实现了这一进程，这就使得当今世界步入了服务经济主导的时代。根据世界银行的数据，2013 年，服务业占全球经济的份额已达到 58.3%，其中 OECD 高收入国家服务业对经济的平均贡献达到 71.2%，中高收入国家平均比重为 62.3%。在金砖国家中，2013 年，服务业对经济的贡献率巴西为 69.3%，俄罗斯为 59.8%，印度为57.0%，南非为 70.0%，中国仅为 46.1%。从发展趋势看，服务业对经济的贡献率均呈现不断上升的趋势。

服务创新成为全球价值链增长的主要源泉，根据联合国贸发会议的数据，服务业在全世界净出口中虽然仅占 20% 左右的份额，但出口增值的部分几乎一半（46%）是由服务部门的活动贡献的。此外，服务经济的产业基础不仅仅是服务业自身，也包括了在农业和制造业中的服务内容，制造业的服务化趋势越来越明显。大数据、云计算、移动互联网、物联网、智能制造、机器人、3D 打印等新技术应用，推动了三次产业之间不断融合、互动，产业边界日益模糊。服务业成为全球产业转移和国际投资的主要领域，服务贸易以及服务外包成为推动世界经济增长的重要引擎。

随着经济全球化的深入发展，在 WTO 多哈回合谈判久拖不决的背景下，发达国家为获取规则的主导权以实现其利益，在多边、区域、双边等各种层次上推动新一代国际贸易和国际投资规则，覆盖了高标准的服务贸易便利化和自由化议题、知识产权保护、竞争中立、政府采购等新议题。在多边层面美欧主导新的《服务贸易协定》（TISA），在双边和区域层面美国以两洋战略为核心，布局《跨太平洋伙伴关系协定》（TPP）和《跨大西洋贸易和投资伙伴关系协定》（TTIP），试图形成更高标准的国际贸易投资新规则。

（二）中国正步入服务经济主导的新时期

2008 年由华尔街引发的全球金融危机之后，2010 年中国成功实现弯道超越，在世界经济排名中升至第二位。2013 年，世界银行将中国调升至中高收入国家行列。这也意味着中国未来在全球消费市场所占比重将会进一步提高。内需主导型或消费主导型的经济格局正在形成。

2014 年国际货币基金组织发布报告，按照购买力平价（PPP）中国经济总量超过美国成为世界第一。尽管这只是理论意义上的评价，与实际汇率折算的 GDP 尚有较大差距，但 2014 年中国按现行汇率计算 GDP 已然超过 10 万亿美元，与美国 17 万亿美元的差距正在逐步缩小（59%）。中国巨大的经济潜力、巨大的市场需求不能不引起世界的高度关注。在未来世界经济发展中中国因素的主导作用不断增强，中国正由经贸大国向经贸强国从容迈进。

从国际贸易领域来看，2010 年中国货物贸易出口居世界第一位，之后 2013 年又实现货物进出口总额世界第一位，2014 年服务贸易超过德国升至世界第二位。但从总贸易即货物贸易与服务贸易总和来看，2014 年中国仍落后于美国居第二位。无论如何，在近现代世界经济发展史上，中国以发展中国家的身份跃居成为世界货物贸易第一大国不能不说是一个奇迹。

从国际投资领域来看，中国经济发展成功的背后是中国工业化进程的直接结果。2010 年中国生产总值超过美国，成为世界第一，占据世界工业生产总值 20% 以上的份额。世界 500 种重要制成工业品中，中国居第一位的超过

220 种。这是支撑中国货物出口世界第一的产业基础。以汽车产业为例，2010 年中国汽车产销量达到 1800 多万辆，超过全盛时期的美国，此后几年汽车产销量均超过 2000 万辆，2014 年达到 2200 万辆。由于汽车产业的复杂程度标志一国制造业的水平，因此，可以说中国基本完成了传统意义上的工业化。虽然中国的汽车产销中超过 60% 为独资、合资生产以及进口品牌，中国本土品牌占比不足 40%，且国产车绝大部分为中低端小排量产品，但毕竟中国业已掌握了汽车产业的全套设计制造技术，工业化水平正在向中高端迈进。

从中国经济的三次产业结构看，2014 年，三次产业在 GDP 增加值中的占比分别为 9.2∶42.6∶48.2，在全部就业中的比重分别为 29.5∶29.9∶40.6。其中，2013 年服务业（第三产业）在 GDP 增加值中第一次超过第二产业达到 46.2%，2014 年占比超过 48.2%，2015 年 1～9 月已经超过 50% 这一临界点，这标志着中国正步入服务经济主导的时代。

中国已经接近完成工业化阶段的基本任务，即将步入后工业化时代。在中国经济发展的新常态，即经济发展中高速，经济结构迈向中高端，并在 2020 年全面实现小康社会的大背景下，客观评估自身的发展阶段与水平、选择好中国后工业化的新型发展道路，最终实现中华民族伟大复兴的中国梦是必须认真思考的问题。

二

（一）中国服务业的发展与存在的主要问题

进入 21 世纪以来，中国服务业快速发展。2014 年，在我国 GDP 增加值中三次产业各自所占的比重分别为 9.2∶42.6∶48.2，在我国全部就业中三次产业就业比重分别为 29.5∶29.9∶40.6。显示了服务业在我国国民经济发展的重要地位和愈益重要的作用。首先，服务业在我国国民经济中所占据的比重最大，带动就业最多。在"互联网＋"时代，各种新的服务业态、服务模式不断涌现，服务业蓬勃发展的势头不可限量。

其次，服务业在我国经济的转型升级中起着重要作用。在迈向中高端的过程中，一方面是夯实"中国制造"的基础，这在中国制造 2025 的愿景中已作出了详细的阐释；另一方面就是打造"中国服务"的新形象。根据中国企业联合会、中国企业家协会联合发布的 2015 年"中国企业 500 强"排行榜，服务业 500 强营业收入增长率为 7.2%，是制造业 500 强营业收入增长率（3.3%）的 2.18 倍，且前者连续三年超过后者的营业收入增长率，显示了服务业发展的强劲势头。只有"中国制造"与"中国服务"双轮驱动，才能真正带动中国经济结构的优化与高级化。

再次，服务业是我国参与全球价值链分工不可或缺的重要环节。在全球价值链体系中，制造环节所产生的价值约为 40%，而前端的研发设计环节和后端的营销服务环节占全部价值链的 60% 左右。因此，在价值链的两端发力，是提升在分工体系中地位的着力点。根据近期商务部、海关总署、国家统计局和国家外汇管理局联合进行的《全球价值链与中国贸易增加值核算研究报告》的研究，单位服务出口推动的国内增加值和就业均较高，远高于货物出口。以 2012 年为例，中国每 1000 美元服务出口拉动的国内增加值为 848 美元，而每 1000 美元货物出口的国内增加值仅为 621 美元。每百万美元服务出口拉动国内就业 104.8 人次，2012 年中国服务出口拉动的国内总就业 1997 万人次。

最后，服务业内部结构的提升与优化对其自身发展具有特殊的意义，服务业一方面要依托第一产业、第二产业的发展，并为之提供相应的服务；另一方面是服务业自身发展与提升。在服务提供模式、服务业态、服务细分行业中，都需要通过科技创新和体制机制创新加以改造、提升与完善。

在中国服务业快速发展的过程中也存在着不少问题，概括起来主要是两大问题。一是体制机制问题，或曰体制改革问题。改革开放以来，我国服务业作为一个整体，在体制改革过程中，缺乏顶层设计，各个领域部门管理体制自行设置，改革的进度、深度、广度参差不齐，一些在市场化改革中保留下来的部门，在后期逐渐形成了固化的部门利益，且往往以部门的上位法为由强化自身的管理，而很少考虑如何改进和完善服务本身。而另外一些被裁撤的部门，其所属领域被"市场化"，部门管理为行业协会管理所取代，并无上位法的支撑，因此，无序发展也导致行业的诸多乱象。与此同时，一些服务领域形成了某些国有企业垄断的局面，而在另外一些领域又形成无序过度竞争的混乱局面。

二是服务部门开放问题。在我国加入 WTO 议定书中，按照 GATS 的服务贸易（亦即可贸易的服务业）的类别，对服务业的开放进行了相关的承诺。总体上促进了服务业的开放发展，但是由于服务业各部门领域改革不彻底、不到位，部门管理的越位、失位、错位比比皆是，政府与市场错配成为常态。在此过程中，由于部门立法的滞后、条例细则不完善、部门管理与行业规制未能有效衔接，又导致一些服务领域被外资企业垄断，过度开放使国家利益受到损害。

上述两大问题与世界银行研究报告中的结论高度契合。该报告指出中国在制度法规上的综合开放度为 57.75，世界排名第 75 位，其中外向开放度得分 51.75，排名第 19 位；内向开放度得分 46.68，世界排名第 118 位，内外向开放度相差 99 位。这不能不引起我们的深思：中国经济开放的逻辑究竟是什么？为什么必须遵从市场化、法制化、国际化的路径进一步扩大对外开放？

（二）对中国服务业开放现状的评估

新时期新一轮扩大服务业开放首先需要对现有的开放作出全面而客观的评估，总结自身开放的经验与教训，借鉴其他国家开放的有益经验（具体措施），进而站在新起点上谋划进一步的开放。对外开放的评估与国际比较历来是颇为费解的国际难题。首先是各国都有基于自身历史、文化、传承与习俗、政治制度等选择的独立的经济制度和经济发展道路，这当然包括经济上的对外开放。而中国特色的社会主义道路更是世界历史上的奇迹，社会主义市场经济是经济领域的中国特色。对外开放作为中国的基本国策指导着中国各个领域的对外开放，这其中经济领域的对外开放最为重要。正是改革开放引领中国经济走出了一条独特的发展道路，并取得了今日的成功。因此，对我国对外开放的评估必须置于这样一个大背景下进行，这是基本前提。离开这个基本前提就难免拘泥于细枝末节，偏颇失当。

根据世界银行的一份研究报告，世界主要经济大国的综合开放度普遍在 50 ~ 60 分，彼此之间只有几分的差距。2012 年中国开放度得分为 51.13 分、美国为 56.49 分、德国为 55.32 分，英国为 59.13 分、法国为 54.16 分。中国分别只比美、德、英、法低 5.36 分、4.19 分、8 分和 3.03 分，但高于日本（42.76）8.37 分。但中国在 158 个国家中却仅排在第 71 位。进一步的细分指标表明，中国外向开放度得分 53.78 分，排名第 41 位，而内向开放度得分仅为 47.51 分，排名第 113 位。这凸显了中国对内开放严重滞后于对外开放。

对我国包括服务业在内的对外开放评估应建立系统与科学的方法论框架。整体与局部、静态与动态、定性与定量、历史与逻辑、纵向与横向比较、世情与国情等都要考虑，不能用一把尺子简单衡量后就妄下结论。评估的目的是总结开放的正反两方面经验，成功的继续发扬坚持，不成功的加以改进完善。同时通过可量化指标的对标，找出差距，采取行之有效的对策，弥补赶上。肯定成绩、承认差距、改进不足才是正确的态度。我们不仅要学习批判的武器，而且也要学会对武器的批判。

在全球化时代，一国的对外开放没有终点。正如改革没有完成时一样，开放也只有进行时。完成入世承诺就是终点开放的思维是幼稚可笑的。随着中国经济发展水平的提高，对自身进一步开放的需求也在增加，而且这种开放不再是被动的、单向的开放，而是双向主动的开放，开放的参与方均将获得更大的发展空间和发展利益。多维度、多方面、多层次的评估更能逼近我国包括服务业在内的对外开放的实际情形。

对服务业开放还涉及另外一个方面的问题，也就是如何看待金融业与整个经济的关系问题。金融是现代经济的核心。金融领域的自由化、市场化、国际化关系到我国整体对外开放，也是各个产业、行业领域开放发展的基础条件。由于当今世界除中国之外的其他主要经济体都在金融领域实行全面开放的政策（制度），制度安排上资本与外汇管制基本自由化，因此，在此领域的国际比较与评估会得到相对较高的评价。而我国对金融领域持审慎开放的态度，在资本与外汇管理上较为严格，人民币也只按 IMF 第 8 条实行在经常账户下的可自由兑换，而在资本项下的可自由兑换至今仍未完全放开且实行严格的资本管制。因此，整体而言金融领域的开放度有限。2012 年，中国资本市场综合开放度水平 40.4，排名第 108 位就充分说明了这一问题。从微观领域来看，在 2015 中国企业 500 强榜单中，服务业 500 强中银行业只有 41

家，占比仅为 8.2%，但其利润却占 67.625%，比 2009 年的 58% 还有较大幅度的上升。这也从一个侧面显示我国金融服务业开放程度较低（行业集中度高，垄断程度也高）。由于金融业的特殊地位和作用，使得其他领域特别是服务业领域的开放度评价受到较大影响。由于贸易投资的实际交易活动离不开银行、保险等金融部门，在国际机构的评价中，起评分未达到基本标准，基础性指标评价低，因而导致在国际评价中我国服务开放程度较低的直观判定，这是特别需要说明的。

三

（一）服务业成为中国新一轮对外开放的重点领域

党的十八大后开启了中国新一轮改革开放的浪潮。十八届三中全会通过的《中共中央关于全面深化改革若干重大问题的决定》更是明确提出构建开放型经济新体制。在扩大对外开放方面，明确了对内对外开放统筹协调，利用外资和对外投资并举等基本导向，在扩大服务业开放中特别列举了五大领域市场扩大开放，四大领域扩大市场准入。事实上，服务领域开放远不止于此。新一轮扩大对外开放的重点放到服务领域寓意深远。

为何要进一步扩大服务业对外开放事实上还存在许多不同的认识。新一轮对外开放就是要以"市场在资源配置中起决定性作用与更好发挥政府作用"为导向，倒逼国内改革。改革开放以来，在社会主义市场经济制度基本建立的同时，一些部门、地方、行业及国有企业形成了新的利益集团。它们以不同的借口，为部门、地方、行业、企业一己之利，置国家和人民利益于不顾，阻碍进一步改革，其实也就是妨碍了我国经济社会的可持续健康发展。深化改革就需要扩大开放，通过引入外部门竞争，打破部门、地区、行业及垄断性企业妨碍正常市场准入、公平竞争的规则及门槛，拆除藩篱，破除垄断。在此之前的对外开放中，制造业的开放相对全面、广泛，其广度与深度均远远高于服务业，这也符合工业化加速进程中的特点。而今服务业占据我国经济半壁江山，进一步扩大服务业开放并作为重点就成为必然选择。

第一，扩大服务业开放是加快服务业发展的内在要求，也是缩小与世界服务业发展平均水平差距的要求。与世界服务业平均发展水平相比，我国服务业存在较大差距。与发达国家的差距至少在 20 多个百分点以上（服务业增加值占 GDP 比重）；与新兴经济体特别是金砖国家相比，也有至少 10 多个百分点的差距。当然这种国际比较并未考虑各国所处不同的发展阶段和发展水平，但客观上的差距却是明显的。但对于后进国家而言，也是指明了未来的发展方向。

第二，扩大服务业开放同时也是缩小与世界服务贸易发展平均水平差距的要求。目前世界服务贸易占世界贸易（货物加服务）的比重为 20% 左右，而我国目前这一比重仅为 12%。还有 8 个点左右的差距。与美国相比差距更大。缩小差距的根本途径当然是发展壮大服务业基础。同时，更为重要的是要提升我国服务贸易的国际竞争力，加快培育我国的服务业比较优势。

第三，从更大范围来看，扩大服务业开放也是从贸易大国向经贸强国迈进的必然要求。一方面，无论是货物贸易还是服务贸易都存在结构层次较低、主体实力较弱等问题。迈向贸易强国的进程需要艰苦的努力。货物贸易要以"中国制造 2025"目标为依托，向中高端跃升。服务贸易则是要以夯实基础、扩大规模、提升质量为目标，不断巩固大国地位，提高与货物贸易协同发展的水平和耦合程度。另一方面，要顺向贸易投资关联度不断强化的趋势，增强我国对外贸易与对外投资的联动性，形成货物服务双向发展、资本双向对流的局面。在这一过程中，由于服务贸易的特性，使服务贸易与服务业国际投资密不可分地连接在一起，在迈向贸易投资强国中发挥着独特的作用。

（二）新一轮对外开放的全面推进

我国以服务业为重点的新一轮对外开放也在全面推进。在对内开放中，主要是通过设立中国（上海）自由贸易试验区这一重大举措，在发展服务业上先行先试，推动服务贸易的自由化和便利化。自由贸易试验区的设立为全面深化改革和扩大开放探索新途径、积累新经验、管控新风险。自贸试验区以"准入后国民待遇＋负面清单"的模式进行，从《中国（上海）自由贸易试验区外商投资准入特别管理措施负面清单（2013 年）》可以发现，试验区选择扩大对外开放的领域包括金融服务、航运服务、商贸服务、专业服务、文化服务以及社会服务等领域。对这些开放的领域，除银行业机构、信息通信等列明服务之外，暂停或取消投资者资质要求、股比限制、经营范围限制等准入限制措施。2014 年和 2015 年上海自由试验区通过更新负面清单进一步扩大了服务业的开放，与此同时，我国在上海自贸试验区的基础上，进一步明确了在天津、广东和福建设立三个新的自贸试验区，扩大对服务业开放探索和试验。在全国其他地方复制推广了一大批贸易投资便利化的措施。上述内容与原则未来还将在有关投资乏力的重大修改中体现出来。

在对外开放中，主要是按照国际新规则进一步扩大和深化开放，确立"准入前国民待遇＋负面清单"的开放新模式，并以此为原则开展中美投资协定和中欧投资协定谈判。与此同时，在我国加快实施自由贸易区战略中，也以投资和服务贸易等为重点，不断拓展自由贸易区涵盖的领域和范围。所有这些方面均是双向开放、双方受益的。这是我国适应服务经济全球化的新形势、参与构建高标准、全覆盖全球经贸治理平台的现实选择，有利于我国作为贸易大国积极参与国际经贸规则尤其是国际服务贸易规则的制定，增强对国际经贸规则尤其是国际服务贸易规则的话语权，提升我国在国际社会的影响力，更好地承担我国负责任大国应负的责任。

四

（一）扩大服务业对外开放的战略构建

新一轮扩大服务业开放应全面贯彻党的十八大、十八届三中、四中全会精神深化改革，扩大开放，以开放倒逼市场化改革，在市场配置资源起决定性作用和更好发挥政府作用中，形成服务业发展的法律环境，以开放促改革、促发展、促创新，坚定不移推进服务贸易自由化和便利化，对内开放与对外开放并重，自主开放与协议开放并举，探索"准入前国民待遇"和"负面清单"开放模式，"引进来"与"走出去"相结合，打破制约服务业开放的体制机制和政策障碍，加大重点行业和关键领域的开放力度，大力发展服务贸易，推进多边、区域、双边服务业开放与合作，全面提升服务业核心竞争力。

在我国服务业的进一步深化和扩大开放应坚持扩大开放与深化改革相结合，对内开放与对外开放相结合，自主开放与协议开放相结合，引进来与走出去相结合，双边区域开放与多边开放相结合，全面开放与重点领域开放相结合，扩大开放与保障国家安全相结合。

积极探索建立我国服务业开放新模式——"准入前国民待遇＋负面清单"，着力培育我国服务业产业国家竞争力，确立不同服务行业的开放策略，加快形成区域差异化的自主开放，积极参与国际服务贸易新规则的制定。在战略实施中，一是统一思想，提高服务业开放意识；二是改革创新，建立服务业开放发展新的体制机制；三是启动新一轮与服务业开放相适应的法律法规的废、改、立；四是重新定位政府和行业协会职能，提升服务业开放的行业监管能力；五是加大包括金融、电信、运输等行业在内的重点服务行业的开放；六是加强服务业和服务贸易的基础性统计等。

（二）实现服务业扩大开放的路径

我国服务业开放必须创新开放路径，实施协议开放与自主开放并举方针，在加大双边、多边和区域等协议开放力度的同时，加大自主开放步伐，多途径提升我国服务业开放发展水平。当前，应以自主开放带动协议开放，以自主开放的试验经验，最大限度减少我国协议开放的风险，通过协议开放，把我国在特定区域的自主开放成果推广到全国，并换取对方国家的对等开放。

第一，新时期服务业的开放应采取对内开放优先的策略。从美国、日本、印度、中国香港等国家和地区发展服务业和服务贸易的经验来看，在对外开放之前，先对本国私营部门和社会资本开放，是培育本国企业竞争力、在更高层次和水平上参与国际经济合作的有效途径。反观我国30多年的改革开放实践，则是对外资的开放先于对内资（主要是民营资本）的开放。在新的历史时期，这一顺序应当颠倒过来，服务业开放首先应是对国内民营资本开放，其核心就是要打破垄断，通过放宽市场准入、打破地域限制、取消不合理的审批和管制等方式，改变目前对非国有资本或者非本地要素的不平等做法，充分引入国内市场竞争，发挥市场配置资源作用，培育国内企业的竞争力。

在此基础上，再行对国外资本开放，引入服务业的新业态和新模式，在国际市场上展开竞争。

第二，创新协议开放模式。一是加快谋划我国区域经济合作下的服务业开放策略，在构建面向全球的高标准自由贸易区网络中，注入更多的服务业开放的内容，对已有的 FTA 应逐步升级，对在谈的 FTA 应包含服务业开放与服务贸易的内容。二是积极履行中美投资协定谈判中高标准开放模式的谈判承诺，确定中欧投资协定高水平的谈判方式，探索实施"准入前国民待遇 + 负面列表"的开放新模式。三是在深化落实我国加入 WTO/GATS 承诺的基础上，力争全面参与 TISA 谈判，在新的国际服务贸易新规则形成过程中取得主动，赢得话语权。总之，应通过协议开放带动我国服务业开放水平的进一步提升，实现与其他国家的对等开放，为我国服务企业走出去创造有利的国际环境。

第三，加快推进自主开放。一是加快落实内地与港澳签署的 CEPA 及补充协议，实现"到 2015 年通过 CEPA 基本实现内地与港澳服务贸易自由化"的目标，即实现 90% 以上的服务贸易领域的相互自由化。同时，还要排除干扰，继续推进 ECFA 项下的服务业开放。二是全力推进中国（上海）等自贸试验区服务业开放，在实施"准入前国民待遇"和"负面清单"方面积累经验，全面实施外资项目备案制度，改革相应行业法律法规，全面提升政府事中事后监管能力，为今后双边、多边和区域谈判中进行更有针对性的开放创造条件，试验风险的可控性。与此同时，还应抓紧在具备条件的地方进行复制和推广，当然，不应是简单复制，而是结合各地具体环境与条件进行差异化试验，形成一批自主性的自由贸易园（港）区。

第四，坚持服务业"引进来"与"走出去"双向结合。服务业开放的最终目的，是提升我国服务业和服务贸易的竞争力，这就要求开放过程中要坚持"引进来"和"走出去"的双向结合。一方面，要减少我国服务市场的准入限制，扩大对外开放领域，以开放促进服务业体制机制改革，促进服务业发展水平的提升；另一方面，则是要扩大服务出口和服务业对外投资，通过加大涉外谈判力度，争取国外合作伙伴给予更多的市场准入机会。在区域经济一体化进程中，要鼓励和支持区域及双边服务贸易合作，利用产业和市场的互补性推动局部一体化进程，以推动有效的、有竞争力的、有发展潜力的服务贸易产业结构，实现双赢或多赢。

五

按照推动服务业特别是现代服务业发展壮大，使经济发展更多依靠现代服务业带动，着力培育开放型经济发展新优势的要求，2013年年初商务部设立了"我国服务业对外开放测度与进一步扩大服务业开放对策"部级课题，笔者带领商务部研究院国际服务贸易研究所团队承担了此项任务并开展了相关研究。在此期间课题组成员进行了充分的案头准备，对北京、上海、广州、深圳、珠海等城市的服务业开放进行了实地调研，组织了十余场中央和地方政府部门、行业协会与企业以及专家学者座谈会，参加了服务贸易领域的一些重要国际会议并就有关议题进行演讲交流，参加了两场OECD专家对其编制的"服务贸易限制指数"的交流研讨会，借鉴了世界银行、OECD等机构对服务贸易限制指数的评估方法以及整体对外开放评估的报告，WTO对华五次贸易政策审议的结论（评价），同时也对国内学界对我国服务业开放、服务贸易的研究成果进行了分析与借鉴，进而对我国服务业对外开放进行了总体性评估和具体测度。根据新一轮我国扩大开放的要求，提出了未来服务业深化开放的总体构架和协议开放与自主开放双轨并行推进的两种路径，同时也提出了需要采取的战略举措。本书正是以上述课题研究为基础，结合近些年来国际服务贸易研究所有关对外开放与服务贸易领域研究成果撰写而成。

第一章对我国服务业对外开放30多年的历史进行了纵向的回顾。将服务业开放划分为四个阶段，即改革开放初期的服务业对外开放（1978～1991年）、社会主义市场经济初期的服务业开放（1992～2001年）、加入世界贸易组织后的服务业开放（2002～2012年）和新一轮服务业的对外开放（2013年以来）进行具体分析，进而总结归纳了我国服务业开放的基本特征。

第二章对我国服务业开放进行了基本评估。从协议开放、自主开放、开放业绩、WTO审议、国际比较等五个维度进行了定性与定量的测度与评估，从多个角度、多个层面评价我国服务业对外开放以避免以偏概全的评价。

第三章对我国新一轮扩大服务业开放的背景与战略意义进行了分析。在新一轮开放的国内外环境分析中，对当今世界经济全球化中的服务全球化与服务业发展进行了分析，并结合我国工业化、城乡占比、信息化、农业现代化服务业发展之新要求进行了剖析。在新一轮服务业开放的战略意义方向，讨论了服务开放的现实性要求，亦即必要性和紧迫性。

第四章设计了新一轮服务业开放的战略总体架构。从顶层设计的角度，提出了在构建我国开放型经济体制中，服务业开放战略的指导思想与基本原则，明确提出了服务业开放的总体目标（定性与定量目标）、战略步骤与任务，在全面开放中突出服务业自身开放的重点领域。

第五章明确提出了我国服务业要采取自主开放与协议开放并行的战略路径。在自主开放的路径中，重点分析了中国自由贸易试验区的服务业开放和一国两制框架下 CEPA 及 ECFA 的服务业开放。对于 CEPA 与 ECFA 国内不少学者大多以中国在 WTO 中的"一国四票"为基础，归为双边 FTA，笔者认为这种简单归类并不准确。在我国对外谈判中，国与国之间的 FTA 及 BIT 是主权国家范围的国际协议，而内地与港澳更紧密的经贸关系安排以及海峡两岸协议则并非如此。我们将其归为自主开放的范围，其实也表明，中国内地对港澳、大陆对台湾的自由化承诺特别是服务贸易的承诺，并不适用于与其他国家（集团）的双边 FTA 或 BIT，因此不可能成为谈判方对我要价的基础或底线。在协议开放路径中，分别从 WTO 多边贸易体制上服务业开放（WTO/GATS＋及 TISA 谈判）、双边 FTA 的服务业开放及中美、中欧 BIT 谈判三个方向进行了具体论述。

第六章、第七章、第八章分别从加快发展服务贸易，大力发展服务外包，扩大服务业对外投资的角度阐释了我国新一轮服务业开放的新内容和主要抓手。

第九章对我国服务业开放的重点领域进行了分析，主要选择了金融、电信、运输、旅游及文化产业进行了初步的剖析。

第十章对服务业开放国际经验借鉴，选择了美国、德国、日本、印度以及中国香港。主要从国内产业政策、开放举措、国际谈判等方面进行了分析，从中找寻对我国服务业开放的启示。

第十一章对新一轮服务业开放的战略举措，从法律法规体系、体制机制体系、服务贸易促进体系、监管体系、安全保障体系以及统计体系六大体系的构建与完善上提出了具体的决策咨询建议。

在本书完稿之际，正值国务院发布《关于加快培育外贸竞争新优势的若干意见》《关于加快服务贸易的若干意见》和《关于促进服务外包产业加快发展的意见》，这三份指导性文件均明确指出了要大力发展服务贸易，扩大服务业对外开放，提高服务贸易的竞争力。本书的相关章节也据此作了相应的补充和完善。新近十八届五中全会通过的《中共中央关于制定国民经济和社会发展第十三个五年规划的建议》指出，开放是国家繁荣发展的必由之路。扩大开放领域，放宽市场准入。针对服务业提出，扩大金融业双向开放，有序扩大服务业对外开放，扩大金融、保险、证券、养老等市场准入，推动服务走出去。针对服务贸易提出，发展服务贸易，健全服务贸易促进体系。这给未来我国服务业的开放发展指明了方向。

对外开放特别是服务业扩大开放是一项未竟的事业，既要符合现阶段中国的国情，也要顺应经济全球化发展的新变化、新趋势。本书仅仅是一个阶段性的研究成果，由于作者的学识所限，还存在着一些不足或未能深入推进的方面。如对外开放与服务业开放的关系、服务业全面开放与服务行业具体领域开放的关系、服务业开放与风险防范、服务业开放与经济安全等，这些还有待于今后持续不断地加以深化研究。期待各界读者不吝赐教。

中国已经进入新常态的发展，夺取全面建成小康社会决胜阶段的伟大胜利，必定是一条充满荆棘和坎坷、挑战与陷阱的崎岖不平之路，但只要满怀希望与梦想，不畏艰难与风险，我们定能屹立于世界民族之林，迎来中华民族的伟大复兴。

第一章　我国服务业开放的历史演进

在我国改革开放的整体推进中，服务业的开放也选择了一条先试点，后推广到加速发展的路径。基本上分为四个阶段：第一阶段（1978～1991年）是我国服务业部分领域开放试点的时期。第二阶段（1992～2001年）是我国社会主义市场经济建立的初期。这一时期，世界经济结构加速调整，服务业对经济发展的贡献不断凸显，超过第一产业、第二产业，成为推动世界经济发展的引擎。在推动改革开放的过程中，我国逐渐重视服务业发展，在复关和加入世界贸易组织的谈判过程中，加快推进了服务业的开放。第三阶段（2002～2012年）我国加入世界贸易组织后服务业进入了全面开放的崭新阶段，形成了服务业制度性开放的新格局。第四阶段（2013年迄今）是十八届三中全会后，我国进入了新的历史时期，致力于深化改革扩大开放，将服务业发展和服务业开放上升到新的战略高度，进一步推动服务业开放向深度拓展。

第一节　改革开放初期我国服务业开放（1978～1991年）

一、十一届三中全会开启了我国服务业的对外开放

1978年12月18日，党的十一届三中全会召开，并达成《中国共产党第十一届中央委员会第三次全体会议公报》（简称公报）。公报提出把全党工作的着重点和全国人民的注意力转移到社会主义现代化建设上来，并作出了实行改革开放的重大决策。公报强调"在自力更生的基础上积极发展同世界各国平等互利的经济合作，努力采用世界先进技术和先进设备，并大力加强实现现代化所必需的科学和教育工作。"邓小平同志也明确："关起门来搞建设是不行的，发展不起来。关起门有两种，一种是对国外；还有一种是对国内，就是一个地区对另外一个地区，一个部门对另外一个部门。……这就要求对内把经济搞活，对外实行开放政策。"① 从此，我国进入了改革开放和社会主义现代化建设的新时期。1978年12月13日，邓小平在《解放思想，实事求是，团结一致向前看》中强调："在全国的统一方案拿出来之前，可以先从

---

① 《邓小平文选》第3卷，人民出版社1993年版，第64～65页。

局部做起，从一个地区、一个行业做起，逐步推开。"① 1979 年 7 月 15 日，中共中央、国务院批转广东省委、福建省委关于对外经济活动实行特殊政策和灵活措施的报告，决定在深圳、珠海、汕头和厦门试办特区。我国对外开放进入具体操作和实施阶段。为更好地保障外国投资者的利益，我国不断完善对外开放法律法规，为我国服务业的对外开放形成了制度化的投资环境，1979 年 7 月公布实施《中外合资经营企业法》，1983 年 9 月颁布《中外合资经营企业法实施条例》；1980 年出台《中外合资经营企业所得税法》《中外合资经营企业所得税法施行细则》《中外合资经营企业劳动管理规定》；1981年又出台《中国银行办理中外合资经营企业贷款暂行办法》《外汇管理暂行条例》；1986 年颁布《外资企业法》，1990 年出台《外资企业法实施细则》；1988 年颁布实施《中外合作经营企业法》。

改革开放的根本目标是实现我国经济的现代化，而工业化就成为首要选择。改革开放之初，我国经济建设存在资金和外汇严重短缺、技术和管理水平落后。因此，这一时期服务业对外开放就是为了更好地积累外汇并主要服务于制造业的对外开放。1979 年 3 月邓小平同志在党的务虚会上就已明确了我国当时经济发展的两个特点："一是底子薄。……现在中国仍是世界上很贫穷的国家之一。中国的科学技术力量很不足。……二是人口多，耕地少。在生产还不够发展的条件下，吃饭、教育和就业就都成为严重的问题。"② 如何解决这些问题，依据当时我国劳动力资源丰富的比较优势，邓小平给出了思路："现在搞经济建设，门路要多一点，可以利用国外的资金和技术，华侨、华裔也可以回来办工厂。吸收外资可以采取补偿贸易的方法，也可以搞合营，先选择资金周转快的行业做起。"③ 因此我国利用外资的投向主要考虑以下几方面④：一是与国民经济结构调整相结合；二是与经济后进地区开发战略相结合；三与加强农业的基础地位和壮大基础工业、加强基础设施相结合；四是与现有企业的技术改造相结合；五是与扩大出口、逐步改善出口商品结构相结合；六是与提高机械设备制造能力相结合。

---

① 《邓小平文选》第 2 卷，人民出版社 1994 年版，第 150 页。
② 《邓小平文选》第 2 卷，人民出版社 1994 年版，第 163 ~ 164 页。
③ 《邓小平文选》第 2 卷，人民出版社 1994 年版，第 156 页。
④ 刘向东主编：《对外开放启示录》，经济管理出版社 2008 年版，第 261 ~ 262 页。

二、服务业开放的试点

这一阶段，我国服务业对外开放层次不一，个别领域开放较早，但多数领域开放较晚。

（一）旅游业是我国最早开放的行业

我国兴办中外合资经营企业是从建设（合资）合作国际旅游饭店开始的。1979 年，国务院发出《关于大力发展对外贸易，增加外汇收入若干问题的规定的通知》，要求各地、各部门要掌握有利时机和条件，在不长的时间内，把对外贸易搞上去，把旅游搞上去，把一切能增加外汇收入的工作搞上去。因此，改革开放初期，为更好积累经济建设所需的资金和外汇，我国开放了旅游业。随着外国游客的迅速增多，涉外饭店少、床位缺、住宿难是我国改革开放后遇到的第一个难题。邓小平同志多次指出："要解决旅游饭店，可以利用外资建饭店。"为此，国务院专门成立了侨资、外资建设旅游饭店领导小组。[①] 我国最早的三家合资企业都是和旅游服务服务相关，第一家是 1980 年 4 月 2 日，中国民航北京管理局与香港中国航空食品公司合资成立的"北京航空食品公司"，外商投资总额 190.6 万美元，占比为 49%，主营业务是航空配餐。其次是 1980 年 4 月 21 日，中国国际旅行社北京分社分别和香港中美旅馆发展有限公司及美国伊沈建设发展有限公司成立的北京建国饭店和北京长城饭店，其外商投资总额分别为 862 万美元和 3528 万美元，外资股比都是 49%。随后，1980 年 7 月 2 日，中国国际旅行社总社和香港益和股份有限公司合资成立的太阳宫饭店公司，外商投资 2940 万美元，占比 49%。通过引入侨资、外资建设旅游饭店，不仅解决了外国游客住宿难的问题，还引进了现代的管理和服务理念，带动了行业的快速发展。旅游饭店作为服务业中最早向国际市场开放、最早与国际接轨的行业，在改革开放初期投资规模一度高于工业项目。

（二）配套服务业逐步开放

经济特区建立之后，能源和运输紧张问题日益突出，因此，相应地配套

---

① 李岚清著：《突围：国门初开的岁月》，中央文献出版社 2008 年版，第 239～247 页。

服务业也逐步对外开放，包括银行、交通、融资租赁和海上石油勘探等行业。

1. 金融业。

为了更好引进外汇资金和改善对外资企业的金融服务，我国开始引进外资银行。1980 年，日本输出入银行在北京设立代表处；1981 年，南洋商业银行在深圳设立分行，成为改革开放以来外资银行在中国设立的第一家营业性机构。在不断适应经济金融发展需要、稳步推进银行业对外开放方针的指导下，中国银行业扩大了对外开放地域，逐步从经济特区扩展到沿海城市和中心城市。1983 年，中国人民银行颁布《关于侨资、外资金融机构在中国设立常驻机构的管理办法》，1985 年，国务院颁布《中华人民共和国经济特区外资银行、中外合资银行管理条例》，允许外资银行在深圳、珠海、厦门、汕头和海南设立营业性分支机构。1990 年 8 月，国务院批准中国人民银行发布《上海外资金融机构、中外合资金融机构管理办法》。对现行规定不准或限制外商投资经营的金融可以在浦东新区试办。

为了更好引进先进技术、改造现有企业，我国开始开放租赁业务。1980 年，中国国际信托投资公司、北京市机电设备公司与日本东方租赁公司合资建立了中国东方租赁公司，三家的出资比例分别为 20%、30% 和 50%。中国东方租赁公司以直接租赁，转租赁、租赁同投资、补偿贸易、来料加工相结合等多种形式，对国内众多企业进行了技术改造和设备更新。①

2. 运输业。

航运是运输服务业中最早开放的。在 1979 年 11 月 20 日，在国务院直接领导下，国家进出口委召开的全国进出口工作会议上，为将外贸体制改革逐步全面地推开，会议上明确了"要开放长江港口，先由国轮航运。要增开定期班轮，根据平等互利原则和港口能力，逐步让外国班轮航行我国沿海港口。"② 1988 年交通部批准第一个中外合资道路运输项目，道路运输业开始对外开放。铁路方面，1980 年铁路开始使用国际金融组织和外国政府优惠贷款。20 世纪 90 年代初与外资探索尝试合资建设金温铁路。

3. 海上石油勘探。

改革开放初期，为适应国民经济发展的需要，需要大力开展海上优势的

---

① 刘向东主编：《对外开放启示录》，经济管理出版社 2008 年版，第 337 页。
② 刘向东主编：《对外开放启示录》，经济管理出版社 2008 年版，第 32 页。

勘探开发。与外商采取合作勘探开发的方式，有利于加快石油开发，扩大出口，增收外汇。1980 年，我国与外国公司签订了 5 个合作开发海上石油协议①，即中日合作勘探开发渤海埕北油田、中日合作勘探开发渤海南部西部海域、中法合作勘探开发渤海中部海域、中法合作勘探开发北部湾东北部海域、中美合作勘探开发莺歌海海域。1990 年国家批准允许生产型外商投资企业在中国境内自行销售其产品，但不能从事专业零售或批发经营。

第二节　社会主义市场经济建设初期我国服务业开放 (1992～2001 年)

一、在复关和加入 WTO 谈判中扩大了服务业开放

在改革开放取得积极效果后，为了更好地融入经济全球化进程并与国际规则相衔接，我国加快了复关和加入 WTO 谈判，在此期间进一步扩大了我国服务业的开放。

（一）积极参与制定《服务贸易总协定》

乌拉圭回合将服务贸易列为重要的谈判议题，并成立了专门的谈判组，谈判组对服务贸易的定义、统计、服务贸易的多边框架范围以及影响服务贸易的措施进行了广泛的讨论。由于服务贸易涉及面广，情况复杂，各国之间发展也很不平衡，因此，谈判历时很长，从 1986 年到 1994 年。1991～1993 年是各国开放服务贸易市场承诺的谈判阶段。在乌拉圭回合谈判期间，我国参与制定了《服务贸易总协定》并对服务贸易开放进行了最初的出价。1991 年 7 月，我国第一次提交初步承诺开价单，对银行、航运、旅游、近海石油勘查、专业服务和广告等 6 个行业的市场开放作出了初步承诺。1993 年我国三次将开价单作出调整，初步承诺开放银行、保险、旅游等服务市场，并提交了服务贸易减让草案。1994 年 9～12 月，中国与 27 个提出双边市场准入谈判要求的缔约方进行了三轮市场准入谈判。在服务贸易方面，当年的 9 月底至 10 月初和 11 月底至 12

---

① 刘向东主编：《对外开放启示录》，经济管理出版社 2008 年版，第 330 页。

月初，我国与美国、欧盟、澳大利亚、加拿大、日本、新西兰、韩国、瑞士、新加坡、菲律宾、马来西亚等缔约方进行了多轮谈判，我国对服务贸易出价作出了改善，将服务贸易领域的开放范围扩大到 38 个部门和分部门，但由于与缔约国之间的差距太大，没有取得实质性进展。由于乌拉圭回合协议将于 1995 年 1 月 1 日生效，世界贸易组织也将取代关贸总协定同时建立，我国未能成为 WTO 的创始成员。从 1995 年起，我国开始进行加入 WTO 谈判。在 1997 年 12 月 WTO 中国工作组第 6 次会议上，我国在服务贸易领域做出新出价，各方对我们服务贸易领域问题进行了重点讨论。1998 年，在世贸组织中国工作组第 8 次会议上，通报了中美双边谈判情况，我国就电信、金融、分销、专业服务领域的开放提出许多实质性建议。在这个过程中，1999 年和 2000 年达成的中美、中欧双边协议进一步放宽了我国服务贸易领域的市场准入。

（二）中美服务贸易市场准入谈判①

中国和美国是世界上最大的发展中国家和发达国家，在我国复关和加入 WTO 过程中，中美 WTO 双边市场准入谈判涉及面广，影响力大，对多双边谈判都有重大影响。服务业开放是中美双边市场准入谈判的重要内容。美国作为世界上服务贸易最发达的国家，要求中国开放服务市场是美国在谈判中的重点目标和重点利益所在。中国在服务贸易发展水平明显滞后，在谈判中始终强调，在逐步开放服务市场的过程中有效维护国家经济安全。因此，中美在服务贸易市场准入上的谈判必定是一场艰苦和激烈的谈判。

1994 年 2 月中美第 8 轮双边磋商中，美国就提出，中国复关应包括三方面的内容，其中一条就是服务贸易减让表。1997 年 4 月，中美第 14 轮双边磋商中，服务贸易减让表的谈判中，美方关心银行、保险、分销、增值电信、售后服务和维修、音像服务等。1997 年 10 月，美国总统安全事务助理就中国加入 WTO 问题向国务院外办主任刘华秋提出五点要求，其中之一是开放服务市场，重点开放分销服务（含批发、运输、仓储、特许经营、售后服务和维修）。1997 年 12 月在 WTO 中国工作组第 6 次会议期间，中美举行了双边非正式磋商。关于服务贸易，双方主要就水平承诺、法律服务、会计服务、

---

① 这部分以及中欧谈判的主要资料来源于石广生主编：《中国加入世界贸易组织知识读本（四）中国加入世界贸易组织谈判历程》，人民日报出版社 2011 年版。

计算机服务、房地产服务、租赁服务、广告服务、电信服务、分销服务、金融服务等进行了讨论。1998 年 2 月，美国贸易代表巴舍夫斯基就中美 WTO 谈判问题致信外经贸部部长吴仪，附上了要求中国在服务贸易方面遵守的基本原则，包括外国公司选择开业形式的权利、提供国民待遇、取消地域限制和数量限制、提出服务贸易部门的全面出价以及过渡期和最终目标等。1999 年 2 月，中美进行第 19 次磋商，双方就美方准备提交中方的"最后要价单"进行了讨论，2 月 20 日美方向中方提供了服务贸易要价单（见表 1 – 1）。

表 1 – 1　　　　美国对中国服务贸易要价摘要（1999 年 2 月 11 日）

1. 电信服务
—电信服务（所有 7 中增值业务）和寻呼
—移动话音和数据
—固定国内长话和数据、国际公用话音和数据、闭合用户话音和数据、固定区域性话音和数据
2. 银行服务
—开放终点（外汇和人民业务）
—外汇业务
—人民币业务（地域限制、业务对象）
—所有其他金融服务
3. 保险业务
—开放终点
—营业执照的发放
—地域限制
—寿险（企业形式和外资比例、业务范围和对象、企业形式）
—非寿险（业务对象、强制性分保要求）
4. 证券业务
5. 分销及附属服务（铁路、公路运输、维修、仓储、租赁、速递、包装）
6. 专业服务
—会计
—律师
—管理咨询
—建筑、工程及医疗
7. 其他服务
—旅游
—广告、技术测试及分析
—音像服务

资料来源：《中国加入世界贸易组织知识读本（四）中国加入世界贸易组织谈判历程》。

1999 年 2 月中美第 20 轮磋商。针对美方在货物贸易和服务贸易领域具体问题上的关注，中方向美方阐述了不能接受的要价，包括服务业中的寿险和电信的控股要求等。同时，美方对中国的出价进行了初步评估：在保险方面，美方认为主要有两个问题，一是寿险合资比例（50%），二是合资伙伴必须是中资保险公司。在电信领域，美方认为主要是三个问题：一是中方应该承诺参考文件和技术中立的主席声明；二是经济需求测试事实上是一种数量限制，中方应该予以取消；三是中方要求电信由中方控股，美方不能接受，美方认为至少允许外方股权达到50%。在分销领域，要求不再把美方关注的化肥等产品排除在外，可以考虑较长的过渡期，如5年。音像服务，美方同意不触及中方对文化领域的管理，但要做到两条：一是允许外方参与录音制品的分销；二是允许外方参与中国电影院的建设和改造。1999年3月，中美第21轮磋商，美方提出了未决问题清单，服务贸易内容的见表1-2。1999年4月中美第22轮磋商，取得重要进展，市场准入中服务贸易方面，只有寿险外资比例、增值电信和寻呼的外资比例、银行服务（人民币业务、汽车消费信贷）、证券和电影没有达成一致。1999年11月15日中美第25轮磋商，双方解决了谈判中的关键问题，包括保险和电信的管理控制权、音像的控股和出版、反倾销条款和特殊保障条款的取消时间、保留化肥国营贸易等难点问题，共同签署了《中华人民共和国与美国市场准入协议》。中美就市场准入为达成的双边协议，加快了我国加入WTO的进程。

表1-2 中美WTO市场准入谈判服务贸易未决问题（1999年3月25日）

一、分销
1. 将例外产品的取消时间提前到加入后3年内。
2. 直销问题，美要求在加入后3年内必须通过国内规章允许直销这种正常的销售形式。
二、电信
1. 经济需求测试要求，美方不能接受。
2. 控股问题，有三个办法。一是外资在中国电信和联通公司的比例不超过49%，但在新设立电信公司中应允许外方控股；二是一些部分，如增值、寻呼和闭合用户业务方面允许外方控股；三是采取直接和间接投资的办法，让外方通过这两种形式拥有电信公司中的51%以上的股权。
三、保险
1. 要求中方发放更多的营业许可。
2. 明确审批的具体标准。
四、证券
允许合资证券公司从事A股交易，由中方控股，外方控股比例可限制在25%～30%。
五、音像
1. 出价必须包括每年进口分账电影的具体配额。
2. 允许外商在华投资建设电影院，允许外方经营和管理。
3. 解决进口影片的海关估价问题。
六、会计
彻底取消对会计事务所的当地化要求。
七、银行
美方要求中方澄清对外资银行在华设立分支机构的审慎审批原则，并明确承诺。

资料来源：《中国加入世界贸易组织知识读本（四）中国加入世界贸易组织谈判历程》。

为确保我国服务产业逐步开放，中方在服务贸易领域坚持了自己的原则，包括：在证券方面，合资公司中外资股比不得超过33%，并且只能从事A股的承诺，不能从事A股的交易；合资寿险公司中外资的股比不超过50%，只允许早在1992年中国试点开放时已获得独资经营权的美国友邦公司继续维持其经营权；增值电信、寻呼外资股比不超过50%和不允许外资拥有管理控制权，所有国际电信业务必须经过中国电信当局批准设立的关口局；坚持分销不包括出版和制作，坚持录音、录像和电影院不允许外资控股；保留粮、棉、油、糖、化肥、烟草等8种产品的国营贸易，即进口专营。当然为达成协议，我国也作出了一些必要的让步，如，增值电信和寻呼服务，同意在加入后2年允许外资比例由原来的49%提高到50%；同意按增值电信和基础电信分别承诺因特网和卫星服务；外资银行的国民待遇，除地域限制和客户限制外，不做其他限制；承诺加入后每年允许进口20部分账电影。最终，我国在谈判过程中根据自身服务业发展的长远规划，共承诺了近100个分部门的开放。

（三）中欧服务贸易领域市场准入谈判

欧盟是我国重要的贸易伙伴，中欧双边谈判在我国复关和加入WTO谈判进程中举足轻重，中欧在政治上并不存在重大分歧，但是由于欧盟成员国众多，利益不同，导致中欧谈判也很艰难。

1994年5月4日，欧盟驻华使团转来欧盟关于中国服务贸易的问题单，要求中国进一步改进在乌拉圭回合中的服务出价，增加一些服务部门，并放宽一些部门的条件限制。1996年1月，欧盟委员会对外关系总司司长阿博致函外经贸部部长助理龙永图，提出欧盟在中国加入WTO问题上的七点要求，其中第五点就是服务贸易，希望考虑取消地域限制、数量限制和时间限制。1996年3月WTO中国工作组第1次会议期间，中欧进行了非正式的磋商，欧盟提出了服务贸易的要价，见表1-3。

表 1-3　　　　　　欧盟对中国的服务贸易要价（1996 年 2 月）

1. 希望中方在总体承诺中明确承担关于设立分支机构的约束性义务，并希望中方提供正在审批过程中的与设立机构有关的法律内容，以便欧盟进行评估。
2. 希望中方承诺表中的适当处加进关于允许代表处受雇人员流动的内容。
3. 希望中方在总体承诺的自然人流动部分加进商务访问人员的内容。
4. 希望中方增加法律代表处的数量，扩大开放区域。
5. 关于计算机服务部分的数据处理服务，要求中方将跨境服务方式中的须与邮电部门签订线路安排合同的要求改为脚注。
6. 租赁服务承诺中的试验一词应删除，改为约束性义务。
7. 关于广告服务中的跨境服务方式，外国广告公司须通过拥有外国广告经营权的中国广告代理机构提供服务的要求应取消。
8. 希望中方就增值电信的商业存在方式承担约束性义务。
9. 希望中方注意基础电信服务谈判进展情况，考虑增加基础电信服务的内容。
10. 希望中方承诺允许外商建立自己的分销渠道。

资料来源：《中国加入世界贸易组织知识读本（四）中国加入世界贸易组织谈判历程》。

　　1997 年 3 月中欧第 8 轮双边磋商，重点讨论服务贸易开放问题，包括金融（银行、保险、证券）、专业服务（法律、会计）、旅游、分销、新闻机构的信息服务、海运、电信以及服务行业涉及的外国投资管理问题。欧方表示，中方 1996 年 11 月在服务贸易领域的出价有所改进，但更多是在反映中国开放现状方面的改进，在实际市场准入条件上缺少实质性变化，仍然低于 WTO 可以接受的标准。欧盟强调服务业对于欧盟的重要性，在这一问题上，欧盟寻求一个长期的目标，即中国对服务贸易的管理应与其他成员一样，是透明的、非歧视的，应该提供市场准入的机会。关于金融服务，欧盟要启用扩大对外开放的地域和服务对象，希望中方在减让表中把目前开放的试点变为该部门自由化的明确承诺，并增加证券业的承诺。关于电信服务，欧盟要求中方改进增值电信的出价，并在研究基础电信协议条件下，考虑作出承诺。关于分销服务，欧盟要求改进对零售业开放的出价，并承诺批发业的开放。同时，要将贸易权问题上取得的进展转化为实际的商业存在的形式反映到减让表中。关于海运服务，欧盟认为中方的出价存在着缺陷，特别是最惠国待遇例外。对于法律和会计服务等，欧盟也要求中方进一步改进出价。中方表示，将根据经济发展的需要和可能，考虑对减让表做进一步的调整和改进，但这种改进不会反映各方不现实的、过高的期望。1997 年 10 月 14 日，外经贸部部长吴仪和欧盟委员会副主席布里坦会谈，并发表了联合声明，其中关于服务贸易市场准入，中方同意改善承诺，以便在公平和透明原则的基础上使所有非本国服务提供者享有平衡的和公正的准入机会，从而提供一个真正的市场开放前景。

1998年1月，欧盟委员会致函中国，提出欧盟关于中国开放服务贸易的八条原则：自由选择经营的法律形式对服务业有效运作至关重要；外国公司应能在中国所有地区开展业务；外国服务业公司正在寻求真正的商业机会；把关键的服务部门纳入全面出价非常重要；透明度至关重要；健全和中性的管理体制对市场有效准入和稳定至关重要；为了确保可预见性，应取消国内企业和外国公司不同的开业要求；即使有关国内立法尚待修改、起草或通过，中国可以先行承担市场开放义务。1998年2月，吴仪和布里坦进行会谈，针对欧盟的八条原则，吴仪表示：第一，WTO《服务贸易总协定》已列明服务部门开放的原则，不应放在一边，另搞一套规则。第二，各国在减让表中都是根据经济发展水平制定阶段性的计划，而美国和欧盟却要求中国确定服务贸易开放的"终点"，如果中国同意在减让表中全面开放，就不需要谈判了。1998年4月，WTO中国工作组第7次会议，中欧进行了非正式磋商，欧盟强调了其关注的几个问题：在减让表中包括基础电信出价；允许外国服务提供者从事对中国居民和公司的人民币业务；允许外资参与上海和深圳股票交易所的股票交易；在保险业改善准入条件，并扩大开放；允许成立零售和批发企业，从事国内外产品的销售并从事维修售后服务；允许外国公司在华设立销售机构；允许外国律师和中国律师一起工作；要求中国会计业同国际标准接轨；允许在公路和海运部门设立独资现代企业。1998年9月，欧方向中方提交了一份非正式文件，对中国加入WTO的一揽子要价，其中对服务贸易谈判的承诺中包括水平承诺、法律服务、会计、建筑服务、分销服务、增值电信服务、基础电信服务、保险服务、银行、证券、金融信息提供和转让、旅游服务、海运、航空运输。

1999年10月，中欧第12轮双边磋商，关于银行，欧方要求给予外资银行国民待遇，并允许其在同城设立营业网点。中方表示目前尚未制定出有关外资银行设立同城营业网点的法规，现"出价"是根据央行的监管能力所能作出的最大努力。关于保险，欧方要求允许设立合资寿险公司的外资比例达到51%，取消对外非寿险公司不能从事汽车险和第三方责任险的限制。中方表示，根据保险业开放的试点经验，中国只能允许合资寿险公司的股权比例不超过50%，但中国加入 WTO 后所有营业许可将在非歧视的基础上发放。关于分销领域，欧方要求中方取消对超过 2 万平方米的单体店和分店数量超过 30 家的连锁店不允许外资控股的限制，欧盟在这两方面有其特殊的利益。中方表示根据目前中国零售业的发展水平，暂无法取消这两条限制措施。关于电信，欧方表示欧盟对关注的是移动通信业务，在这一领域应允许外资控股。中方表示，中方电信服务出价已作出很大改善，不可能允许移动通信中控股。1999 年 12 月，欧盟新任委员会贸易委员拉米致函石广生，提出了欧盟未决要价清单，见表 1 – 4。

表 1 – 4　　　　欧盟服务贸易领域未决要价清单（1999 年 12 月 1 日）

一、保险
1. 寿险：允许设立分公司，准备讨论或者每年新公司的配额（最少 6 家），且不限制设立分支机构。除了这些配额外，可以要求合资公司中、外资比例为 50% 对 50%；或者自加入时的 50% 起逐步放宽限制。
2. 允许保险经纪和汽车保险。
3. 取消数量、企业设立形式和业务范围方面对欧盟的歧视。
二、证券
允许外方在合资基金管理公司中占多数股，并允许外资为中国客户交易 A 股。扩大同美国进行的监管对话，包括欧盟。
三、通信
允许外方占多数股权，特别是移动服务。允许移动通信的三个城市走廊，允许租用电路服务。给予欧盟公司在中中外投资以祖父条款和满意的解决。
四、分销
取消对大型百货店和连锁店外资比例的限制，允许分销烟草制品。
五、旅游
放宽对旅行社的最低资本金和营业额的要求。
总体服务
确认澄清。

资料来源：《中国加入世界贸易组织知识读本（四）中国加入世界贸易组织谈判历程》。

在中美双边谈判结束的情况下，2000 年 3 月，中欧第 15 轮磋商。欧方提出了结束中欧 WTO 双边谈判的一揽子要价，核心是电信、保险、汽车和进口专营四个问题，其中在服务贸易领域的要价见表 1 – 5，对于上述问题的优先解决次序为：第一，寿险；第二，电信；第三，国营贸易（即专营）；第四，汽车外资股比。

表 1-5   欧盟服务贸易领域一揽子要价（2000 年 3 月 30 日）

一、电信
1. 移动电信
欧盟提出两种方案：
第一种方案：加入时开放移动电信，外资比例不超过 25%；加入后 1 年内不超过 35%；加入 5 年内不超过 50%。
第二种方案：加入时开放移动电信，外资比例不超过 35%；加入后 3 年内不超过 49%。
二、保险
1. 寿险的外资比例
欧盟也提出两种方案：
第一种方案：加入后 5 年内允许外资比例不超过 51%。
第二种方案：外资比例一直保持在 50%，但每年允许设立 3 家外国寿险分公司（100% 外资），且可在全国范围内设立分支机构。
2. 经营范围
要求将中方原出价中关于开放外商投资保险公司的经营范围的时间表分别提前 2 年，即加入后 2 年内允许外资非寿险公司向中国客户提供服务，并允许外资寿险公司提供健康险；加入后 3 年内允许外资寿险公司提供团队险金和养老险金。
3. 保险经纪
不再要求加入时开放所有保险的经纪业务，但要求开放大型商业风险险和再保险的经纪业务。
4. 许可证数量
加入前允许欧盟在华设立 6 家合资寿险公司，外资比例为 51%，同时允许设立 2 家欧盟非寿险公司。
三、分销
取消对大型百货店和连锁店必须设立合营企业且中方必须控股的限制。
四、服务贸易的其他技术问题（包括珠海开放人民币业务等）
接受欧盟 2000 年 2 月的一揽子建议。

资料来源：《中国加入世界贸易组织知识读本（四）中国加入世界贸易组织谈判历程》。

中方对欧盟的一揽子要价作出回应，中方无论在任何情况下都不可能同意寿险外资比例超出 50%，但中方可再批准 1 家欧盟保险公司开业。关于电信，外资比例不得超过 49%，但在开放时间和地域限制上可指定不同方案。由于双边未达成一致，谈判没有结果。2000 年 5 月中欧第 16 轮磋商，在最后的谈判中，双方的焦点集中在保险、移动通信和汽车上，2000 年 5 月 19 日，双方签署《中华人民共和国与欧盟关于中国加入世界贸易组织的协议》，这标志着中国加入 WTO 进入多边起草法律文件的阶段。中欧 WTO 谈判中，欧盟接受了中国在服务贸易领域的总体出价，同时中国考虑了欧盟的实际利益，作出了灵活处理，最终达成一致（见表 1-6）。

表 1-6　　　中欧协议中服务贸易的主要内容（2000 年 5 月 19 日）

一、电信 承诺在加入时开放移动电信，外资比例不超过 25%；加入后 1 年内不超过 35%；加入 3 年内允许外资比例达到 49%。 二、保险 加入前批准 7 家欧盟保险许可。 开放大型商业风和再保险的经纪业务。 承诺将经营范围的时间表分别提前 2 年。 加入时开放深圳和佛山。 三、分销 承诺加入后 3 年内取消对大型百货店和连锁店必须由中方控股的限制。 四、旅游 适当降低对外资旅行社的注册资本金和外方年经营额的要求，并承诺加入后 6 年内实行国民待遇。 五、银行 承诺加入后 1 年内开放珠海人民币业务。

资料来源：《中国加入世界贸易组织知识读本（四）中国加入世界贸易组织谈判历程》。

（四）成功加入世界贸易组织

这其中包括两个阶段，第一阶段是我国复关受阻，第二阶段才顺利成为世界贸易组织成员。

1989 年政治风波，西方国家对我国实施经济制裁，我国复关进程中断。1991 年 10 月，国务院总理李鹏致函关贸总协定总干事和各缔约方政府首脑，提出："现在应该立即进入恢复中国缔约国地位协议书的实质性谈判。"同时，我国政府派出代表团出访亚非多个国家。中国恢复了复关谈判。1992 年下半年，我国和关贸总协定主要缔约方就中国台湾以单独关税区身份申请加入关贸总协定问题达成共识。1992 年 10 月党的十四大确立了社会主义市场经济的总体目标，同年关贸总协定中国工作组第 11 次会议召开，历时 6 年最终完成了对我国外贸制度的审议，复关谈判进入了多边谈判阶段。1992 年 12 月中国组 12 次会议确定了我国议定书和工作组报告书的讨论范围。为成为世界贸易组织创始成员，我国提出 1994 年年底完成实质性谈判，并为推动谈判作出了巨大努力，承诺改革外汇体制、逐步取消非关税措施等，并提交了货物贸易和服务贸易减让表。但由于美国等少数西方国家的阻挠，1994 年年底我国复关未果。

与此同时，始于 1986 年 9 月的乌拉圭回合于 1993 年 12 月结束谈判，达成了《1994 年关税与贸易总协定》《农业协定》《纺织品与服装协定》《技术性贸易壁垒协定》《实施卫生与植物卫生措施协定》《与贸易有关的投资措施协定》《保障措施协定》《反倾销协定》《补贴与反补贴措施协定》《服务贸易总协定》《与贸易有关的知识产权协定》。1994 年 4 月 15 日，乌拉圭回合谈判方共同签署了《乌拉圭回合多边贸易谈判结果最后文件》和《马拉喀什建立世界贸易组织协定》，决定从 1995 年 1 月 1 日起，世界贸易组织取代关贸总协定。我国作为关贸总协定的观察员全面参与了乌拉圭回合谈判，并提交了农产品、非农产品和服务贸易减让表，并签署了最后的文件。

1994 年 12 月，复关谈判受阻，我国未能成为世界贸易组织的创始成员国。1995 年世界贸易组织成立后，我国复关谈判转入加入世界贸易组织谈判。受美国国内政治因素的影响以及双边谈判进程的制约，我国加入世界贸易组织的多边谈判并非一帆风顺。中美双边谈判是所有双边谈判中内容最广泛、难度最大的，1999 年 11 月中美双边协议签署后，我国加入世界贸易组织的谈判重点转为多边谈判，2000 年 5 月中欧签署双边协议，多边法律文件的起草工作加快。2001 年 9 月 17 日，世界贸易组织中国工作组第 18 次会议通过了中国入世协定书及附件，标志着历时 15 年的中国复关和加入世界贸易组织谈判全部完成。2001 年 11 月 10 日，世界贸易组织第四届部长级会议审议通过关于中国加入世界贸易组织的决定，2001 年 12 月 11 日，我国成为世界贸易组织第 143 个成员。

二、服务业发展和对外经济制度法规不断完善

为更好地发展我国服务业、与国际谈判进程和国际规则对接，这一阶段我国集中出台了规范服务业发展和服务业开放的政策法律法规。

（一）指导行业发展的文件和政策不断发布

1992 年 6 月，中共中央、国务院发布《关于加快发展第三产业的决定》，这是我国促进服务业发展的第一个重要文件。1992 年 10 月党的十四大召开，提出"大力促进第三产业的兴起"。1992 年党的十四次大会明确指出"还要按照产业政策，积极吸引外商投资，引导外资主要投向基础实施、基础产业

和企业的技术改造上，投向资金、技术密集型产业，适当投向金融、商业、旅游、房地产等领域"。1994 年我国财税、金融、外汇、外贸以及投资体制等方面进行了重大改革，为第三产业的加速发展创造了条件。1994 年我国进行了计划、财税、金融、外汇、外贸以及投资体制等方面的重大改革，为服务业的发展和服务业的开放创造了有利条件。1994 年《外贸法》第一次明确了技术进出口和国际服务贸易作为对外贸易的基本形式，为服务业开放提供了法律保障。1995 年《指导外商投资方向暂行规定》和《外商投资产业指导目录》的出台为服务业的进一步开放营造了良好的环境。1997 年党的十五大明确提出"有步骤地推进服务业的对外开放"。

（二）规范外资进入的行业政策法规陆续出台

与此同时，规范外商投资进入的行业政策法规陆续颁布。1994 年 5 月，民航总局、对外贸易经济合作部联合发布了《关于外商投资民用航空业的有关政策的通知》；1994 年 11 月，国家工商行政管理局和对外经济贸易合作部发布《关于设立外商投资广告企业的若干规定》；1995 年 2 月，对外经济贸易合作部颁布《外商投资国际货物运输代理企业审批规定》；1995 年 12 月，对外经济贸易合作部颁布《关于在计算机软件企业设立外商投资企业执行外商企业产业指导目录的通知》和《关于外国船公司在华设立独资船务公司有关问题的通知》。1996 年我国取消了在华设立外资金融机构以及外资金融机构进入国内市场的诸多准入限制，向外资银行有条件开放人民币银行业务。1996 年 12 月，中国人民银行颁布了有关允许设立在浦东的外资银行率先开办人民币业务的规定。1997 年 4 月，国有资产管理局、对外贸易经济合作部颁布了《设立外商投资资产评估机构若干暂行规定》的通知。

（三）履行 WTO 承诺集中修订和颁布了法律法规

为积极履行我国对世界贸易组织（WTO）服务业开放承诺，2000～2001 年，我国又集中修订和出台了一系列服务业利用外资的法律法规。国务院出台了《外国律师事务所驻华代表机构管理条例》《外资保险公司管理条例》《外商投资电信企业管理规定》《外商独资船务公司审批管理暂行办法》；文化部制定了《中外合作音像制品分销企业管理办法》，国家广播电影电视总

局、对外经济贸易合作部、文化部制定了《外商投资电影院暂行规定》，卫
生部和对外经济贸易合作部联合发布了《关于中外合资、合作医疗机构管理
暂行办法》，交通运输部、对外经济贸易合作部出台了《中华人民共和国国
际海运条例》，铁道部、对外经济贸易合作部制定了《外商投资铁路货物运
输业审批与管理暂行办法》。同时国务院修订了《外资金融机构管理条例》
《音像制品管理条例》《电影管理条例》和《旅行社管理条例》。

三、服务业开放取得积极成效

（一）吸收外资规模扩大

1992 年之前，我国服务业吸收外资金额很小，1992～2001 年，服务业吸
收外资增长较快。截至 2001 年年底，在全国累计批准设立的外商投资企业和
合同外资中，第一、第二和第三产业的比重分别达到 2.9%、73.1%、
24.1% 和 1.9%、62.1%、36.0%，尽管第三产业的份额还远低于第二产业，
但已经成为我国吸收外资不可缺少的重要组成部分。

从现有可获得的统计资料看，1997 年我国服务业实际吸收外资金额为
120.6 亿美元，占当年吸收外资总额的 26.6%，1998 年服务业吸收外资达到
134.7 亿美元，比重上升到了这一时期的最高值，为 29.6%，此后有所下降，
2001 年服务业实际吸收外资金额为 111.8 亿美元，份额降到最低，23.9%。
尽管如此，相比改革开放初期，我国服务业吸收外资取得了长足的进步，
1997～2001 年，我国服务业实际吸收外资占外资总额的平均份额达到 27.0%
（见表 1 - 7、图 1 - 1）。

表 1 - 7　　　　　　1997～2001 年我国服务业实际吸收外资　　　　单位：百万美元

年　份	1997	1998	1999	2000	2001
服务业吸收外资总额	12059.52	13472.89	11828.65	10463.88	11180.91
地质勘查业、水利管理业	14.41	—	4.52	4.81	10.49
交通运输、仓储及邮电通信业	1655.13	1645.13	1551.14	1011.88	908.9
批发零售和餐饮业	1401.87	1181.49	965.13	857.81	1168.77
金融保险业	—	40	97.67	76.29	35.27

续表

年 份	1997	1998	1999	2000	2001
房地产业	5169.01	6410.06	5588.31	4657.51	5136.55
社会服务业	1988.02	2963.15	2550.66	2185.44	2594.83
卫生体育和社会福利业	195.35	97.24	147.69	105.88	118.64
教育、文化艺术和广播电影电视业	74.03	68.3	60.72	54.46	35.96
科学研究和综合技术服务业	20.36	—	110.13	57.03	120.44
其他行业	1541.34	1067.52	752.68	1452.77	1051.06

资料来源:《中国统计年鉴（1998～2002 年，历年)》。

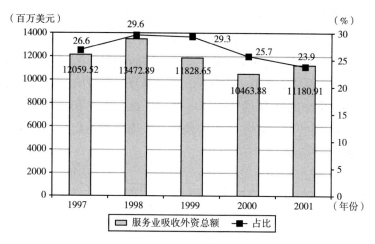

图 1-1 1997～2001 年我国服务实际吸收外资金额及比重

资料来源:《中国统计年鉴》(1998～2002 年，历年)。

（二）服务业开放领域不断拓展

在此时期，我国大部分的服务业都在试点的基础上放松了对外商投资的限制，外商进入领域不断扩大，形成了覆盖金融、保险、交通运输、仓储、商业、房地产业、科研、教育、卫生等多领域开放格局。我国从 1982 年银行业开始外商投资试点工作，1995 年经国务院批准，试点城市由原来的 13 个扩大到 24 个，1999 年扩大到全国所有中心城市。1992 年，我国开始有条件地开放保险市场，允许外国保险机构在上海试点举办保险分公司和合资保险公司。1995 年又将试点区域扩大到广州。1992 年国务院决定在北京、天津、上海、大连、广州、青岛及 5 个经济特区各试办 1~2 家中外合资商业零售业，之后又在北京和上海共试办 2 家合资连锁商业企业，在内地试办几家与台商合资的商业零售企业，1999 年 6 月，国家经贸委、外经贸部联合下发了《外商投资商业企业试点办法》，将试点地域扩大到了所有省会城市、自治区首府、直辖市、计划单列市和经济特区。专业服务方面，从 1992 年起，我国开始有条件地允许国际知名的会计公司与我国的会计事务所合作举办会计事务所。

从具体领域看，外商投资主要集中在房地产业、包括旅馆业在内的社会服务业、批发零售和餐饮业、交通运输仓储及邮电通信业四大领域。如图 1-2 所示，1997~2001 年，房地产业是服务业吸收外资的第一大行业，其实际吸收外资占服务业外资总额的平均份额为 45.6%，其中 1998 年最高达 47.6%；社会服务业是第二大行业，并且呈现了明显的上升趋势，从 1997 年的 16.5% 上升为 2001 年的 23.2%。同期，批发零售和餐饮业、交通运输仓储及邮电通信业两大行业实际吸收外资金额占服务业吸收外资的平均份额也都分别达到 9.4% 和 11.4%。

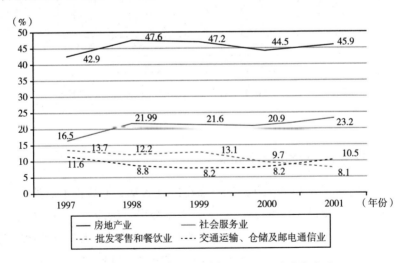

图 1-2 1997~2001 年我国服务实际吸收外资比重

资料来源：《中国统计年鉴》（1998~2002 年，历年）。

（三）服务贸易快速增长

20 世纪 90 年代以后，我国服务贸易进入一个快速增长期。1991～2001 年我国服务贸易总额从 108 亿美元增加到 719 亿美元，年均增幅 21%，占世界贸易的份额也相应从 0.6% 升为 2.4%。其中出口额从 69 亿美元增为 329 亿美元，年均增长 17%；进口额从 39 亿美元增为 390 亿美元，年均增幅 26%。

这一时期，旅游是我国最核心的服务出口领域。2001 年旅游出口额为 177.9 亿美元，占当年我国服务出口总额的 54.1%；其次为运输服务，出口额为 46.4 亿美元，占比为 14.1%。

第三节 加入世贸组织后我国服务业 开放（2002～2012 年）

2001 年 12 月 11 日，我国加入世贸组织，服务业对外开放进入了一个全面开放的崭新阶段，形成了服务业整体开放的新格局。

一、我国加入 WTO 议定书的服务业开放承诺

在加入 WTO 议定书中我国对服务贸易总协定 12 大类中的 9 个大类、近 100 个小类进行了渐进的开放承诺。重点服务业的开放承诺如下。

（一）金融服务业

在金融服务领域，我国在服务贸易的四种模式上在保险、银行和证券三大类业务上承诺了开放，核心的开放措施主要体现在对外资进入市场准入的逐步放开。

1. 保险业。

保险服务的开放承诺集中在寿险、非寿险、再保险和保险附属服务四个领域。

第一，在企业形式上。允许外国非寿险公司设立分公司或合资公司，外资占51%；中国加入后2年内，将允许外国非寿险公司设立外资独资子公司，取消企业形式限制。

自加入时起，将允许外国寿险公司设立外资占50%的合资企业，并可自行选择合资伙伴。

对于大型商业险经纪、再保险经纪、国际海运、空运和运输保险和再保险经纪，自加入起，将允许设立外资股比不超过50%的合资企业；中国加入3年内，外资股比应增至51%；中国加入5年内，将允许设立外资独资子公司。

第二，在地域范围上。自加入时起，将允许外国寿险和非寿险公司及保险经纪公司在上海、广州、大连、深圳和佛山提供服务。

中国加入后2年内，将允许外国寿险和非寿险公司及保险经纪公司在北京、成都、重庆、福州、苏州、厦门、宁波、沈阳、武汉和天津提供服务。

中国加入后3年内，将取消地域限制。

第三，在业务范围上。自加入时起，将允许外国非寿险公司提供无地域限制的"统括保单"大型商业险保险。

允许外国非寿险公司自加入时起向境外企业提供保险，并向在中国的外商投资企业提供财产险、相关责任险和信用险；中国加入2年内，将允许外国非寿险公司向外国和国内客户提供全部非寿险服务。

允许外国保险公司向外国人和中国公民提供个人（非团队）险服务；中国字加入后3年内，将允许外国保险公司向外国人和中国人提供健康险、团体险和养老金/年金险。

自加入时起，将允许外国保险公司以分公司、合资企业或外资独资子公司的形式提供寿险和非寿险的再保险服务，无地域限制或发放营业许可的数量限制。

第四，在营业许可上。营业许可的发放将没有经济需求测试或许可的数量限制，设立外资保险机构的资格条件为：投资者应在WTO成员中有30年以上设立商业机构经验的外国保险公司；应连续2年在中国设代表处；在提出申请前一年年末，总资产应超过50亿美元（保险经纪公司除外）。保险经纪公司总资产应超过5亿美元；加入后1年内，其总资产应超过4亿美元；

加入后 2 年内，其总资产应超过 3 亿美元；加入后 4 年内，其总资产应超过 2 亿美元。

2. 银行业。

允许外资银行在中国经营的业务有接受公众存款和其他应付公众资金；所有类型的贷款；金融租赁；所有支付和汇划服务；担保和承诺；自行或代客外汇交易。

第一，在地域范围上。对于外汇业务，自加入时起，无地域限制。

对于本币业务，自加入时起，开放上海、深圳、天津和大连；加入后 1 年内，开放广州、珠海、青岛、南京和武汉；加入后 2 年内，开放济南、福州、成都和重庆；加入后 3 年内，开放昆明、北京和厦门；加入后 4 年内，开放汕头、宁波、沈阳和西安；加入后 5 年内，取消所有地域限制。

第二，在客户上。对于外汇业务，允许外国金融机构自加入时起在中国提供服务，无客户限制。

对于本币业务，加入后 2 年，允许外国金融机构向中国企业提供服务；加入后 5 年内，允许外国金融机构向所有中国客户提供服务。

第三，在营业许可上。中国金融服务部门进行经营的批准标准仅为审慎性的，不含经济需求测试或营业许可的数量限制。加入后 5 年内，应取消现在的限制所有权、经营及外国金融机构法律形式的任何非审慎措施。

满足下列要求的金融机构允许在中国设立外国独资银行或外国独资财务公司：提出申请前一年年末总资产超过 100 亿美元。

满足下列条件的外资金融机构允许在中国设立外国银行的分行：提出申请前一年年末总资产超过 200 亿美元。

满足下列条件的外资金融机构允许在中国设立中外合资银行或中外合资财务公司：提出申请前一年年末总资产超过 100 亿美元。

从事本币业务的外国金融机构的资格如下：在中国营业 3 年，且在申请前连续 2 年盈利。其他，没有限制。

3. 证券业。

第一，企业形式和业务范围。自加入时起，外国证券机构在中国的代表处可成为所有中国证券交易所的特别会员。

自加入时起，允许外国服务提供者设立合资公司，从事国内证券投资基金管理业务，外资股比最高为 33%；中国加入后 3 年内，外资可增至 49%。

中国加入后 3 年内，将允许外国证券公司设立合资工资，外资拥有不超过 1/3 的少数股权，合资公司可从事（不通过中方中介）A 股的承销、B 股和 H 股及政府和公司债券的承销和交易、基金的发起。

第二，经营许可。中国金融服务部门进行经营的批准标准仅为审慎性的。

（二）通信服务业

入世时，我国在通信领域的开放承诺集中在电信服务和速递服务。

1. 电信服务。

（1）增值电信服务。

我国对包括电子邮件、语音邮件、在线信息和数据检索、电子数据交换、增值传真服务、编码和规程转换以及在线信息和数据处理增值业务进行了开放承诺。

允许外国服务提供者在上海、广州和北京设立合资增值电信企业，外资股比不超过 30%；中国加入后 1 年内，地域将扩大到包括成都、重庆、大连、福州、杭州、南京、宁波、青岛、沈阳、深圳、厦门、西安、太原和武汉，外资股比不超过 49%；加入后 2 年内，取消地域限制，外资不得超过 50%。

（2）基础电信服务。

基础电信中只对寻呼服务进行了开放承诺。允许外国服务提供者在上海、广州和北京设立合资增值电信企业，外资股比不超过 30%；中国加入后 1 年内，地域将扩大到包括成都、重庆、大连、福州、杭州、南京、宁波、青岛、沈阳、深圳、厦门、西安、太原和武汉，外资股比不超过 49%；加入后 2 年内，取消地域限制，外资不得超过 50%。

（3）移动话音和数据服务。

包括模拟/数据/蜂窝服务和个人通信服务。允许外国服务提供者在上海、广州和北京设立合资增值电信企业，外资股比不超过 25%；中国加入后 1 年内，地域将扩大到包括成都、重庆、大连、福州、杭州、南京、宁波、青岛、沈阳、深圳、厦门、西安、太原和武汉，外资股比不超过 35%；加入后 3 年内，取消地域限制，外资不得超过 49%；加入后 5 年内，将取消地域限制。

2. 速递服务。

承诺开放 CPC75121，由中国邮政部门依法专营的服务除外，加入时，将允许外国服务提供者设立合资企业，外资不超过 49%；中国加入 1 年内，将允许外资拥有多数股权；中国加入后 4 年内，将允许外国服务提供者设立外资独资子公司。

（三）旅游服务

在旅游领域，我国对饭店餐馆和旅行社两类服务进行了开放承诺。

1. 饭店（包括公寓楼）和餐馆。

外国服务提供者可以合资企业形式在中国建设、改造和经营饭店和餐馆设施，允许外资拥有多数股权；中国加入 4 年内，取消限制，将允许设立外资独资子公司。

2. 对旅行社和旅游经营者。

第一，地域范围、资格要求和企业形式。外国服务提供者可自加入时起以合资旅行社和旅游经营者的形式在中国政府指定的旅游度假区和北京、上海、广州和西安提供服务，但需满足下述条件：一是旅行社和旅游经营者主要从事旅游业务；二是全球年收入超过 4000 万美元；三是合资旅行社或旅游经营者的注册资本不得少于 400 万人民币。中国加入后 3 年内，注册资本不得少于 250 万人民币。加入后 3 年内，将允许外资拥有多数股权；加入后 6 年内，将允许设立外资独资子公司，并取消地域限制。加入后 6 年内，将取消对合资旅行社/旅游经营者设立分支机构的限制，且对于外资旅行社/旅游经营者的注册资本要求将与国内的要求相同。

第二，业务范围。向国外旅行者提供可由在中国的交通和饭店经营者直接完成的旅行和饭店住宿服务；向国内旅游者提供可由在中国的交通和饭店经营者直接完成的旅行和饭店住宿服务；在中国境内为中外旅行者提供导游及在中国境内的旅行支票兑现业务。

（四）运输服务业

我国对海运服务、内水运输、航空运输、铁路运输、公路运输及相关辅助服务进行了开放承诺。

1. 海运服务。

包括货运和客运，允许外资设立注册公司，以经营悬挂中国国旗的船队；允许外国服务提供者设立合资船运公司；外资不得超过 49%；合资企业的董事会主席和总经理应由中方任命；提供国际海运服务的其他商业存在形式，不作承诺。

海运的理货服务、报关服务和集装箱堆场服务允许外资设立合资企业，并拥有多数股权。

海运代理服务允许外资设立合资企业，但股比不超过 49%。

2. 内水运输。

允许外资在对外国船舶开放的港口从事国际运输。

3. 航空运输。

对两个领域进行了开放承诺：航空器的维修服务和计算机订座系统服务。

对航空器的维修，允许外国服务提供者在中国设立合资航空器维修企业；中方应在合资企业中控股或起支配地位。设立合资企业的营业许可需进行经营需求测试。

对于计算机订座系统服务，其一，外国计算机订座系统，如与中国空运企业和中国计算机订座系统订立协议，则可通过与中国计算机订座系统连接，向中国空运企业和中国航空代理人提供服务；其二，外国计算机订座系统可向根据双边航空协定有权从事经营的外国空运企业在中国通航城市设立的代表处或营业所提供服务；其三，中国空运企业和外国空运企业的代理直接进入和使用外国计算机订座系统须经中国民航总局批准。

4. 铁路运输开放。

仅限于合资企业形式，外资股比不超过 49%，中国加入后 3 年内，将允许外资拥有多数股权，中国加入后 6 年内，将允许设立外资独资子公司。

5. 公路运输。

仅限于合资企业形式，外资股比不超过 49%，中国加入后 1 年内，将允许外资拥有多数股权，中国加入后 3 年内，将允许设立外资独资子公司。

6. 所有运输方式的辅助服务。

对于仓储服务，仅限于合资企业形式，外资股比不超过 49%，中国加入后 1 年内，将允许外资拥有多数股权，中国加入后 3 年内，将允许设立外资独资子公司。

对于货物运输代理服务，自加入时起，允许有至少连续 3 年经验的外国货运代理在中国设立合资货运代理企业，外资股比不超过 50%；中国加入后 1 年内，将允许外资拥有多数股权；中国加入后 4 年内，将允许设立外资独资子公司。合资企业的最低注册资本应不少于 100 万美元；加入后 4 年内，最低注册资本和国内企业一致。合资企业的经营年限不超过 20 年。在中国经营 1 年以后，合资企业在双方注册资本均已到位后，可设立分支机构，每设立一分支机构，合资企业原注册资本应增加 12 万美元；中国加入后 2 年内，享受国民待遇。外国货运代理在其第一家合资企业经营 5 年后，可设立第二家合资企业；中国加入后 2 年内，设立第二家合资企业的年限减至 2 年。

（五）分销服务

分销领域，主要的开放承诺集中于批发和零售服务。

1. 批发业。

中国加入 WTO 后 1 年内，外国服务提供者可设立合资企业，从事所有进口和国产品的佣金代理业务和批发业务，但下列产品除外：对于下列这些产品，将允许外国服务提供者在中国加入后 3 年内，从事图书、报纸、杂志、药品、农药和农膜的分销，并在中国加入后 5 年内，从事化肥、成品油和原油的分销。

中国加入 WTO 后 2 年内，将允许外资拥有多数股权，取消地域或数量限制；中国加入后 3 年内，取消限制，但对于化肥、成品油和原油在加入后 5 年内取消限制。

2. 零售业。

外国服务提供者仅限于以合资企业形式在 5 个经济特区（深圳、珠海、汕头、厦门和海南）和 6 个城市（北京、上海、天津、广州、大连和青岛）提供服务。在北京和上海，允许的合资零售企业的总数各不超过 4 家。在其他每一城市，将允许的合资零售企业各不超过 2 家。将在北京设立的 4 家合资零售企业中 2 家在同一城市设立其分支机构。

自中国加入 WTO 时起，郑州和武汉将立即向合资零售企业开放：加入后 2 年内，在合资零售企业中将允许外资持有多数股权，将向合资零售企业开放所有省会城市及重庆和宁波。

将允许外国服务提供者从事除下列产品外的所有产品的零售：加入后 1 年内允许从事图书、报纸和杂志的零售；加入后 3 年内，允许从事药品、农药、农膜和成品油的零售；加入后 5 年内，允许从事化肥的零售。

中国加入后 3 年内，取消限制，但下列产品除外：化肥的零售，加入后 5 年内取消限制。对于超过 30 家分店的连锁店，如销售任何下列产品之一，则不允许外资拥有多数股权：汽车（期限为加入后 5 年，届时股比限制将取消）及以上所列产品和《中国加入 WTO 议定书》附件 2A 中所列产品。

当然，应该看到，在积极履行对 WTO 的服务业开放承诺的同时，我国对港澳台地区进一步深化和扩大了服务业开放，同时这一时期，自由贸易区（FTA）战略成为是我国对外开放的重要内容。党的十七大把 FTA 建设上升为国家战略，中国共产党的十八大提出要加快实施自由贸易区战略。中国共产党的十八届三中全会提出要以周边为基础加快实施自由贸易区战略，形成面向全球的高标准自由贸易区网。目前，我国已经签署了 12 个 FTAs[①]，我国与 20 个国家和地区建立了自贸协定。除了 CEPA 和 ECFA 服务业的开放是针对特定对象外，其他 FTAs 基本都包含服务业开放内容。

二、五年过渡期（2002～2006 年）

我国在加入 WTO 最初的五年过渡期内，更加重视服务业在国民经济中的作用，服务业开放取得了积极的成效。

（一）服务业开放的政策法规更加明朗

根据 WTO 的规则和我国所做出的承诺，1999～2005 年，我国中央政府共制定、修订和废止了 2000 多项法律规章，其中包括与服务业相关的法律法规。此外，在宣布加入 WTO 后不久的 2001 的 12 月 20 日，国务院办公厅转发国家计委《关于"十五"期间加快发展服务业若干政策措施意见的通知》（简称通知），通知进一步明确了我国服务业发展和服务业开放的重要性，提

---

① 包括 CEPA 和 ECFA。

出了加快服务业发展的十二个方面的政策措施，其中第五条明确指出，根据我国经济发展需要以及加入世界贸易组织的承诺，有步骤地进一步开放银行、保险、证券、电信、外贸、商业、文化、旅游、医疗、会计、审计、资产评估、国际货运代理等领域。

（二）服务业开放承诺水平较高

世界银行在关于各国对服务贸易所作出的承诺的一项研究中，分别考察了我国在加入 WTO 的 1 年内和 5 年过渡期后的服务业开放状况。该项研究认为，我国加入 WTO 后，在境外消费、商业存在和自然人流动方面，所有的服务部门都做了不同程度的承诺；在跨境交付方面，我国超过 80% 的部门做出了承诺。与其他的国家组相比较，我国的承诺较多，但是在商业存在方面仍然有较多的限制。在过渡阶段结束后，世界银行在对我国服务业的开放状况的研究中发现：我国全部的市场准入承诺的平均数（"平均数"表明承诺减让表中已做出承诺的部门或服务提供方式的组合占总数的比例）是 57.4%，高于其他国家组在乌拉圭回合中的承诺（包括高收入国家组）；市场准入承诺的平均比例（"平均比例"指承诺减让表中按照限制及约束范围因素加权平均后承诺的部门或服务提供方式的组合占总数的比例）我国达到了 38%，略高于高收入国家的 36%；我国在国民待遇方面的承诺平均数和平均比例分别为 57.4% 和 45%，高于其他国家组。

（三）服务吸收外资水平有了较大提升

由于 2006 年年底是我国加入 WTO 的五周年，对很多服务领域的全面开放相当于在 2007 年开始实施，为更好地体现出 5 年过渡期结束后服务业开放的效果，本部分的研究中使用到 2007 的数据。

2002~2007 年，我国服务业吸收外资实际金额从 121 亿美元增长为 306.9 亿美元，年均增长 20.5%，在我国实际吸收外资中的比重从 22.0% 上升到了 41.0%，增加了近 20 个百分点；与此同时，制造业在外资中的份额从 66.9% 降为 54.6%。尤其是过渡期结束后表现突出，2007 年服务业实际吸收外资同比增长 57.1%，服务业吸收外资的占比比上年增加了 10 个百分点（见表 1 – 8）。

表 1 - 8 　　　　　　　2002～2007 年我国实际吸收外资结构变化

年份	服务业		制造业	
	服务业外资 金额（亿美元）	服务业外资 占比（%）	制造业外资 金额（亿美元）	制造业外资 占比（%）
2002	121	22.0	368	66.9
2003	115.8	21.6	374.7	70.0
2004	146.3	24.1	430.2	71.0
2005	145.7	24.2	424.5	70.4
2006	195.3	31.0	428.3	68.0
2007	306.9	41.0	408.6	54.6

资料来源：商务部外资统计。

从具体行业看，这一时期房地产业在服务业吸收外资中的比重一直居高不下，2002 年比重为 46.2%，2006 年为 41.3%，2007 年又上升到 55.2%。同时租赁和商务服务业①也是服务业吸收外资的重要行业，2003 年吸收外资占服务业总额的比重为 13.4%，2004 年跃升为 20.1%，最高为 2005 年，份额为 25.1%，此后有所下降，2007 年为 13.0%。

（四）服务贸易规模不断扩张

这一时期，我国服务贸易发展经历了几个关口，2002 年仅为 855 亿美元，2003 年突破千亿关口，达 1013 亿美元。2006 年服务进口额突破千亿美元，为 1003 亿美元。2007 年服务贸易进出口总额超过二千亿美元，为 2509 亿美元；同年，服务出口额超越一千亿美元，达 1217 亿美元。与此同时，2001～2007 年，我国服务贸易总额在世界的排名从第 13 位升为第 6 位；出口排名从第 12 位升为第 7 位；进口排名从第 10 位升为第 5 位。

三、全面开放时期（2007～2012 年）

按照我国对世贸组织的承诺，从 2006 年 11 月 12 日起，除个别领域外，

---

① 由于行业分类的调整，2003 年才开始出现租赁和商务服务业吸收外资数据。

我国取消服务业对外资的限制，至此，服务业开放的过渡期结束后，我国服务业进入了全面开放的新阶段。2007年和2008年国家又连续出台了《国务院关于促进服务业加快发展的若干意见》《服务贸易发展"十一五"规划纲要》和《国务院办公厅加快发展服务业若干政策措施的实施意见》，进一步凸显了服务业发展和服务业开放的重要性。

（一）服务业成为我国吸收外资的主导产业

随着产业结构的不断调整和服务业开放的全面放开，我国吸收外资以制造业为主的格局已转变为以服务业为主。商务部数据显示，2007～2012年，我国服务业实际吸收外资金额从306.9亿美元增长为538.4亿美元，年均增幅11.9%，远高于同期全国外资的平均增幅（8.4%）和制造业吸收外资的平均增幅（3.6%）。从份额看，2007年，我国服务业吸收外资在全国外资总额中的比重为41.0%，低于制造业近5.3个百分点；2011年服务业吸收外资首次超过制造业，占比为47.6%，超过制造业2.7个百分点；2012年服务业外资占比为48.2%，超过制造业4.5个百分点，服务业取代制造业成为我国吸收外资的第一产业。

（二）服务业吸收外资结构不断优化

这一时期，尽管房地产业依旧是我国服务业吸收外资的重点领域，2007～2012年平均份额为47.3%，但已明显出现下降趋势，从2007年的55.2%降为2012年的42.2%。与此同时，批发和零售业吸收外资增幅较大，在服务业吸收外资中的比重不断上升。2007～2012年，我国批发和零售业实际吸收外资金额从26.7亿美元增为94.6亿美元，年均增幅28.8%，远高于同期服务业实际吸收外资增幅，在服务业外资总额中的比重也相应从8.6%升为16.5%。此外，信息运输、计算机服务和软件业，金融业，科学研究等现代服务业实际吸收外资规模不断扩大，在服务业吸收外资中的份额也不断提升，2007～2012年分别从的4.8%、0.8%和3.0%分别增为5.9%、3.7%和5.4%（见表1-9）。其中金融业表现最为突出，实际吸收外资规模从2007年的2.6亿美元增为2012年的21.2亿美元，年均增幅52.2%，高出同期服务业实际吸收外资增幅超过40个百分点。

表 1-9 　　　　　2007～2012 年服务业外商直接投资行业分布 　　　　单位:%

年　份	2007	2008	2009	2010	2011	2012
交通运输、仓储和邮政业	6.5	7.5	6.6	4.5	5.5	6.1
信息传输、计算机服务和软件业	4.8	7.3	5.8	5.0	4.6	5.9
批发和零售业	8.6	11.7	14.0	13.2	14.5	16.5
住宿和餐饮业	3.4	2.5	2.2	1.9	1.4	1.2
金融业	0.8	1.5	1.2	2.2	3.3	3.7
房地产业	55.2	49.0	43.6	48.0	46.1	42.2
租赁和商务服务业	13.0	13.3	15.8	14.3	14.4	14.4
科学研究、技术服务和地质勘查业	3.0	4.0	4.3	3.9	4.2	5.4
水利、环境和公共设施管理业	0.9	0.9	1.4	1.8	1.5	1.5
居民服务和其他服务业	2.3	1.5	4.1	4.1	3.2	2.0
教育	0.1	0.1	0.0	0.0	0.0	0.1
卫生、社会保障和社会福利业	0.0	0.0	0.1	0.2	0.1	0.1
文化、体育和娱乐业	1.5	0.7	0.8	0.9	1.1	0.9

资料来源：商务部外资统计。

（三）服务业对外投资规模不断扩大

在全面履行加入世贸组织的开放过程中，我国服务对外直接投资快速发展，投资流量从 2007 年的 195.6 亿美元增长为 2012 年的 589.6 亿美元，年均增幅 24.7%，占同一时期对外直接投资流量总额的 67.1%；投资存量从 2007 年的 899.2 亿美元增为 2012 年的 3962.0 亿美元，年均增幅 34.5%，占同一时期对外投资直接存量总额的 74.5%。从具体领域看，租赁和商务服务、批发和零售服务以及金融服务是我国服务业对外直接投资前三大行业。从对外投资流量看，2007～2012 年，租赁和商务服务业占服务业对外投资总额的比重从 28.7% 上升为 45.4%；批发和零售业占比从 33.8% 降为 22.1%；金融服务业占比从 8.5% 上升为 17.1%。从对外投资存量看，截至 2012 年，租赁和商务服务以及金融服务与批发和零售占服务业对外投资总额的 44.3%、24.3% 和 17.2%。

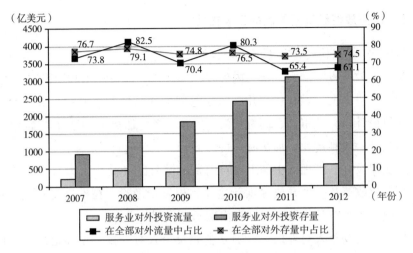

（亿美元）   （%）

图 1 – 3　2007～2012 年我国服务业对外直接投资

资料来源：《2013 年中国对外直接投资统计公报》。

（四）服务贸易大国地位确立

从 2007 年到 2012 年，我国服务贸易总额从 2509 亿美元增为 4706 亿美元。2012 年我国服务贸易跻身世界第三，仅位于美国和德国之后，其中出口额为 1904 亿美元，位居世界第五；进口额 2801 亿美元，位居世界第三。我国世界服务贸易大国的地位已经确立。

第四节　我国服务业开放新阶段（2013 年迄今）

一、十八届三中全会为服务业扩大开放指明了方向

2013 年 11 月 9～12 日，党的十八届三中全会召开，通过了《中共中央关于全面深化改革若干重大问题的决定》（简称《决定》），为新时期我国服务业的进一步开放指明了道路和方向。明确经济体制改革是全面深化改革的重点，其核心问题是如何处理好政府和市场的关系，使市场在资源配置中起决定性作用和更好地发挥政府作用。

（一）开放型经济新体制的三大支柱

《决定》提出构建开放型经济新体制的三大支柱。

第一，放宽投资准入。统一内外资法律法规，保持外资政策稳定、透明、可预期。推进金融、教育、文化、医疗等服务业领域有序开放，放开育幼养老、建筑设计、会计审计、商贸物流、电子商务等服务业领域外资准入限制，进一步放开一般制造业。加快海关特殊监管区域整合优化。

切实建设好、管理好中国上海自由贸易试验区（简称上海自贸试验区），为全面深化改革和扩大开放探索新途径、积累新经验。在推进现有试点基础上，选择若干具备条件地方发展自由贸易园（港）区。

扩大企业及个人对外投资，确立企业及个人对外投资主体地位，允许发挥自身优势到境外开展投资合作，允许自担风险到各国各地区自由承揽工程和劳务合作项目，允许创新方式走出去开展绿地投资、并购投资、证券投资、联合投资等。

加快同有关国家和地区商签投资协定，改革涉外投资审批体制，完善领事保护体制，提供权益保障、投资促进、风险预警等更多服务，扩大投资合作空间。

第二，加快自由贸易区建设。坚持世界贸易体制规则，坚持双边、多边、区域次区域开放合作，扩大同各国各地区利益汇合点，以周边为基础加快实施自由贸易区战略。改革市场准入、海关监管、检验检疫等管理体制，加快环境保护、投资保护、政府采购、电子商务等新议题谈判，形成面向全球的高标准自由贸易区网络。扩大对香港特别行政区、澳门特别行政区和台湾地区的开放合作。

第三，扩大内陆沿边开放。抓住全球产业重新布局机遇，推动内陆贸易、投资、技术创新协调发展。创新加工贸易模式，形成有利于推动内陆产业集群发展的体制机制。支持内陆城市增开国际客货运航线，发展多式联运，形成横贯东中西、联结南北方对外经济走廊。推动内陆同沿海沿边通关协作，实现口岸管理相关部门信息互换、监管互认、执法互助。

加快沿边开放步伐，允许沿边重点口岸、边境城市、经济合作区在人员往来、加工物流、旅游等方面实行特殊方式和政策。建立开发性金融机构，加快同周边国家和区域基础设施互联互通建设，推进丝绸之路经济带、海上丝绸之路建设，形成全方位开放新格局。

（二）服务业进一步开放的重点和路径

从《决定》中构建开放型经济新体制的表述中，中央明确了新时期我国服务业进一步开放的重点和路径。

从服务业开放的重点来看，集中在金融、教育、文化、医疗、育幼养老、建筑设计、会计审计、商贸物流、电子商务 9 大领域。但对于不同的领域，有不同的开放策略，育幼养老、建筑设计、会计审计、商贸物流、电子商务在等服务领域可以允许外资充分进入；对于金融、教育、文化、医疗等与国家经济安全密切相关并且是我国的短板行业应逐步有序地开放，不能完全放开。

从开放的路径看，自主开放和协议开放并行，通过上海自贸试验区等积极探索服务业"准入前国民待遇＋负面清单"的开放新模式，通过双边投资协定和自贸区建设将服务业自主开放新模式推进到协议开放中，并在进一步的内陆沿边开放战略中，纳入服务业开放新模式，促进东中西部经济的协调发展。

二、上海自由贸易试验区率先进行开放试验

上海自贸试验区的建立拉开了我国进一步改革开放的大幕。2013 年 7 月 3 日国务院常务会议原则通过《中国（上海）自由贸易试验区总体方案》，9 月 27 日国务院印发了《中国（上海）自由贸易试验区的总体方案》，9 月 29 日上海自贸试验区正式挂牌并公布了《中国（上海）自由贸易实验区管理办法》，9 月 30 日上海市政府公布了自贸区外商投资准入的负面清单，承载我国改革开放重大历史使命的上海自贸试验区正式运行。2013 年上海自贸试验区落实了金融、航运、商贸、专业、文化和社会共计六大服务领域的开放政策，共 23 项措施。2014 年 6 月 28 日，国务院批准了《中国（上海）自由贸易试验区进一步扩大开放的措施》，31 条措施中涉及服务领域 14 条。上海自贸试验区中服务业开放措施达到 37 条。上海自贸试验区制定负面清单，改革

外商投资管理模式，给予外商准入国民待遇（包括服务业），在服务领域，
通过暂停或取消投资者资质要求、放宽外商投资股比限制、经营范围限制等
措施，在局部范围深化和扩大了我国服务业的对外开放。上海自贸试验区服
务业开放取得了积极成效，上海市商务委员会的数据显示，2014 年，上海自
贸试验区新增外商投资项目 2015 个，同比增加 4.5 倍，其中两成是集中在金
融、文化、专业服务业、社会服务等新开放的领域。

（一）2013 年服务领域开放措施

1. 金融服务。

对银行服务，允许符合条件的外资金融机构设立外资银行，符合条件的
民营资本与外资金融机构共同设立中外合资银行。在条件具备时，适时在试
验区内试点设立有限牌照银行；在完善相关管理办法，加强有效监管的前提
下，允许试验区内符合条件的中资银行开办离岸业务。

对专业健康医疗保险，试点设立外资专业健康医疗保险机构。

对融资租赁，在试验区设立的单机、单船子公司不设最低注册资本限制；
允许融资租赁公司兼营与主营业务有关的商业保理业务。

2. 航运服务。

对远洋货物运输，放宽中外合资、中外合作国际船舶运输企业的外资股
比限制；允许中资公司拥有或控股拥有的非五星旗船，先行先试外贸进出口
集装箱在国内沿海港口和上海港之间的沿海捎带业务。

对国际船舶管理，允许设立外商独资国际船舶管理企业。

3. 商贸服务。

对增值电信，在保障网络信息安全的前提下，允许外资企业经营特定形
式的部分增值电信业务。

游戏机、游艺机销售及服务，允许外资企业从事游戏游艺设备的生产和
销售，通过文化主管部门内容审查的游戏游艺设备可面向国内市场销售。

4. 专业服务。

律师服务，探索密切中国律师事务所与外国（中国港澳台地区）律师事
务所业务合作的方式和机制。

资信调查，允许设立外商投资资信调查公司。

旅行社，允许在试验区内注册的符合条件的中外合资旅行社，从事除台湾地区以外的出境旅游业务。

人才中介服务，允许设立中外合资人才中介机构，外方合资者可以拥有不超过70%的股权；允许港澳服务提供者设立独资人才中介机构；外资人才中介机构最低注册资本金要求由30万美元降至12.5万美元。

投资管理，允许设立股份制外资投资性公司。

工程设计，对试验区内为上海市提供服务的外资工程设计（不包括工程勘察）企业，取消首次申请资质时对投资者的工程设计业绩要求。

建筑服务，对试验区内的外商独资建筑企业承揽上海市的中外联合建设项目时，不受建设项目的中外方投资比例限制。

5. 文化服务。

演出经纪，取消外资演出经纪机构的股比限制，允许设立外商独资演出经纪机构，为上海市提供服务。

娱乐场所，允许设立外商独资的娱乐场所，在试验区内提供服务。

6. 社会服务领域。

教育培训、职业技能培训，允许举办中外合作经营性教育培训机构；允许举办中外合作经营性职业技能培训机构。

医疗服务，允许设立外商独资医疗机构。

（二）2014 年服务领域开放措施

1. 批发和零售。

允许外商以独资形式从事盐的批发，服务范围仅限于试验区内。

允许外商以独资形式从事植物油、食糖、化肥的批发、零售、配送，粮食、棉花的零售、配送，取消门店数量限制。

取消对外商投资邮购和一般网上销售的限制。

2. 交通运输。

对于铁路运输，允许外商以独资形式从事铁路货物运输业务。

对于道路运输，允许外商以合作形式从事道路客运站（场）经营；允许港澳投资者以合资形式（外资比例不超过49%）、合作形式从事出入境汽车运输服务。

对于水上运输，允许外资以独资形式从事国际海运货物装卸、国际海运集装箱站和堆场业务；允许外商以合资、合作形式从事公共国际船舶代理业务，外方持股比例放宽至51%。

对于航空运输，允许外商以独资形式从事航空运输销售代理业务。

3. 房地产。

取消对外商投资房地产中介或经纪公司的限制。

4. 商务服务。

允许符合条件的香港、澳门会计专业人士担任会计事务所合伙人。

5. 专业技术服务。

允许外商以独资形式从事摄影服务（不含空中摄影等特技摄影服务）。

取消对外商投资进出口商品认证公司的限制，取消对投资方的资质要求。

6. 卫生。

取消外商投资医疗机构最低投资总额和经营年限限制。

三、服务业开放成为我国开放型经济新引擎

2013年以来，我国政府在加快构建开放型经济新体制过程中，加快政府职能转变，进一步扩大服务业的对外开放，在上海自贸试验区探索对包括服务业在内的外商投资实行准入前国民待遇加负面清单管理模式，带动了我国服务业吸收外资和服务贸易的稳步增长，服务业对外经济中的作用进一步凸显。

（一）服务业在吸收外资中的作用进一步凸显

商务部外资数据显示，2013年我国服务业吸收外资实际金额为614.5亿美元，同比增长14.2%，远高于全国实际吸收外资增幅近9个百分点，占我国吸收外资总额比重持续上升，份额首次超过50%，为52.3%，超过制造业11.5个百分点。2014年服务业实际吸收外资金额662.3亿美元，同比增长7.8%，远高于全国实际吸收外资1.7%的增速，占比实际外资总额的份额继续攀升，达到55.4%，高出制造业22个百分点。图1-4为2013年我国服务业实际吸收外资的行业结构。得益于服务业的快速增长，2014年我国吸收外

资规模达到1196亿美元，外资流入量首次成为全球第一。

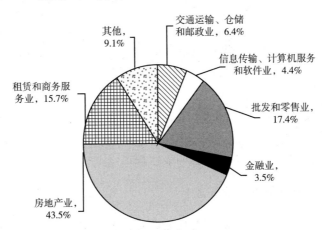

图1-4 2013年我国服务实际吸收外资结构

资料来源：商务部外资统计。

（二）服务业对外投资快速增长

新时期，我国服务业对外直接投资继续保持较快增速。2013年，服务业对外直接投资流量达686.8亿美元，同比增长17.0%，占对外直接投资总额的64.0%；服务业对外投资存量为4745.1亿美元，占对外直接投资存量的比重为71.8%。租赁和商务服务、金融服务以及批发和零售服务依旧是我国服务业对外直接投资前三的领域，但金融服务超过批发和零售服务成为服务业对外直接投资第二大行业。

（三）服务进口带动服务贸易规模攀升

与此同时，我国服务贸易规模继续攀升，2013年服务贸易总额超过5000亿美元，达到5396亿美元，同比增长14.7%，保持了世界第三的地位，占世界服务贸易总额的6%。2014年我国服务贸易继续上升至5986.3亿美元，同比增长11.5%，跃居世界第二，仅落后美国。当然也应看到差距，2013年我国服务出口额仅为2106亿美元，同比增长10.6%，与世界服务贸易排名第一的美国比较，出口金额不到美国的1/3，占世界服务出口的比重仅为4.6%；服务进口额为3290亿美元，同比增长17.5%，占世界的份额为

7.6%。因此，服务进口的快速增长带动了我国服务贸易规模的跃升。

第五节　我国服务业开放的基本特征

一、服务业开放的基本特点

纵观我国服务业开放的历程，明显体现出以下特点。

（一）服务业采取渐进式开放

与对外开放总体进程一样，我国服务业的对外开放也明显体现逐步递进的、渐进式的特点。未加入 WTO 之前，服务业的开放以局部领域的局部试点为主，加入 WTO 对于服务行业的开放基本都有 3～5 年的过渡期，之后通过CEPA、ECFA、FTA 进一步深化和扩大了我国服务业的对外开放。

（二）服务业是遵循多边贸易规制的开放

CEPA 和 ECFA 中，我国对港澳台最大限度地深化了服务业的开放，但是由于面向特定对象，并不影响我国服务业对外开放全局。FTA 中，新增服务业开放和深化服务业开放的承诺水平都处于较低水平。因此，整体上看，我国服务业对外开放是以对 WTO 的开放承诺为基础的。

（三）服务业开放模式是"正面清单＋准入后国民待遇"

不管是多边领域，还是区域或双边层面，我国服务业开放模式采取的都是"正面清单＋准入后国民待遇"。2013 年开始我国在上海自贸试验区内开始试点"负面清单＋准入前国民待遇"模式，但由于试验的范围有限，在短期内并不能明显提升我国服务业的总体开放水平。

（四）不同的行业开放差异较大

从我国对 WTO 服务业的开放承诺可以看出，旅游服务、运输服务和商务服务总体开放度较高；除健康服务、娱乐服务和其他服务完全不开放外，教育服务总体开放度很低。与此同时，我国金融服务、教育服务、通信服务和环境服务市场准入门槛较高，开放度较低。这些特征也可以从历年来我国服务业外资结构中可以看出，房地产、商务服务、运输服务都是我国服务业吸收外资的主要行业，相反的是，金融、通信，以及教育等公共服务行业利用外资水平较低。

二、服务业开放存在的主要问题

我国服务业开放中也出现了诸多问题，客观上影响了服务业开放的实际效果。

（一）体制机制障碍制约了服务业的开放

服务部门和行业的既得利益集团阻碍了服务业的开放。从行政管理上，我国目前没有统一权威的服务业开放协调机制。同时，与开放相关的国内配套制度跟不上。在法律层面，一些部门利益固化的行业法规阻碍了行业的开放。从审批环节看，部门审批事项林立，审批程序繁琐且缺乏透明度，导致了众多的"玻璃门、弹簧门"，形成了事实上的"大门已开，中门、小门没开"的现实。

（二）服务业整体开放不足与某些领域过度开放并存

一方面，总体上服务行业开放不足，国际竞争力偏弱，存在严重的贸易与产业发展扭曲。就具体的服务行业看，电信、金融、教育培训、医疗保健等行业对外开放程度低，市场垄断现象较为突出。以银行业为例，相关政策允许外资单一股东持股比例不超过 20%，全部外资股东持股比例不超过 25%。另一方面，某些服务行业过度开放，相关法规缺乏法律约束力，监管不足，其中商业服务业的过度开放尤为突出。如上海已经成为众多国际高端商品和服务品牌的中国地区总部、亚太地区总部，但是外资大型商业企业机会控制了全部流通渠道，导致国内企业只能成为跨国公司全球产业链中最低端的环节。开放不足和开放过度的问题实质上涉及的是监管过度和监管不足的问题，一般来说，在开放不足的领域普遍存在对外资的监管过度，在开放过度的领域对外资的监管又明显欠缺。

（三）行业法律法规建设的明显滞后制约了服务业开放

主要表现为：一是现有的法律法规没有根据开放形势的变化及时调整。如在教育行业，现存的法律是2003年制定的《中外合作办学条例》。而我国在 CEPA 和 ECFA 中对港澳台进一步开放了相关领域，但由于没有对条例进行更新，导致客观上使开放无法落地。二是法律法规建设存在空白，导致外资进入缺乏相应的法律支撑。如对教育服务的跨境提供、境外消费和自然人流动方面没有立法，涉及此类教育服务贸易模式的问题时往往依靠政府文件或临时性行政措施来解决。三是过时的、不适应发展形势的法律规定未及时废止。如在旅游业，国家旅游局现存的《关于严禁在旅游业务中私自收受回扣和收取小费的规定》与国际旅游业的惯例存在明显差异。

（四）服务业开放结构不合理

传统服务业开放度高，现代服务业开放层级低。开放行业主要集中在商贸、餐饮、旅游等传统服务业，主要位于服务产业链的中低端，金融、信息服务、文化、医疗等中高端服务开放层级较低。而且，服务业开放的外溢效应并不明显，开放在某些领域并没有带来竞争力提升，相反还出现弱化。如大范围的开放导致我国旅游服务从竞争优势行业转变为竞争劣势行业；建筑的开放导致行业的竞争优势明显减弱。与此同时，现代服务业由于其开放程度不高，发展水平非常低。因此现阶段，我国服务行业的发展处于比较尴尬的时期，传统的优势服务产业的竞争优势完全弱化或不复存在；现代服务产业发展缓慢，在国际上没有竞争力。

（五）服务业开放主体反差明显

可以看到，我国服务业开放过程中存在明显的主体反差问题，在开放层次低，垄断性高的服务行业中存在龙头企业，如金融、电信等领域。相反的是，在开放水平较高的行业，如流通、会计、审计等服务行业中，国内龙头企业和品牌缺乏，主体的竞争水平低下。

（六）服务业开放的监管能力不足

服务业的开放必然要求服务业的监管完善。尤其是在我国已经尝试以准入前国民待遇加负面清单的模式进行服务业开放的条件下，服务业开放后的监管和风险管理尤为重要。一直以来，相比制造业，我国服务开放滞后，政府对服务业的开放缺乏有效的监管手段和监管措施。此外，由于我国服务中介和行业组织行政色彩浓厚以及非市场化运作，大大弱化了我国对服务业开放的行业自律和行业监管。

第二章 对我国服务业开放的基本评估

我国服务业对外开放主要采取了协议开放和自主开放的方式。对服务业开放的全面评估并不存在统一的国际标准，因此，多维度评估是一个现实的选择。通过多维度的评估可以把握整体，揭示我国服务业开放的本质特征。

第一节　国际协议开放维度评估

以国际协议开放维度对我国服务业开放进行评估是最基本的评估标准。本节从 WTO 的《服务贸易总协定》（GATS）多边协定和双边自由贸易协定两个方面进行评估和测度。

一、多边国际协定开放维度

我国在 GATS 中对 12 个服务业大类中的 9 个进行了开放承诺，在多边国际协定维度，我们主要依据频度分析法进行评估和测度。赫克曼（Hoekman）在 1995 年创建了"频度分析法"，用于度量各国服务业的开放度。赫克曼的频度分析法优点是测量方法简便直观、易于理解，受数据统计的限制影响小，但是其缺点也比较明显，如没有考虑不同服务部门在整个国民经济中的地位作用，另外，对所有的限制措施赋予同样的分值（0.5）并不能准确体现这些限制的不同效果。本书中通过改进频度分析法测量我国的服务业在多边协定的开放度。

（一）承诺服务部门分类调整

根据 WTO《服务部门分类列表的文件》（MTN. GNS/W/120），服务贸易部门分为 12 大类 155 个子部门（见表 2 - 1）。与 155 个服务部门相比，将我国服务贸易具体减让表中 14 类没有子部门对应的具体部门进行了调整，将基础电信的寻呼服务和移动语音和数据服务中的两类具体部门都归入语音电话服务（CPC7521）；环境服务中的废气清理服务（CPC9404）、降低噪音服务（CPC9405）、自然和风景保护（CPC9406），以及其他环境保护（CPC9406）全部归入 WTO 分类中环境服务中的 D 项其他；金融服务中的非银行金融机构从事汽车消费信贷和证券服务归入银行及其他金融服务中 C 类服务；将运输服务中辅助服务的海运报关服务和海运代理服务归入货物运输代理服务（CPC748）、集装箱堆场服务归入存储和仓库服务（CPC742）、计算机订座系统服务归入航空运输支持服务（CPC746）；公路运输服务中的铁路货运（CPC7112）归入公路运输服务中的货物服务（CPC7123）。

表 2-1　　　　　　　　　服务部门分类

行业大类名称	行业包含子部门数量
商业服务	46
通信服务	24
建筑和相关工程服务	5
分销服务	5
教育服务	5
环境服务	4
金融服务	17
与健康相关的服务和社会服务	4
旅游和与旅游相关的服务	4
娱乐、文化和体育服务	5
运输服务	35
其他服务	1
合计	155

（二）具体开放度指标测量

本研究运用赫克曼（Hoekman）的频度分析法对我国不同服务行业的开放度进行测量，并且在两方面对频度分析法进行了改进。

1. 对不同的开放承诺条款进行不同的赋值。

为更准确合理地反映我国服务业开放度，本研究中在借鉴其他学者，包括程涛[1]和王健[2]相关研究的基础上，对限制赋值进行拓展，根据不同模式对不同的限制措施对开放程度的影响不同，赋予不同的数值。由于商业存在限制条款最多，根据自由度赋值不同；跨境交付服务提供方式的限制条款较少；境外消费基本没有限制；自然人流动一般是除水平承诺外，没有承诺。所以研究中针对跨境交付和商业存在不同的限制条款进行不同的赋值，具体见表2-2和表2-3。

表2-2　　　　　　　　　跨境交付提供方式的开放赋值

承诺条款描述	对应的开放分值
没有限制	1
企业形式限制	0.75
业务范围限制	0.5
资格限制、股权低于50%限制，以及极少部分业务承诺	0.25
不作承诺	0

表2-3　　　　　　　　　商业存在提供方式开放赋值

承诺条款描述	开放赋值
没有限制	1
程度较小的限制	0.9
地域范围的部分限制、雇佣限制	0.8
企业形式的部分限制	0.7
业务范围的部分限制	0.6
大于50%的股权限制	0.5
小于50%的股权限制	0.4
资格审查	0.3
审慎性的批准标准	0.2
综合多种限制	0.1
没有承诺	0

---

① 程涛：《我国服务贸易适度开放问题之研究——给予承诺开放度的分析》，载《国际贸易问题》2008年第12期。
② 王健：《中国服务贸易承诺自由化指标的建立和比较研究》，载《国际贸易问题》2005年第3期。

2. 对四种服务贸易提供方式赋予不同的权重。

由于四种服务贸易提供方式的重要性不同，如果对四种方式进行简单平均的计算，影响对一国服务开放的度量。本研究中参考四种提供方式在全球服务贸易中的地位，对不同的提供方式赋予不同的权重，以更合理反映我国的服务业开放度（见表2-4）。从2005年全球服务贸易提供方式的比重看，跨境交付比重约为35%，境外消费为10%~15%，商业存在占50%左右，而自然人流动仅为1%~2%。此外，从全球看，几乎所有国家对于自然人流动的服务提供方式的承诺都基本限制在管理人员和技术专家在跨国公司内部的转移，由于具有较大的共同性特点，商业存在越来越成为服务贸易提供的最重要的方式，因此，本研究中对自然人流动的权重设置也很低，对商业存在权重设置较高。

表2-4　　　　　　　　四种服务贸易提供方式的平均权重

提供方式	权　　重
跨境交付	0.25
境外消费	0.1
商业存在	0.6
自然人流动	0.05

3. 各个服务行业开放度的测算结果。

$$O_i = \sum WP/n, \ i = 1,2,3,\cdots,9, n = 1,2,\cdots$$

其中 O_i 是各行业的开放度指标，P 是行业下各子部门具体承诺的开放值，W 是四种提供模式的权重，n 是行业下面的子部门数量。根据此方程，我们可以得出各行业的开放度（见表2-5）。

表2-5　　　　　　　　各行业的开放度

行　　业	市场准入	国民待遇	总体
商务服务	0.73	0.84	0.79
通信服务	0.44	0.95	0.70
建筑和相关工程服务	0.7	0.7	0.7
分销服务	0.50	0.81	0.66

续表

行 业	市场准入	国民待遇	总体
教育服务	0.41	0.12	0.27
环境服务	0.46	0.95	0.71
金融服务	0.31	0.95	0.63
旅游服务	0.77	0.83	0.80
运输服务	0.64	0.78	0.71
各部门平均值	0.55	0.77	0.66

4. 主要特点。

我国 WTO 承诺中服务业开放呈现以下主要特点。

第一，承诺模式是"正面清单 + 准入后待遇"。由于 WTO 使用的是正面清单列表式承诺，所有的国家在 GATS 中承诺方式都是正面清单承诺方式。同时，由于我国当时经济发展水平和阶段的限制，我国对外资准入是要进行审批的，因此，适用的是准入后国民待遇。

第二，国民待遇承诺高于市场准入。由于我国承诺的国民待遇是准入后国民待遇，因此在 WTO 承诺中国民待遇承诺整体远高于市场准入承诺。开放的九大类服务部门平均开放度为 0.66，其中市场准入的平均开放度为 0.55，国民待遇为 0.77，国民待遇开放度比市场准入高出 0.22。市场准入中，境外消费承诺最高，跨境交付其次；而对于商业存在上设有很多的限制条款；自然人流动基本处于未开放状态。国民待遇承诺方面和市场准入类似，只是境外消费和跨境支付模式基本处于开放状态；商业存在方面的限制也远少于市场准入承诺；但对自然人流动基本保持了不开放状态。

第三，分部门总体开放度差异较大。从各部门总体开放度看，旅游服务、商务服务和运输服务处于前三，开放度分别为 0.80、0.79 和 0.70。旅游服务、运输服务和商务服务总体开放度位居前列主要得益于这三类服务业市场准入开放度较高，分别为 0.77、0.64 和 0.73，远高于九大类承诺大类的平均开放度。排名第一的旅游服务中饭店和餐馆的开放度非常高，达到 0.95，处于子行业开放度的首位；旅行社和旅游经营者的开放度由于受出境游的业务限制，开放度仅为 0.65。商务服务中计算机及相关服务、其他商业服务、房地产服务和专业服务的总体开放度分别为 0.83、0.82、0.82 和 0.71。专业服务中税收服务的开放度最高，达到0.95。运输服务中铁路运输服务开放度最高，为0.95；其次是公路运输服务，虽然承诺子部门较少，但开放度为0.95；航空运输开放度较低，只有0.23。

除了健康服务、娱乐服务和其他服务三类服务业没有开放外，总体上开放度最低的是教育服务，仅为0.27，远低于九大类承诺开放部门的平均0.66的开放度。而教育服务总体开放水平低主要是受国民待遇开放度低的影响，仅为0.12。

第四，金融服务、教育服务、通信服务和环境服务市场准入的开放度较低。从九大类已承诺的开放部门看，我国金融服务、教育服务、通信服务和环境服务市场开放度较低，仅分别为0.31、0.41、0.44和0.46，分别低于九大类服务业市场准入平均开放度的0.24、0.14、0.11和0.09。而这几大行业无一例外是在跨境交付和商业存在模式上存在较大限制，尤其是在商业存在模式上。金融服务业中保险的市场准入开放度仅为0.26，银行业的市场准入开放度为0.34。教育服务所有子部门的市场准入开放度都为0.41。通信服务中电信服务的市场准入最低为0.40；其次为视听服务为0.41。与这些部门市场准入开放形成对比的是商务服务中专业服务市场准入开放处于较高水平，为0.79，其中税收服务开放度最高，为0.95；速递服务的市场准入开放度也达到0.95；此外，还有分销服务中的特许经营和无固定地点的批发或零售服务以及运输服务中的铁路运输和公路运输的市场准入开放度也都达到了0.95；而旅游服务中的饭店和餐馆的市场准入开放度处于所有子部门中的最高水平，为0.96。除了自然人流动方式受限制外，这些高开放度的部门市场准入基本处于开放状态（见表2-6）。

表2-6　　　　　　九大类服务行业市场准入开放度排名

排　名	行　业	市场准入
1	旅游服务	0.77
2	商务服务	0.73
3	建筑和相关工程服务	0.7
4	运输服务	0.64
5	分销服务	0.5
6	环境服务	0.46

排　名	行　业	市场准入
7	通信服务	0.44
8	教育服务	0.41
9	金融服务	0.31

第五，除了教育服务外，其他服务部门在国民待遇方面的开放度都处于较高水平。从九大类服务部门国民待遇承诺看，平均开放度为0.77，其中通信服务、环境服务和金融服务国民待遇的开放度达到0.95。除了教育服务外，也有部分子部门的国民待遇开放度不高，航空服务中的航空器的维修服务和计算机订座系统服务国民待遇开放度分别为0.05和0.35；专业服务中的医疗和牙医服务开放度也只有为0.35；此外，专业服务中的建筑设计服务、工程服务、集中工程服务和城市规划服务四个子部门国民待遇开放度都是0.53。

表2-7　　　　　　　　　九大类服务行业国民待遇开放度排名

排　名	行　业	市场准入
1	环境服务	0.95
2	通信服务	0.95
3	金融服务	0.95
4	商务服务	0.84
5	旅游服务	0.83
6	分销服务	0.81
7	运输服务	0.78
8	建筑和相关工程服务	0.7
9	教育服务	0.12

第六，协议开放并不完全等同于实际开放。尽管我国服务业的整体开放基本按照WTO的承诺分领域、分区域逐步开放，但协议承诺并不完全等同于实际开放，以零售业为例，尽管当时加入WTO时，相比其他行业，承诺水平并不高，尤其在商业存在方面还有不少限制，但是随着产业的发展，我国极大放松了对外资准入的限制，目前，我国零售业基本处于完全开放状态。

二、双边自由贸易协定开放维度

我国几乎是在加入 WTO 的同期就启动了双边自由贸易协定的谈判，并逐渐形成了中国的自由贸易区战略。在我国已签署的自由贸易协定中，服务业或服务贸易开放也成为协定的基本内容之一。

早在 2002 年 11 月 4 日，我国与东盟签署了《中国—东盟全面经济合作框架协议》，决定在 2010 年建成中国—东盟自贸区，并正式启动了我国自由贸易区（简称自贸区）建设的进程。2010 年 1 月 1 日，中国—东盟自由贸易区正式成立，成为发展中国家间最大的自贸区。为了促进双边服务贸易进一步开放，2011 年双方签署了《关于实施中国—东盟自贸区〈服务贸易协议〉第二批具体承诺的议定书》，对服务业开放作出更加细致的安排。中国—巴基斯坦、中国—智利自由贸易区也是发展水平较高的 FTA。2008 年 12 月，中巴双方就服务贸易协定的内容和市场开放达成了一致；同年，中智两国签署的《中智自贸区服务贸易协定》当中，我国对于环境服务、计算机服务及管理咨询等 23 个部门和分部门，智利对于建筑设计、工程等 37 个部门和分部门，承诺将进一步向对方开放。此外，我国与新加坡、秘鲁等国也通过FTA 协定推动了双边服务业市场的进一步开放，增进优势互补，加强双边合作关系。

2013 年 7 月，我国与瑞士签署自由贸易协定，这是我国与欧洲国家签署的第一个自贸协定，也是近年来，我国对外达成的开放水平最高的自贸区协定之一。我国在服务贸易条款中新增加了最惠国待遇条款，同时在服务贸易章节的附件中对金融服务进行了单独规定，此外，我国根据形势发展，对证券、医院服务等行业作出了进一步的开放承诺。

目前，我国已签署 12[①] 个 FTA 协定，除了中国—冰岛 FTA 还没有具体的承诺外，与在 GATS 中的承诺相比，在 8 个 FTA 中（中国—东盟 FTA、中国—巴基斯坦 FTA、中国—智利 FTA、中国—新加坡 FTA、中国—新西兰

---

① 除了正文中提及的 9 个 FTA，还包括中国内地与香港、澳门签订的 CEPA 协定以及中国大陆与台湾签订的 ECFA 协定，由于 CEPA 和 ECFA 服务业开放对象具有特定性，故不代表全局性的开放，故不在此论述。

FTA、中国—秘鲁 FTA、中国—哥斯达黎加 FTA、中国—瑞士 FTA）都有一定的新增承诺部门和高于 GATS 承诺水平的部门。FTA 中我国服务业开放承诺的主要特点有以下几点。

（一）承诺模式依旧是"正面清单＋准入后国民待遇"

鉴于我国服务业发展水平，在 FTA 承诺中，我国并未像发达国家以及部分发展中国家一样，积极引入更高水平的服务业开放承诺模式。

（二）新增了服务部门开放承诺

8 个 FTA 中都新增了娱乐服务大类开放承诺，使得 FTA 中我国服务业开放承诺部门由对 WTO 的 9 大领域增加为 10 大领域，同时各个 FTA 中，相比 GATS 都有新增承诺开放子部门。在我国与东盟、巴基斯坦、智利、新加坡、新西兰、秘鲁、哥斯达黎加和瑞士的 FTA 中，服务业新增子部门分别为 11、12、10、9、3、9、2 和 8。与管理咨询相关的服务、市场调研服务、机动车保养和维修服务、城市间定期旅客运输等是相对比较集中的新增子部门（见表 2－8）。

表 2－8 　　　　　　　　　　我国在 FTA 中新增的服务部门

FTA	服务业新增承诺部门
中国—东盟 FTA	市场调研服务；除建筑外的项目管理服务；与管理咨询相关的服务；人员安置和提供服务；建筑物清洁服务；在费用或合同基础上的印刷与装订服务；体育和其他娱乐服务（视听服务除外）；机动车的保养和维修服务（第 1 次承诺有，第 2 次承诺没有）；城乡定期旅客运输；城乡特殊旅客运输；城市间定期旅客运输；城市间特殊旅客运输
中国—巴基斯坦 FTA	研究和开发服务；市场调研服务；与管理咨询相关的服务；与采矿相关的服务（只包括石油和天然气）；与科学技术相关的咨询服务；人员安置和提供服务；建筑物清洁服务；在费用或合同基础上的印刷与装订服务；医院服务；体育和其他娱乐服务；机动车的保养和维修服务；城市间定期旅客运输
中国—智利 FTA	市场调研服务；与管理咨询相关的服务；人员安置和提供服务；建筑物清洁服务；与偶发性采矿相关的服务（只包括石油和天然气）；体育和其他娱乐服务（仅限于 CPC96411、96412 和 96413，不包括高尔夫）；航空服务的销售与营销；机场运作服务；地勤服务；特别航空服务

续表

FTA	服务业新增承诺部门
中国—新加坡 FTA	医院服务；市场调研服务；与管理咨询相关的服务；人员安置和提供服务；建筑物清洁服务；在费用或合同基础上的印刷与装订服务；体育和其他娱乐服务；机动车的保养和维修服务；城市间定期旅客运输
中国—新西兰 FTA	与管理咨询相关的服务；体育和其他娱乐服务（视听服务除外）；机动车的保养和维修服务
中国—秘鲁 FTA	研究和开发服务；市场调研服务；与管理咨询相关的服务；与采矿相关的服务（只包括石油和天然气）；人员安置和提供服务；建筑清洁服务；在收费或合同基础包装材料的印刷；体育和其他娱乐服务（仅限于 CPC96411、96412 和 96413，不包括高尔夫）；城市间定期旅客运输
中国—哥斯达黎加 FTA	与采矿相关的服务（只包括石油和天然气）；体育和其他娱乐服务（仅限于 CPC96411、96412 和 96413，不包括高尔夫）
中国—瑞士 FTA	研发服务；市场调研服务；与管理咨询相关的服务；与采矿相关的服务；建筑清洁服务；在费用或合同基础上的印刷和装订服务；体育和其他娱乐服务（仅限于 CPC96411、96412 和 96413，不包括高尔夫）；机场地面服务

资料来源：根据中国世界贸易组织服务贸易具体承诺减让表和中国与东盟 FTA 服务贸易第一批具体承诺减让表、第二批具体承诺减让表以及中国与巴基斯坦、智利、新加坡、新西兰、秘鲁、哥斯达黎加、瑞士 FTA 服务贸易具体承诺减让表。

（三）深化了服务部门承诺

在我国与东盟、巴基斯坦、智利、新加坡、新西兰、秘鲁、哥斯达黎加和瑞士的 FTA 中，各有 18 个、17 个、18 个、18 个、9 个、10 个、3 个和 18 个具体部门高于 GATS 中承诺水平（见表 2－9）。从部门看，我国对软件、房地产、环境、航空器维修服务、笔译和口译服务、计算机订座系统服务、饭店和餐馆的承诺水平不断深化，主要体现在市场准入方面不断放宽外资的持股比例等，也有部门体现在免除经营需求测试，如航空器的维修服务。

表 2－9　　　　我国在 FTA 中高于 WTO 承诺水平的服务部门

FTA	服务业高于 WTO 承诺的部门
中国—东盟 FTA	系统和软件咨询服务；系统分析服务；系统设计服务；编程服务；系统维护服务；数据输入准备服务；涉及自有或租赁资产的房地产服务；以收费或合同为基础的房地产服务；笔译和口译服务；排污服务；固定废物处理服务；废气清理服务；降低噪声服务；自然和风景保护服务；其他环境保护服务；卫生服务；航空器的维修服务（删除了设立合资企业的营业许可需进行经营需求测试）；计算机订座系统

续表

FTA	服务业高于 WTO 承诺的部门
中国—巴基斯坦 FTA	系统和软件咨询服务；系统分析服务；系统设计服务；编程服务；系统维护服务；数据输入准备服务；涉及自有或租赁资产的房地产服务；以收费或合同为基础的房地产服务；笔译和口译服务；排污服务；固定废物处理服务；废气清理服务；降低噪声服务；自然和风景保护服务；其他环境保护服务；卫生服务；饭店（包括公寓楼）和餐馆
中国—智利 FTA	系统和软件咨询服务；系统分析服务；系统设计服务；编程服务；系统维护服务；数据输入准备服务；涉及自有或租赁资产的房地产服务；以收费或合同为基础的房地产服务；相关科学技术咨询服务；笔译和口译服务；排污服务；固定废物处理服务；废气清理服务；降低噪声服务；自然和风景保护服务；其他环境保护服务；卫生服务；计算机订座系统
中国—新加坡 FTA	系统和软件咨询服务；系统分析服务；系统设计服务；编程服务；系统维护服务；数据输入准备服务；涉及自有或租赁资产的房地产服务；以收费或合同为基础的房地产服务；陆上石油服务；笔译和口译服务；排污服务；固定废物处理服务；废气清理服务；降低噪音服务；自然和风景保护服务；其他环境保护服务；卫生服务；计算机订座系统
中国—新西兰 FTA	系统和软件咨询服务；系统分析服务；系统设计服务；编程服务；系统维护服务；数据输入准备服务；教育服务；航空器维修服务；计算机订座系统服务
中国—秘鲁 FTA	系统和软件咨询服务；系统分析服务；系统设计服务；编程服务；系统维护服务；数据输入准备服务；涉及自有或租赁资产的房地产服务；以收费或合同为基础的房地产服务；笔译和口译服务；饭店（包括公寓楼）和餐馆
中国—哥斯达黎加 FTA	涉及自有或租赁资产的房地产服务；以收费或合同为基础的房地产服务；饭店（包括公寓楼）和餐馆
中国—瑞士 FTA	系统和软件咨询服务；系统分析服务；系统设计服务；编程服务；系统维护服务；数据输入准备服务；涉及自有或租赁资产的房地产服务；以收费或合同为基础的房地产服务；佣金代理业务；批发服务；排污服务；固定废物处理；废弃清理服务；降低噪声服务；证券服务（证券公司外资股比由 1/3 上升至 49%）；海运报关服务；航空器的维修服务（删除设立合资企业的营业许可经营需求测试）；计算机订座系统服务（市场准入放开）

资料来源：根据中国世界贸易组织服务贸易具体承诺减让表和中国与东盟 FTA 服务贸易第一批具体承诺减让表、第二批具体承诺减让表以及中国与巴基斯坦、智利、新加坡、新西兰、秘鲁、哥斯达黎加、瑞士 FTA 服务贸易具体承诺减让表。

（四）新增部门的承诺水平各有不同

与 GATS 的承诺水平比，我国在签订 FTA 新增开放的服务领域较少，主要在商业、健康与社会、运输、文娱与体育等 10 个左右的部门。同时开放的水平也较低，在市场准入方面对商业存在均有限制，基本上都只限于允许设立合资企业，外商虽然可以拥有多数股权，但需要进行经济需求测试。

(五) 服务业商业存在限制有所放宽

与 GATS 的承诺水平比，我国在签订 FTA 深化开放承诺的服务领域主要集中在计算机、房地产、环境相关领域。深化开放主要集中在商业存在模式上，主要表现在市场准入方面对商业存在的外商持股比例限制放宽，在 WTO 承诺中一般仅允许设立合资企业，而在相关 FTA 中有权设立外商独资公司或外商独资子公司。极少的深化开放表现在国民待遇的商业存在上，如中国与东盟 FTA 中在建筑及相关工程服务就国民待遇存在的承诺上要高于对 WTO 的承诺。

第二节　自主开放维度评估

在积极推进多边、双边和区域等协议开放的同时，我国也主动适应全球服务贸易与投资发展的新形势，大力推进服务业自主开放。

一、"一国两制"下对港澳台的服务业开放维度

由于在 WTO 多边贸易体系中，中国大陆外，中国台湾、中国香港和中国澳门作为单独的特别关税区也具有缔约方的地位，因此，不少学者将两岸协议、内地与港澳的协议也视为具有准国际协议要件的协议。但实际上，上述协议均应看作"一国两制"框架下的协议，是自主开放的重要组成部分，不能与一般的国际协议作简单比较，彼此间的开放并不适用于与其他国家签署的国际协议。

(一) CEPA 下服务业的开放

为促进内地和港澳地区的共同繁荣与发展，2003 年，内地与香港、澳门特区政府分别签署了《关于建立更紧密经贸关系的安排》（CEPA），之后，

在 2004～2013 年，又连续签订了 10 个补充协议。CEPA 及系列补充协议的签署和实施，大大降低了内地与港澳之间在贸易、投资方面的制度性壁垒，加速了双方资本、货物、人员、信息等要素的自由流动，而服务业的开放也是 CEPA 及其补充协议当中最为核心的特点。

　　根据 CEPA 协议、协议附件和其后签订的 10 个补充协议，内地在商业性服务（如法律、会计、计算机及其相关服务等）、通信（如电信、视听等）、建筑、销售（如分销）、环境、教育、金融、旅游、文化娱乐、交通运输、健康与社会等各领域，均对港澳地区的服务及服务提供者提供了更加广泛和深入的市场准入条件（见表 2–10）。

表 2–10　　　CEPA 补充协议当中新开放和放宽市场准入的领域一览

补充协议	生效时间	新开放或放宽市场准入的领域
一	2005 年 1 月	在法律、会计、医疗、视听、建筑、分销、银行、证券、运输、货运代理等领域进一步放宽市场准入的条件，扩大港澳永久性居民中的中国公民在内地设立个体工商户的地域和营业范围。在专利代理、商标代理、机场服务、文化娱乐、信息技术、职业介绍、人才中介和专业资格考试等领域开放或放宽市场准入的条件
二	2006 年 1 月	在法律、会计、视听、建筑、分销、银行、旅游、运输和个体工商户等领域进一步放宽市场准入的条件
三	2007 年 1 月	在法律、建筑、信息技术、会展、视听、分销、旅游、运输和个体工商户等领域进一步放宽市场准入的条件
四	2008 年 1 月	在法律、医疗、计算机及其相关服务、房地产、市场调研、与管理咨询相关的服务、公用事业、人才中介、建筑物清洁、摄影、印刷、笔译和口译、会展、电信、视听、分销、环境、保险、银行、证券、社会服务、旅游、文娱、体育、海运、航空运输、公路运输、个体工商户等 28 个领域进一步放宽市场准入的条件
五	2009 年 1 月	在会计、建筑、医疗、与采矿相关服务、人员提供与安排、与科学技术相关的咨询服务、印刷、会展、分销、环境、银行、社会服务、旅游、海运、航空运输、公路运输、个体工商户等 17 个领域进一步放宽市场准入的条件
六	2009 年 10 月	在法律、建筑、医疗、研究和开发、房地产、人员提供与安排、印刷、会展、公用事业、电信、视听、分销、银行、证券、旅游、文娱、海运、航空运输、铁路运输、个体工商户等 20 个领域进一步放宽市场准入的条件
七	2011 年 1 月	在建筑、医疗、技术检验分析与货物检验、专业设计、视听、分销、银行、证券、社会服务、旅游、文娱、航空运输、专业技术人员资格考试和个体工商户等 14 个领域进一步放宽市场准入的条件

续表

补充协议	生效时间	新开放或放宽市场准入的领域
八	2012 年 4 月	在法律、建筑、技术检验分析与货物检验、人员提供与安排、分销、保险、银行、证券、医院、旅游、公路运输、专业技术人员资格考试和个体工商户等 13 个领域进一步放宽市场准入的条件，并在跨学科的研究与实验开发服务、与制造业有关的服务、图书馆、档案馆、博物馆和其他文化服务 3 个新领域增加开放措施
九	2013 年 1 月	在法律、会计、建筑、医疗、计算机及其相关服务、技术检验和分析、人员提供与安排、印刷、会展、其他商业服务、电信、视听、分销、环境、银行、证券、社会服务、旅游、文娱、铁路运输、个体工商户等 21 个领域进一步放宽市场准入的条件，新增加教育领域的开放措施
十	2014 年 1 月	在法律、建筑、计算机及其相关服务、房地产、市场调研、技术检验和分析、人员提供与安排、建筑物清洁、摄影、印刷、会展、笔译和口译、电信、视听、分销、环境、银行、证券、医院服务、社会服务、旅游、文娱、体育、海运、航空运输、公路运输、货代、商标代理等 28 个领域进一步放宽市场准入的条件，新增加复制服务和殡葬设施的开放措施

资料来源：商务部台港澳司网站。

内地对于港澳的服务业市场开放涉及众多行业，港澳地区具有显著竞争优势的服务业领域也涵盖其中。例如，在金融方面，CEPA 及诸补充协议承诺持续扩大银行、证券等核心业务的开放程度；在法律服务方面，则从扩大港澳永久性居民中的中国公民在内地设立个体工商户的地域和营业范围，到放宽港澳律师事务所与内地律师事务所的联营条件，扩大其业务范围；分销服务方面，港澳服务提供者对出版物、农产品和农资等零售行业的投资准入条件也在放宽。在此需要指出，CEPA 及其补充协议也不断关注内地与港澳之间的双向开放。例如，在香港金融领域对内地开放方面，CEPA 多个补充协议均有所涉及，如允许符合条件的内地期货公司在香港经营期货业务、设立子公司[1]；允许符合条件的经中国证监会批准的内地证券公司在香港设立分支机构；支持符合香港上市条件的内地企业赴香港上市；积极研究内地与香港基金产品互认等。

---

[1] 蔡宏波、杨晗：《CEPA 框架下内地与香港服务贸易开放评析：2004—2009》，载《中央财经大学学报》2011 年第 9 期。

（二）ECFA 下服务业的开放

2010 年 6 月 29 日，中国大陆海协会与台湾海基会领导人正式签署《海峡两岸经济合作框架协议》（以下简称 ECFA）。为尽快推动两岸服务贸易的发展，ECFA 以"服务贸易早期收获计划"的方式率先推动了服务业市场准入。早期收获计划中，大陆在金融服务和计算机、研发服务及医疗服务等非金融服务方面都给予了台湾更加便利的市场准入。在金融服务部门，只要台湾银行在大陆营业两年以上并盈利一年以上就可以从事人民币业务，这与CEPA 下给予香港的待遇是一样的。此外，大陆还在研究和开发服务、医院服务等领域第一次做出开放承诺。

2013 年 6 月，两岸两会领导人签署《海峡两岸服务贸易协议》。根据该协议的"服务贸易具体承诺表"，双方开放承诺共 144 条，涵盖几乎所有服务贸易领域的 100 多个服务行业，内容包括放宽市场准入条件、取消股权限制、放宽经营范围和经营地域、下放审批权限及为市场准入提供便利等等。大陆方面开放承诺 80 条（非金融领域 65 条，金融领域 15 条）；台湾方面开放承诺 64 条（非金融领域 55 条，金融领域 9 条）。

该协议涵盖领域之多、力度之大，在大陆已签署的多双边经贸协议殊不多见。例如：根据协议，台湾医疗从业人员可在大陆以合资、合作形式设立医院，还可在所有省会城市和直辖市开设独资医院；台湾建筑从业人员可在大陆设立建筑设计和工程企业，可参与工程投标；台湾人在大陆开设的旅行社不受年度旅游经营总额的限制，在营业场所、设施和最低注册资本等方面享有与大陆同等待遇；台湾银行在大陆的营业性机构经批准经营台资企业人民币业务时，服务对象可包括视同台湾投资者的第三地投资者在大陆设立的企业等。

两岸服务贸易协议签署以后，双方还将适时根据两岸服务业的发展，市场需求变化等因素，就扩大和深化两岸服务业的开放进行磋商。为此，双方在协议中列入了逐步减少服务贸易限制的条款，为双方持续推动服务贸易市场开放提供依据。同时也就双方联系机制和审议条款，为下一步的磋商作出了制度化的安排。

二、国内服务业自主开放维度

我国国内服务业的自主开放基本上是在特定的区域，选择特定的产业扩大开放，以此提升服务贸易、投资等领域的自由化和便利化水平。在自主开放中又分为两种类型：一是特定行政区或新特区类型的服务业开放，二是海关特殊监管区类型的服务业开放。

（一）特定行政区或新特区类型的服务业开放

在特定行政区或新特区类型的服务业开放中，以具体产业为开放对象，扩大该产业的开放深度。我国设立的上海浦东、天津滨海等国家级新区，深圳前海深港现代服务业合作区、横琴新区等"新特区"，海南国际旅游岛等享有不同的产业开放政策。如国务院批复天津滨海新区的《关于天津北方国际航运中心核心功能区建设方案》当中，鼓励天津东疆保税港区推进租赁业务、航运离岸金融业务。财政部和国税总局分别批准了天津融资租赁船舶出口退税试点和天津融资租赁增值税抵扣政策试点。国务院在前海深港现代服务业合作区的批复中，允许前海探索拓宽境外人民币资金回流渠道，配合支持香港人民币离岸业务发展，构建跨境人民币业务创新试验区；支持在前海注册、符合条件的企业和金融机构在国务院批准的额度范围内在香港发行人民币债券；进一步推进前海金融市场扩大对香港开放。支持在 CEPA 框架下适当降低香港金融企业在前海设立机构和开展金融业务的准入条件；支持香港金融机构和其他境内外金融机构在前海设立国际性或全国性管理总部、业务运营总部等。此外，还支持前海在深港两地教育、医疗等方面开展合作试点，加强电信业合作出台了相关具体措施。2009 年，《国务院关于推进海南国际旅游岛建设发展的若干意见》（国发〔2009〕44 号）给予海南国际旅游岛一些旅游业开放政策，包括实行开放、便利的出入境管理措施，在海南已有 21 国免签证的基础上，先期增加芬兰、丹麦、挪威、乌克兰、哈萨克斯坦 5 国为入境免签证国家；对俄罗斯、韩国、德国 3 国旅游团组团人数放宽至 2 人以上（含 2 人），入境停留时间延长至 21 天。支持海南在境外主要旅游客源地设立旅游推介分支机构。

（二）中国（上海）等自由贸易试验区服务业开放

在海关特殊监管区类型的服务业开放中，是在境内划出一定的区域范围，由海关采取物理围网的方式进行监管，实施较园区外更加开放的服务贸易政策措施。随着全球经济的发展，服务贸易领域的扩大，业态的升级上述海关特殊监管区的局限性逐渐显露。特别是货物贸易与服务贸易联动受到制约，新的贸易发展形势呼唤服务市场的进一步开放。为在新形势下继续推动改革开放，2013年9月，中国（上海）自由贸易试验区（简称上海自贸试验区）建立。建立自贸试验区的一项重要任务是扩大服务业开放，探索建立准入前国民待遇和负面清单管理模式，改革外商投资管理模式，以此提升开放型经济水平，为全面深化改革和扩大开放探索新途径、积累新经验。试验区通过在金融服务、航运服务、商贸服务、专业服务、文化服务以及社会服务等领域扩大开放，营造有利于各类投资者平等准入的市场环境。2014年12月12日国务院常务会议，党中央、国务院已决定在更大范围推开，推动实施新一轮高水平对外开放。一方面，继续深化上海自贸试验区改革开放，进一步压缩负面清单，在服务业和先进制造业等领域再推出一批扩大开放举措，并将部分开放措施辐射到浦东新区。另一方面，依托现有新区、园区，在广东、天津、福建特定区域再设三个自由贸易园区，以上海自贸试验区试点内容为主体，结合地方特点，充实新的试点内容。

需要指出的是，自主开放是我国开放的重要组成部分，之所以不对外承诺，既有自身改革开放的内在需求，也有试验纠错，风险可控的考量，同时也是为对外谈判积累经验。

第三节　业绩维度评估

对我国服务业开放发展的业绩评估，大多采用服务业增加值占 GDP 比重、服务贸易依存度、服务贸易占总贸易的比重进行分析。

一、服务业增加值占 GDP 比重

服务业的开放离不开服务业产业的发展，因此，一国服务经济的发展能对服务业开放产生重要影响。加入世界贸易组织以来，我国服务业增加值占GDP 的比重总体呈现了前期下降，后期缓慢回升的趋势，2001 年这一比重为48.2%，中间还一度跌至 38.1%（2003 年），至 2013 年回升到 46.1%，仍未达到峰值（见图 2 - 1）。到目前为止，我国服务业增加值占 GDP 的比重不但远低于发达国家 76% 的水平，即便与发展中国家平均 54% 的水平也有 8 个百分点左右的差距。由此可见，加快服务业开放发展的任务十分艰巨。

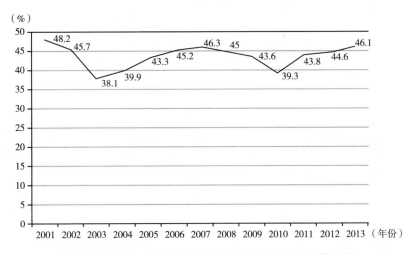

图 2 - 1 2001～2013 年我国服务业增加值占 GDP 的比重

资料来源：国家统计局历年统计公报。

二、服务贸易依存度

服务贸易依存度是指服务贸易占一国 GDP 的比重，它反映了一国参与国际服务贸易的程度，体现了一国经济增长对国际服务贸易市场的依赖。2001～2012 年，我国服务贸易依存度呈现了上升下降的曲线变化，2001～2007 年是上升阶段，服务贸易依存度从 5.43% 增长为 7.18%，增长了 1.75

个百分点；2008～2013 年呈现下降，2013 年，服务贸易依存度仅为 5.89%，
仅略高于 2001 年的水平。与世界服务贸易依存度平均水平相比，我国的差距
逐渐扩大，2001 年我国服务贸易依存度与世界平均水平仅差 4 个百分点，
2013 年已相差了 6 个百分点。说明我国近年来服务业开放与世界的差距在逐
渐扩大。

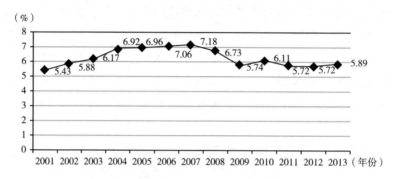

图 2-2　2001～2013 年我国服务贸易依存度

资料来源：历年《中国商务统计年鉴》。

三、服务贸易占总贸易（货物贸易与服务贸易之和）的比重

2001～2013 年，我国服务贸易占总贸易的比重呈现波动趋势，总体占比
并未上升，反而呈现小幅的下降，2001 年已达 14.11%，其后逐年下降，在
2012 年后有所回升，到 2013 年占比为 12.9%。与世界服务贸易占世界总贸
易占比相比，我国同一指标明显落后，2000～2013 年，世界的平均比值为
23.4%，而我国的平均比值仅为 12.5%，落后 10 个百分点以上。

从以上三种基于结果的服务业开放指标可以看出，2000～2013 年，
我国服务业开放度的提升并不明显，并且与世界的差距还在拉大，说明
与世界平均水平相比，我国服务业发展水平、国际竞争力和开放度的提
升仍任重道远。

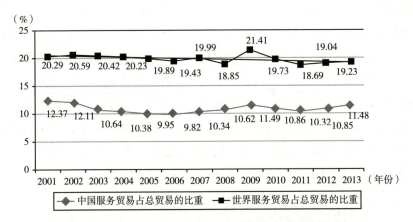

图2－3　2001～2013年我国服务贸易占总贸易的比重

资料来源：历年《中国商务统计年鉴》。

第四节　WTO 对我国评价（审议）维度评估

我国加入世界贸易组织后，到目前为止，WTO 对我国进行了五次贸易政策审议，从经济环境、贸易与投资制度、贸易政策及实施措施和具体部门的贸易政策四个方面进行了审议。

一、第一次贸易政策审议

2006 年 WTO 对我国进行了第一次贸易政策审议，WTO 成员提出了 1100 多个问题。WTO 秘书处发布的《中国贸易政策审议报告》肯定了我国加入世界贸易组织作出的努力：自 2001 年加入 WTO 以来，中国政府坚定不移地实行了改革开放政策，进一步健全了市场经济体制，切实维护了多边贸易体制。在法律和透明度方面，根据 WTO 规则和所作的承诺，从 1999 年年底至 2005 年年底，中国政策制定、修改和废除了 2000 余件法律、法规和章程。关税制度也进行了积极改革，平均关税水平从 2001 年的 15.6% 降为 2005 年的 9.7%，非关税贸易措施也迅速减少，中国在货物、服务等领域所作的承诺逐步落实，对外开放水平进一步提升。

当然在普遍肯定的情况下，一些成员也对我国的开放提出了一些质疑，如美国、日本、澳大利亚等国认为中国贸易政策制定和实施仍存在透明度不够的问题。同时一些国家也对中国服务业开放的问题表示了关切，认为，尽管中国在服务领域作出了比其他发展中成员更广泛的承诺，同时政府已经在银行业和服务部门（如电信部门）采取了初步改革措施，但与其他行业相比，服务业部门的自由化进程较为缓慢，服务业仍缺乏竞争，外国投资也受到限制，受国家掌控程度较高。同时，国内企业主要依靠未分配的利润（或民间借贷），无法通过资本市场获得持续性外部融资。

二、第二次贸易政策审议

2008 年 WTO 对我国进行了第二次贸易政策审议，WTO 成员提出了 900 多个问题。WTO 秘书处的《中国贸易政策审议报告》认为，中国经济贸易及投资方面的改革使得其更快地融入了世界经济，自 2006 年第一次贸易政策审议以来中国实际 GDP 增速超过 10%，成为世界第三大经济体。在贸易政策方面，关税仍是中国主要的贸易政策工具，同时中国保留了一些对出口的主要限制措施包括征收出口税、减少出口增值税退税、许可和配额等。

同时部分成员也对中国现有的贸易政策提出了他们所关注的问题，如美国认为中国本来就很复杂的出口制度对出口又太多限制，尤其是对原材料包括稀土的出口限制，容易造成国际贸易的重大扭曲。同时，对于中国服务业的开放，也存在一些主要的问题，包括：中国的服务业开放速度仍然慢于制造业，缺乏私人和外资的进入导致服务领域仍然缺乏竞争；中国的银行系统效率低下，但进行中的银行业改革已经允许外资银行没有地域限制地向中国公民提供人民币业务，但对外资银行仍然存在包括对唯一或控股股东较高的最低资产要求以及较高的最低实收资本额的数额等资格要求。

三、第三次贸易政策审议

2010 年 WTO 对我国进行了第三次贸易政策审议。此次审议是在金融危机后，贸易保护主义抬头的背景下进行的，由于中国在世界经济和多边贸易体制中的地位不断加强，WTO 成员充分利用 WTO 机制，全面表达了对中国的关注，中国接到来自各成员的问题清单共有 1500 多个，创下了贸易政策审议机制设立以来的记录。本次审议中，成员方肯定了中国为全球经济走出困境所做的贡献，认为金融危机后，中国扩大内需和增加进口的政策不但有利于自身的经济复苏和结构调整，而且为其他贸易伙伴创造了更大的出口市场，带动其复苏。

当然成员方也对中国的贸易政策提出了大量问题，主要集中在贸易政策透明度、技术贸易措施、出口退税和补贴、出口限制、知识产权执法、产业政策、政府采购以及服务业进一步开放等方面。对于服务业开放方面，尽管第三次审议成员方中对中国服务业开放的努力给予了肯定，认为金融危机后为了减少对制造业的依赖，中国政府已放宽了外商投资部分服务行业的限制，但成员方仍然普遍关注中国服务市场的进一步开放，特别是在银行、保险、电信、法律服务等领域。

四、第四次贸易政策审议

2012 年 WTO 对我国进行了第四次贸易政策审议。WTO 成员普遍认为在全球金融和经济危机影响持续，经济形式持续恶化的背景下，中国政府为保持本国经济增长进一步深化了改革，扩大了内需，加速了经济结构调整和经济增长模式的转变，并抵制了贸易保护主义的压力，保持了市场开放，为全球经济的复苏做出了贡献。

由于在世界经济和多边贸易体制中的地位越来越重要，各成员方对中国的要求越来越高，希望中国能保持更加开放和透明的贸易政策，尤其在服务业领域。因此，本次审议中，中国共收到来自成员方的 1700 多个书面问题，再次创下纪录，这些问题主要覆盖中国的政策透明度、服务业开放、出口政策、知识产权保护、政府采购、技术标准和检验检疫以及反倾销措施等。如欧盟针对我国服务业开放提出的要求有：政策透明度、邮政快递等服务业开放、在华员工的社会保险、强制技术转让要求、行业标准制定、食品药品注册与监管措施、政府采购、竞争政策、旅游、电信和民航计算机订座业务开放等；美国也针对我国服务业开放提出了政策透明度、知识产权保护、政府采购、电信、金融等部门的问题。

五、第五次贸易政策审议

2014 年 WTO 对我国进行了第五次贸易政策审议。在本次贸易政策审议过程中，共收到世贸组织成员提出的 1600 多个问题，涉及中国的宏观经济政策、贸易政策、服务业、出口补贴等内容。总的来看，各成员积极评价了近两年来中国在经贸领域取得的巨大成就和在世界经济体系中的地位，充分肯定了十八大以来，中国全面深化改革，扩大开放取得积极成果，并对上海自由贸易试验区推进的务实开放实践更是给予了高度评价，对电信、金融服务、建筑工程服务、教育、运输服务及自然人流动等服务业开放给予了正面评价。

综上所述，WTO 的审议比较全面，既考虑开放对经济发展的影响，积极的促进作用，同时对贸易投资制度的改进完善、贸易政策及其实施措施对推动开放的效果进行具体评价，又分行业，特别是对服务业的细分行业开放的进展及问题进行客观评价。这种以各国加入承诺水平为基础，既重视定性评价，又重视动态进展描述性评价的方法显示了其客观公正性。尽管在历次审议中，美欧等发达经济体也不断提出各种质疑，但并无碍审议正面评估结果。

第五节　国际比较维度评估

不少国际组织对包括我国在内的国家进行了开放度或服务业开放的比较研究，本部分研究中选取世界银行、WTO 以及经济合作与发展组织（OECD）相关的研究进行分析。

一、世界银行开放度的比较

需要说明的是，世界银行的开放度评估是对一国开放的整体评估，而非是对服务业的单项评估，这里只是以其为开放度的基础评估。

世界银行从产品市场、要素市场、社会生活和制度法规四个方面，以及内向和外向两个基本维度考察了 158 个国家 1995～2012 年的开放度，得分越高，说明开放度越高。

（一） 我国对外开放水平

2012 年我国综合开放度水平约为 51.13，在 158 个国家中排名第 71 位，其中外向开放度得分 53.78，排名第 41 位；内向开放度得分 47.51，排名第 113 位。

从产品市场对外开放看，2012 年综合开放度为 58.62，世界排名第 5 位，其中外向开放度分值为 61.27，排名第 3 位；内向开放度为 55.02，排名第 14。中国产品市场对外开放优势明显。

要素市场开放度主要考察了资本市场（国际直接投资依存度）、金融市场（国际间接投资依存度）、劳动力市场（移出、移入居民比例）三个方面。2012 年，中国资本市场综合开放度水平 40.4，排名第 108 位；金融市场 51.36，排名第 57 位；劳动力市场 36.78，排名第 130 位。结果显示，我国要素市场开放水平不足。

从社会生活看，2012 年综合开放度为 54.69，世界排名第 33 位，其中外向开放度得分 56.40；内向开放度为 56.62。

从制度法规看，2012 年综合开放度为 57.75，世界排名第 75 位，其中外向开放度得分 51.75，排名第 19 位；内向开放度为 46.68，世界排名第 118 位。

总的来看，要素市场和制度法规的内向开放度过低，极大地影响了整体开放水平，这也是我国未来进一步扩大服务开放的主攻方向。

（二） 国际比较

我国对外开放度低于欧美国家，但却高于日本、韩国等国，并且与西方发达国家的差距并不明显。2012 年我国开放度为 51.13，美国为 56.49，德国为 55.32，英国为 59.13，法国为 54.16，尽管略低于西方发达国家，但仍处于同一梯队。同时，我国排名低于俄罗斯（56.25）、南非（53.91）和印度（53.34），但高于巴西（49.07）。

在亚洲新兴市场国家我国居于中等水平，但开放度低于马来西亚（57.96）、泰国（55.36）和菲律宾（52.84）等新兴经济体，表明我国对外开放度还有提升空间。

二、WTO 开放承诺比较

根据 WTO 的研究，当前服务业的限制措施主要分为市场准入、国民待遇和国内法规。因此，服务业开放的内涵应是提高市场准入（包括低的准入限制和退出壁垒）、减少对外国资本的歧视以及提高国内非歧视法规的管理。来自世界贸易组织秘书处的数据显示，155 个具体子部门中，发达经济体平均承诺开放子部门是 108 个，比重约 70%，美国为 110 个，德国和英国为115 个；转型经济体为 52%；发展中经济体为 16%。在 WTO 统计的 GATS 谈判参加方所承诺的具体子部门的数量中，我国开放了 93 个子部门，居于第二档（81～100 个），是部门减让最多的发展中国家。从图 2-4 可以看出，我国在 WTO 中承诺开放的服务子部门数量在金砖五国中排名第二，只低于俄罗斯（122 个），略高于南非（91 个），远高于其他两个国家，印度只承诺开放了 37 个服务子部门，巴西承诺了 43 个。从亚洲看，我国服务业承诺开放部门也是居于较高水平，除日本、韩国承诺开放数量略高于我国外，我国比东盟大部分国家都高，马来西亚承诺开放子部门数量为 73 个，新加坡 67 个，菲律宾和印度尼西亚分别仅为 51 个和 45 个（见图 2-4）。

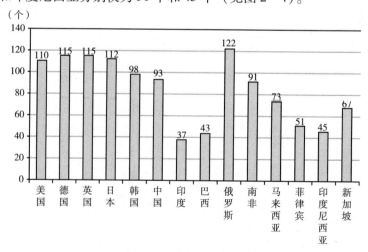

图 2-4　各国对 WTO 承诺开放的服务子部门

资料来源：WTO 服务数据库，http：//stat. wto. org/ServiceProfile/WSDBServicePFReporter. aspx？Language = E。

三、OECD 贸易限制指数比较

2014 年 OECD 发布了服务贸易限制指数，它包括 34 个经济合作组织成员国以及中国、巴西、印度、印度尼西亚、俄罗斯和南非 6 个新兴经济体共40 个国家在内的计算机、建筑工程、法律、会计、建筑业、工程、电信、流通、广播、电影、录音、商业银行、保险、空运、海运、公路运输、铁路运输、速递 18 个领域的服务贸易限制指数分值。服务贸易限制指数分值为 0 ~ 1，0 是指一国对于服务贸易和投资是完全开放的，1 则是完全不开放，没有一个国家对所有的服务贸易和投资是完全开放的，也没有一个国家对所有的服务贸易和投资是完全限制的。OECD 将监管措施分为五大类，包括对外资准入的限制、竞争障碍、政策的透明度、对人员流动的限制以及其他歧视性措施。某一行业的服务贸易限制指数分值是五类监管措施分值的汇总。

（一）我国的服务业开放总体仍处于发展中国家的水平

从 OECD 发布的贸易限制指数看，我国总体分值为 0.45，远高于 40 个国家平均值，0.22，同时所有行业的分值都高于平均值，这说明我国服务业的开放度是在 40 个国家平均值之下（见图 2 - 5）。但是由于 OECD 发布的服务贸易指数主要是基于发达国家的数据和标准，与我国现有的经济发展阶段并不完全一致。此外，我国服务业分类标准与国际并不完全一致，也导致评价结果的偏差。同时，从发布的整体数据看，即使是发达国家，也存在各种明显的服务贸易限制，如美国，在航空运输、海上运输以及广播等领域也存在很明显的贸易限制，尤其是航空运输领域，限制指数达到 0.581，基本与我国的贸易限制水平一致。

与其他新兴经济体国家相比，我国的服务开放程度并不低。从表 2 - 11可以看出，与其他五个国相比，我国整体的服务贸易限制指数并不突出。除速递和广播服务贸易限制程度最高外，其他行业限制指数基本处于新兴经济体国家平均值，其中建筑业和航空运输业限制指数在六个国家中最低。这说明我国服务贸易领域的开放整体符合经济发展水平。

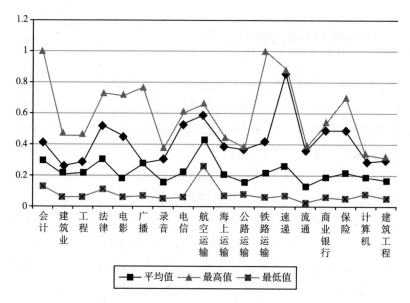

图 2-5 我国服务贸易限制指数

资料来源：OECD 服务贸易限制指数数据库。

表 2-11 新兴经济体服务贸易限制指数

行　　业	中国	巴西	印度	印度尼西亚	俄罗斯	南非
会计	0.42	0.32	0.55	0.43	0.34	0.35
建筑业	0.26	0.31	0.36	0.31	0.31	0.37
工程	0.29	0.29	0.20	0.33	0.25	0.37
法律	0.52	0.39	0.73	0.72	0.31	0.56
电影	0.45	0.30	0.27	0.72	0.32	0.20
广播	0.78	0.50	0.51	0.47	0.27	0.51
录音	0.31	0.18	0.25	0.37	0.29	0.25
电信	0.53	0.43	0.47	0.61	0.43	0.38
航空运输	0.59	0.64	0.65	0.65	0.67	0.65
海上运输	0.39	0.28	0.32	0.44	0.40	0.40
公路运输	0.37	0.17	0.14	0.37	0.24	0.29
铁路运输	0.42	0.37	1.00	0.40	0.35	0.38
速递	0.87	0.51	0.54	0.44	0.35	0.48

续表

行　业	中国	巴西	印度	印度尼西亚	俄罗斯	南非
流通	0.36	0.14	0.35	0.40	0.22	0.17
商业银行	0.49	0.43	0.51	0.55	0.38	0.30
保险	0.50	0.35	0.64	0.52	0.46	0.22
计算机	0.29	0.24	0.29	0.32	0.34	0.33
建筑工程	0.29	0.24	0.24	0.31	0.31	0.28

资料来源：OECD 服务贸易限制指数数据库。

(二) 部分服务行业我国的开放水平高于发达国家

尽管我国服务业整体开放水平低，但在一些领域中，我国的开放水平高于 OECD 国家。会计领域，高于土耳其、波兰和葡萄牙；建筑业领域，高于奥地利、爱沙尼亚、意大利、波兰、葡萄牙和斯洛伐克；工程领域，高于奥地利、爱沙尼亚、意大利、波兰和斯洛伐克；铁路运输领域，高于以色列。此外，在空运和海运服务领域，我国对外资准入的限制实际上是低于美国的，但是由于在政策的透明度方面不如美国，导致我们在这两个领域的限制指数略高于美国。

(三) 不同行业之间服务贸易壁垒差距较大

从 OECD 发布的结果看，我国在不同的服务领域开放程度相差较大，我国在建筑业、工程和计算机领域的贸易限制最少，不超过 0.3；相反的，我国在速递、广播、航空运输、电信、法律和保险领域的贸易壁垒较高，都超过了 0.5，尤其是速递和广播的限制指数甚至达到了 0.87 和 0.78。服务业开放程度高的部门除了外资准入限制低之外，还有一明显特征是，自然人流动是否畅通对这几个领域的开放至关重要，而我国对自然人自由流动的限制较低也直接推高了开放水平。而开放程度低的部门最主要影响因素是外资准入限制较多。

(四) 我国自然人移动限制程度低

从 OECD 发布的 18 个领域 40 个国家的五大类限制措施看，我国在自然人移动方面的限制措施较低，比大部分发达国家都低。这点尤其在人力资本密集型行业体现明显，如在建筑业领域，我国对自然人移动的限制是处于40个国家中等偏下的位置。

第六节　初步结论

从以上五个服务业开放维度的评估结果来看，不同的时期以及相比不同的对象国，我国服务业开放水平有所不同，由此可以对我国服务业开放得出以下初步结论或判断。

一、服务业开放评估不存在统一的国际标准，但可以进行横向和纵向比较

服务业的开放评估涉及各个角度，因此多维度评估是一个现实的选择。对我国服务业开放应以多维度的视角进行评估，但任何单一的维度都不足以概括其本来面貌。任何一个维度都有其局限性，因而其评估的结果也必然存在局限。多维度的评估可以弥补单一维度的缺陷，把握整体，揭示服务业开放的本质性特征。

二、对我国服务业开放应以历史与逻辑统一为基本标准，进行静态与动态评估

既要从静态角度考察，即考量加入世贸组织之初，我国所处的发展阶段与水平，三次产业的结构以及服务业内部结构，开放承诺的适应性和匹配度。也要从动态角度考察，即要考虑加入世贸组织后经过十几年的高速发展，进入工业化后期，服务经济初露端倪，且由中低收入国家步入中高收入国家行列，服务业深化改革，扩大开放，加速发展的需求极为迫切，这使得不适应性或滞后性的问题凸显出来。因此，要从历史的发展中把握服务业开放。

三、对我国服务业开放应进行协议开放与实际开放评估，同时也要进行各行业的具体评估

协议开放不能简单等同于实际开放。总体开放程度的评估也不能替代各个行业领域的开放程度的评估。实际开放中既有国民待遇、市场准入条件不匹配的问题，也有服务业发展水平低不适应新业态、新模式的问题，既有国内规制导致开放无足落地的问题，也存在无国内规制所造成的开放过度、过头，外资形成事实上垄断，而对国内服务企业造成挤出效应。

四、对我国服务业开放应参考国际评价与国际比较，以此正确把握未来开放的趋势

对中国服务业对外开放的国际评价有两个方面：一是 WTO 定期的对华贸易政策审议中涉及服务业开放的部分，主要基于中国加入议定书的承诺的执行情况以及需要改进与完善的建议或要求，这是具有约束性的评估。而其他国际组织如国际货币基金和世界银行等的评价或评估不具备约束性。二是 WTO 主要缔约方的评价与评估，主要是反映其各自国家利益的诉求。对上述两个方面应权衡把握，不能混同。

对中国服务业开放的国际比较也有两个方面：一是基于 WTO 缔约方承诺而进行的静态比较，此类比较更趋于学术化、形式化，但有助于对服务业开放的理性思考与深度把握。二是基于文献数据库的比较，无论是世界银行还是经合组织的国际服务贸易限制指数报告，都测度了相关国家不同服务业（虽远非全部）的开放水平。在参考其比较结果时，既要与发达国家进行比较，也要与发展中国家进行比较。与此同时，也要考虑我国在上述国际组织中的参与度，参与不足就可能导致比较结果的不同。

五、对我国服务业开放应有更多维度评估，特别要关注安全与风险的评估

评估我国服务业开放的还有一些重要维度值得考虑，如服务业开放的安

全维度（包括产业安全、经济安全、国家安全），服务业开放的风险防范与管控维度，服务业开放模式维度以及服务业对外投资（走出去）维度等。

六、结语

从多边协定维度评估和 WTO 对我国开放的审议和评估看，我国 WTO 中对服务业的承诺开放水平较高，符合当时经济的发展水平和发展阶段，实际开放中也基本遵循对 WTO 的开放承诺，并取得了积极成效。在随后签署的FTA 中，我国对服务业开放是以多边下的承诺为主，整体上没有显著提升。在国内层面以发展的眼光看，加入 WTO 十多年来，我国经济和服务业发展水平都有了质的飞跃，但是服务业的开放是基于对 WTO 的承诺，停留在 10 多年前，因此从基于业绩维度的服务业开放评估可以看出，与目前的经济发展水平相比，我国服务业开放明显滞后，需要进一步开放。同时，从国际比较维度看，作为世界第二大经济大国，我国服务业的开放受到越来越多国际社会的质疑，尤其是发达国家的质疑。与此同时，危机后世界经济贸易格局出现重大调整，新一轮国际贸易投资规则正在酝酿之中，我国要想在国际规则的制定中拥有更多的话语权，服务业也必须进一步扩大开放。

第三章　新时期扩大服务业开放的
背景与战略意义

国际金融危机引发了世界范围内的大变革，经济全球化和区域经济一体化的深入发展，导致包括全球贸易、跨国投资和国际金融等在内的世界经济格局出现大变化。我国经济进入新常态，加快经济发展方式转变和经济结构转型是必然要求。国际国内双重调整的大背景进一步凸显了服务业开放的战略意义。

第一节 战略背景

新时期，国内外环境都发生了广泛而深刻的变化，我国服务业的进一步开放面临新形势。

一、国际背景

（一）全球已进入服务经济时代

从 20 世纪中期以来，新技术的运用推动国际分工从传统的制造业不断向服务等环节延伸，发达国家率先实现了向服务经济转型，目前全球经济也已进入服务经济时代。

1. 服务产业在全球经济中占据主导地位。

金融危机后，各国把发展的注意力甚至是焦点转向或者是面向服务业。发达国家在注重再制造业化，在再工业化的进程中，同时也着力推进以信息、网络、物流等为代表的新型服务业的发展。服务业在全球经济中的地位日益重要，成为推动世界经济复苏和产业调整的新引擎和新方向。来自世界银行的数据显示，2013 年，服务业占全球经济的份额达到 58.3%，其中 OECD 高收入国家服务业对经济的平均贡献达到 71.2%，美国和英国的比重分别为 78% 和 79%；中高收入国家平均比重为 62.3%；中低收入国家平均比重为 56.1%。金砖五国中，2013 年，我国服务业对经济的贡献率为 46.1%，南非为 70.0%，俄罗斯为 59.8%，印度为 57.0%，巴西为 69.3%。世界银行的统计数据显示，从发展趋势看，无论是高收入国家、中高收入国家还是中低收入国家，服务业对经济的贡献率都呈现不断上升的趋势。

2. 服务创新成为全球价值链增长的主要源泉。

现阶段，经济全球化和信息网络革命推动国际分工进入以全球价值链主导的新阶段，分工的节点由不同的产业、产品间深入同一产品内部不同的工序、区段、流程、环节和生产要素。同时，全球价值链日益向服务环节拓展，覆盖最终产品或服务所需的一系列跨越企业边界的价值创造与增值活动。由于价值链的加工制造环节很容易被模仿，通常只具有短期的低成本优势，而服务环节尤其是研发、设计、营销、售后服务等不易被模仿，能够获得长期的差别化竞争优势，因此制造业企业为了获取竞争优势，往往以加工制造环节为起点，向研发、营销等服务环节延伸。以技术、业务流程、管理和制度创新为主要内容的服务创新成为价值链增长的主要源泉。联合国贸发会议数据显示[①]：尽管服务业在全世界净出口中仅占 20% 左右的份额，但出口增值的部分几乎一半（46%）是由服务部门的活动贡献的，因为大部分出口的制造品在生产过程中都需要服务。此外，服务经济的产业基础不仅是服务业，更包括了农业和制造业中的服务内容，服务经济涵盖了制造业的服务化，制造业的服务化趋势越来越明显，服务在制造业出口总额中占据越来越重的份额。美国、英国、法国、德国和意大利出口的制造业产品中超过 50% 的增加值都来自服务业。

3. 产业边界日益模糊。

金融危机后，全球新技术不断涌现，包括互联网、物联网、大数据、云计算、机器人技术、人工智能、3D 打印、新型材料等，技术的创新和全球分工的细化，推动了三次产业之间不断融合、互动，产业边界日益模糊。一方面，技术的创新使得产业不断细化，催生出诸多新兴产业，原有的清晰的产业边界不断模糊。另一方面，技术的创新使得原有的农业、制造业和服务业之间产业重叠不断加深，出现服务业产品化，农业和制造业服务化，逐步形成服务业本身细化分工并流程化以及服务业极大地嵌入农业和制造业交互促进的双重链条。尤其明显的是，在服务经济时代，农业和制造业对信息、服务、技术和知识等服务环节的依赖程度不断加深。

---

① 《2013 年世界投资报告——全球价值链投资和贸易促进发展》。

（二）服务全球化成为经济全球化的核心内容

金融危机孕育新一轮技术革命，伴随经济全球化进程的发展、服务业的现代化和信息化，服务全球化水平不断深入和提高，服务业成为新一轮国际产业转移和要素重组的核心内容，服务业国际投资规模不断扩大，服务外包迅猛发展，服务贸易快速增长。

1. 服务业成为国际产业转移的重点领域。

新一轮全球产业结构调整中，以服务贸易、服务外包、高附加值的研发环节等为主要内容的产业转移格外令人注目。随着信息技术的应用和产业分工的细化，一方面，服务业依托制造业成为国际产业转移的主要内容。全球分工从行业间、产品间日益细化了不同的工序和流程，生产过程被分解为不同环节，借助现代服务业的专业化和信息化，并根据要素禀赋和市场需求，分散于世界各地。在这一过程中，服务业既是助推生产环节在空间上实现高效配置的经济手段，又是链接各个生产环节以构成生产链条的重要纽带，保障了各个生产工序的有效衔接，是实现产品内分工的黏合剂和驱动器。另一方面，国际分工的进一步细化促使服务环节不断从传统的制造业中独立出来，从而催生了大量服务业发展的新业态和新模式，包括研发、信息、咨询、设计、售后服务等，同时信息化和网络化使得服务业跨越国界进行资源配置成为现实，服务业自身成为国际产业转移的重要内容。

2. 服务业成为全球直接投资的主要领域。

联合国贸易和发展会议早在 2004 年发布的《世界投资报告》就已指出，全球外国投资的一个重要趋势是转向了服务业。2001～2002 年，服务业占整体 FDI 流入总额的 2/3，约为 5000 亿美元，而在 1989～1991 年占 44%；同时，服务业在世界直接投资存量中的比重从 90 年代的不到一半发展到 2002 年的 60%，约为 4 万亿美元。服务业已经取代制造业，成为 FDI 中的主流。《2014 年世界投资报告》数据显示，2013 年，绿地投资和并购在内的服务业外资流量达到 5400 亿美元，同比增长 10.7%，占当年直接投资总额的 53%，其中服务业绿地投资流量为 385 亿美元，同比增长 19.9%，占绿地国际直接投资总额的 57.3%。

3. 全球服务外包快速发展。

来自国际数据公司 IDC（International Data Corporation）的数据显示，2013 年，包括 IT 服务、业务流程外包和研发设计全球服务外包市场规模达到 13001 亿美元，同比增长 4.8%，其中离岸服务外包市场规模为 1684.9 亿美元，同比增长 17.9%。离岸服务外包中，信息技术服务外包（ITO）仍是主导，执行金额为 855.7 亿美元，占市场份额的比重为 50.7%；知识流程服务外包（KPO）执行金额为 449.9 亿美元，占比 26.1%；业务流程外包（BPO）执行金额为 380 亿美元，占比 22.6%。印度、中国成为主要的接包国家。2013 年，印度和中国承接离岸服务外包总额分别为 840 亿美元和 242 亿美元，分别占全球总额的 49.9% 和 14.4%。节约成本、整合资源、业务创新依旧是全球离岸外包增长的动力，预计 2016 年离岸外包市场规模将增至 2687.7 亿美元，是 2013 年的 1.6 倍。从国际服务外包发展趋势看，在云计算、物联网、移动互联网以及大数据等新技术的带动下，产业和技术进一步融合，大数据挖掘服务、3D 产业大样服务、场地智能化设计等业态不断涌现，将成为服务外包新的热点。

4. 服务贸易成为世界经济的重要推力。

经济全球化和信息化的兴起，服务业成为各国经济发展新路径，服务贸易成为各国融入全球价值链、参与国际竞争的重要平台。金融危机后，各国越发重视服务贸易的发展，发达国家希望保有高附加值服务贸易领域的出口优势，继续占据全球价值链的上游和下游两端；发展中国家重视服务贸易的发展，希望通过服务贸易更快、更好地将本国的服务融入全球价值链，提升本国在全球价值链中的地位。WTO 的统计显示，2007~2013 年，世界服务贸易进出口额从 65941 亿美元增为 89650 亿美元，年均增长 5.3%，高于同期货物贸易平均增幅 0.5 个百分点，2013 年服务贸易占全球贸易总额的 19.2%，而服务业出口附加值却达到出口附加值总额的将近一半。

（三）服务贸易新规则处于酝酿之中

金融危机后，世界经济格局出现重大变化，发达国家复苏艰难，发展中国家成为世界经济增长的重要力量。与此同时，尽管经济全球化总体趋势没有发生改变，但推动经济全球化动力发生了改变。一方面，多边贸易体制发展受阻，多哈回合谈判没有出现大的进展，同时金融危机引发的贸易投资保护主义升温，经济贸易摩擦增多并且政治化倾向明显。另一方面，为在世界经济大变动大调整时期占领先机，各国积极参与区域经济合作，贸易投资协定涌现，成为危机后推动全球化的重要动力。在这一过程中，发达国家为巩固其在贸易投资规则制定上的话语权和垄断权，推动建立有利于自身的国际经济贸易新规则，纷纷在诸边和区域合作中制定和推动新一轮高标准的贸易投资规则，服务业和服务贸易作为全球经济发展的新趋势和新热点，成为发达国家关注的重点。发展中国家为使本国不排除在新的国际贸易投资新规则之外，也加大了推进区域合作的力度。

1. 发达国家积极推动新的服务贸易协定谈判。

根据 GATS 第 19 条的授权，WTO 对服务贸易的谈判从 2000 年 1 月正式开始，并于 2001 年 11 月纳入多哈发展议程（DDA），迄今经历了多次的部长级会议，但是不管在制定新规则还是在更高水平的市场准入方面，都没有取得实质性进展。截至 2008 年年初，提交初始出价清单的只有 71 个成员，提交修正清单的只有 30 个成员[1]。而且，承诺开放的部门数量仅从 51 个增加到 57 个，开放的程度远低于各成员政策实际执行的程度[2]。2012 年年初，美国、欧盟提出了"服务业挚友"集团（RGF）的概念，并联合 20 个以上世界贸易组织成员组成服务业挚友集团，正式启动了《服务贸易协定》（TISA）的谈判，试图通过诸边谈判的方式，构建一个更高水准的服务贸易协定框架，并为日后该协定的多边化铺平道路。该协定覆盖了全球 70% 的服务贸易，年贸易规模可达 4 万亿美元。

2. 美□欧强化区域经贸合作。

发达国家将更多高水准的服务贸易自由化条款被纳入区域经贸合作协定。金融危机后，美国、欧盟、日本加快推进跨区域经贸合作，并把区域经贸协定谈判作为提升服务贸易自由化水平的重要手段。2010 年 3 月，美国加入并开始主导《跨太平洋伙伴关系协定》（TPP）谈判目前亚太地区已有 12 个成员国参与进行了多轮轮谈判；同时，美国与欧盟启动了《跨大西洋贸易和投

[1] 欧盟被视为一个成员，2008 年后新的承诺基本中止。
[2] 李伍荣、冯源：《〈国际服务贸易协定〉与〈服务贸易总协定〉的比较分析》，载《财贸经济》2013 年 12 月。

资伙伴关系协定》（TTIP）谈判。欧盟积极响应与美国开展 TTIP 谈判，与加拿大、越南、马来西亚的自贸谈判进展迅速，并将启动与泰国谈判。日本正与欧盟、澳大利亚、加拿大、印度、土耳其、哥伦比亚启动自贸谈判或磋商，对区域全面经济伙伴关系（RCEP）和 TPP 两面下注。在谈判规则设计和体系构架上，TPP、TTIP 等区域经贸合作协定在服务贸易自由化方面已超越现有的 WTO 框架下的《服务贸易总协定》的安排，试图构建新一代服务贸易规则。如 TPP 在谈判议程中增加新的议题，并将电信、金融、娱乐、医疗、会计等高端服务业列为开放部门，通过设置条款以消除跨境服务贸易壁垒，提高各成员国服务贸易政策的透明度。一旦这些协定谈判成功，将会对其他的区域服务贸易自由化机制安排构成示范效应，并迫使多边服务贸易体制在规则设计与体系构架上做出重新调整。美国、欧盟、日本强化了跨区域经贸合作的推进力度，并把区域经贸协定谈判作为推动服务业开放和提升服务贸易自由化水平的重要手段。

3. 其他国家也加快了自贸区谈判的进程。

发达国家通过诸边和区域谈判，加入 21 世纪新议题，试图构建一个更高标准和更高水平的服务贸易协定框架。其他国家也不甘落后，纷纷加入新一轮自贸区谈判。东盟推动与其已订立双边贸易协定的 6 个国家（中国、日本、印度、韩国、澳大利亚和新西兰）进行的 RCEP 谈判，目标是缔造世界上最大的贸易联盟。拉美最大经济体、全球第四大贸易集团——南方共同市场（成员包括阿根廷、委内瑞拉、巴拉圭和乌拉圭）在 2014 年初宣布将与欧盟谈判自贸协定。印度在发展与欧盟、东盟、巴西、南非自贸合作上表现积极。中国 2013 年 9 月 30 日，正式宣布加入 TISA 谈判，主动参与国际服务贸易新规则制定；同时，中国还积极参与 RCEP 谈判，并加快了与韩国、澳大利亚等国家缔结自由贸易区的进程。

4. 全球服务业开放标准进一步提高。

当前，美欧等发达经济体主导的诸边服务贸易协定、区域经贸协定谈判，对服务业开放提出了更高标准。《服务贸易协定》（TISA）的基本框架由规范文本、减让表以及个别成员豁免、新规则与纪律等三大部分组成。在对服务业分类标准和提供方式的界定上，采纳了 GATS 核心范畴，但在减让表的承诺方式上采用了混合列表模式，即在市场准入部分采用肯定式列表，而在国民待遇条款采用否定式列表。在规则制定方面，沿用了 GATS 中的最惠国待遇、透明度原则、一般例外等，同时将一些"21 世纪的新问题"纳入谈判范围内。如国有企业（SOE）竞争中性条款要求国有企业透明化经营、商业化运作、申明所获补贴、公开采购等；跨境数据流准则将保证跨境服务贸易中数据不受限制的权利；强制地方化条款将限制政府对服务部门出台新的地方化强制要求，这些新议题的纳入导致国际新规则谈判从边境前措施深入边境后措施。

《跨太平洋伙伴关系协定》（TPP）、《跨大西洋贸易和投资伙伴关系协定》（TTIP）等区域经贸合作协定在服务贸易自由化安排中均呈现出"GATS +"（GATS – plus）的特性，如采用否定列表的承诺方式，将与服务有关的投资规则单独列明，采用相对自由的服务原产地规则，要求承诺提供更多的自然人移动便利，并引入严格甚至激进的透明度义务。这些区域经贸合作协定谈判内容既包括传统的市场准入、原产地规则、贸易救济、海关便利化等议题，也包括一些全新的议题，如水平议题、跨境服务、环境、劳工、金融服务、电信标准、政府采购、国有企业监管等，很多议题与服务贸易自由化密不可分，主张全方位的自由化，对服务业开放提出了更高要求。

从当前国际投资体制的发展趋势来看，准入前国民待遇已经被越来越多的国家所接纳。在亚太地区，据不完全统计，至少有 26 个自贸区协定中的投资条款包含准入前国民待遇。包括美国在内的发达国家在国际贸易和国际投资谈判中普遍采取"准入前国民待遇"和"负面清单"开放模式。

二、国内背景

金融危机后，伴随国际环境的深刻变化和调整，我国经济进入一个新的发展阶段，参与外部竞争的基础条件也发生显著改变，我国开始以更加积极的态度全面融入经济全球化。

（一）我国经济进入新常态

当前，我国经济发展步入新常态，经济增速放缓，结构调整提速，转型升级加快，服务业在国民经济中的地位不断凸显，我国从制造业发展黄金期进入了服务业发展的黄金期。

1. 经济进入新常态。

2014 年的中央经济工作会议从消费、投资、出口和国际收支、生产能力和产业组织方式、生产要素相对优势、市场竞争、资源环境、风险、资源配置九个方面的发展趋势阐释了我国经济正向形态更高级、分工更复杂、结构更合理的阶段演化。我国经济发展进入新常态，支撑经济高速增长的内外部环境发生变化，经济从高速增长转向中高速增长；国家综合实力的增强带动了产业结构的逐步优化，制造业技术水平大幅提升，服务业在国民经济中的比重日益提高；同时，经济发展动力从要素推动、投资推动不断向创新驱动转变。当然，新常态下，由于经济增速的下滑，新的经济增长点和创新点还处于酝酿和形成阶段，容易引发各类矛盾和问题，这些都需要进一步的改革、开放和创新来释放经济发展的新活力、新推力和新动力。

2. 服务业在国民经济中的作用凸显。

经过改革开放 30 多年的发展，我国工业化迅速推进，进入准工业化阶段，三次产业结构面临深刻调整，2012 年第三产业首次超过第二产业成为我国第一大产业。新常态下，服务业在国民经济和社会发展中的战略地位将日益增强，地位与作用不断提升。2001～2014 年，我国服务业增加值从 44362 亿元增加为 306739 亿元，年均增幅 16.0%。2001～2014 年服务业增加值占 GDP 的比重从 41.3% 增为的 48.2%。2001～2013 年服务业就业人数从 20165 万人增加到 29636 万人，占就业总人数的比重从 27.6% 上升为 38.5%。同时，从全球价值链角度来看，中国服务出口不仅在吸纳就业方面高于一般贸易出口，而且在增加值上更是高出货物出口 20 多个百分点。

3. 服务业进入发展黄金期。

新常态下，制造业黄金发展周期将逐步被服务业发展黄金周期所替代，服务业快于制造业的发展，服务贸易快于服务业的发展，服务外包成为新的增长点。服务业在转型升级、经济增长、扩大就业、创新驱动等方面显示出巨大的潜力和发展空间。服务企业走出去开拓国际市场的潜能也将随之释放，服务贸易和服务业国际投资的双向对流以及均衡发展的格局也将在构建开放型经济新体制中发挥更大的作用。

（二）服务业成为我国改革开放新的突破口

后危机时代，服务业不仅日益成为促进世界经济复苏、引领转型发展的新引擎、新方向，也是我国经济持续健康发展与优化升级的新引擎、新动力，将成为我国释放改革红利和新一轮开放的重要突破口。

1. 服务业成为进一步开放的焦点。

改革开放30多年和加入世界贸易组织10多年以来，我国改革开放的政策红利、加入WTO的制度红利以及廉价劳动力和自然资源的生产要素红利在不断消退，与此同时，改革的内生动力由于各种既得利益集团的严重掣肘而明显不足，需要通过进一步扩大开放来促改革、促发展。从我国对外开放现状看，制造业一直是开放重点领域，其开放水平也较高。金融危机后，发达国家再制造化和再工业化，我国制造业在中端和高端层面和发达国家当面交锋，同时，在中低端环节直面和发展中国家的竞争。反观服务业，由于开放水平和层次有限，制约了我国产业结构和经济结构的快速优化升级。因此，新的历史时期，我国制造业进一步开放的空间相对有限，开放的焦点和难点应主要集中在服务领域。

2. 我国由单向开放转为双向开放。

一直以来，由于资金、技术、管理经验以及人才等缺乏，我国更注重引进外商投资。随着综合国力的提升和企业竞争力的提高，我国企业开始大规模走出去。2000年，国家明确实施"走出去"战略，坚持"引进来"和"走出去"同时并举，相互促进。2014年我国国际直接投资进入了一个新阶段，成为了资本净输入国。商务部数据显示，2014年，非金融领域对外直接投资首次突破千亿美元，达到1029亿美元，加上当年我国企业在国（境）外利润再投资和通过第三方的投资，实际对外直接投资规模应达到1400亿美元左右，同年，我国实际吸收外商投资金额为1196亿美元，对外投资规模首次超过吸收外资规模。我国对外开放尤其是服务业的对外开放进入了双向开放的新阶段，不仅应重视通过服务业进一步开放引资、引智，优化产业结构，更要积极促进我国服务企业的走出去，培育本国的服务品牌和服务跨国公司。

3. 服务业的进一步开放日益重要。

我国改革进入攻坚期和深水期，面临的阻力和困难在加大，需要借助开放的力量来促改革和创新。新一届政府上台后，积极推进新一轮的开放，把开放尤其是服务业开放作为倒逼国内改革、竞争与发展的重要手段。服务业成为新一轮对外开放的主攻方向和核心内容，服务业和服务贸易成为我国经济贸易转型升级的突破口。十八届三中全会《决定》中明确指出：推进金融、教育、文化、医疗等服务业领域有序开放，放开育幼养老、建筑设计、会计审计、商贸物流、电子商务等服务业领域外资准入限制。近两年设立的中国（上海）自由贸易试验区、中国（广东）自由贸易试验区、中国（天津）自由贸易试验区以及中国（福建）自由贸易试验区，成为我国服务业进一步自主开放的新平台和新阵地。

（三）我国参与经济全球化的条件发生变化

危机后，我国经济实力发生明显提升，对国际社会的影响力加大，各国对我国的倚重和防范不断强化；同时，我国参与国际竞争的低成本优势被极大削弱，新的竞争优势还未建立，我国参与全球竞争的基础出现新的变化。

1. 我国已成为全球经济大国。

目前，我国经济总量位居世界第二、世界第一货物大国、第一大出口国、第二大进口国；第二大服务贸易国、第一大吸收外资大国、第三大对外投资国、第一大外汇储备国，这为我国融入经济全球化提供了坚实的物质基础。同时，宏观经济的稳定增长、日趋完备的产业配套能力和基础设施建设、充裕的资金和广阔的国内市场，为我国参与经济全球化奠定了有利的条件。

2. 我国参与全球竞争的传统优势逐渐削弱。

应该看到，改革开放30多年来，伴随经济的快速发展，我国各类要素成本不断上升，劳动力、土地等价格快速攀升，依靠要素成本低廉参与全球竞争的传统优势面临挑战，环境和资源的约束进一步强化，我国参与全球竞争的要素低成本优势被显著削弱，同时，新的竞争优势还处于形成过程中。

3. 我国在国际上需承担更大责任。

随着综合实力的增强，我国在国际社会中的影响力和话语权不断增强。一方面，世界各国尤其是发达国家要求我国在国际社会中承担更大更多的责任，涉及方方面面，包括人民币汇率、气候变化、全球经济再平衡、知识产权保护等。另一方面，我国从资本输入国已经转变成资本输出国，新形势下需要通过多边、区域、双边贸易投资协定更好地为我国企业走出去保驾护航。危机后，全球经济贸易规则处于重构当中，我国可以充分利用国际社会中不断扩大的影响力，在全球治理机制改革中发挥更大的作用，主动参与并积极推动有利于发展中国家多边、区域和双边贸易投资体制，扩大我国在国际经济合作中的话语权，保障我国企业在海外的正当权益。

4. 我国参与全球竞争的外部风险有所加大。

随着成本的升高，我国现有的低端加工和制造环节加速向周边低收入发展中国家转移，同时，危机后，受发达国家"再工业化"政策的影响，在一些中高端制造业环节和发达国家直面的竞争。随着我国经济活动向全球快速扩展，我国与发展中国家的竞争领域增多，与发达国家的结构性矛盾也在增大，各国针对我国的贸易和投资保护主义明显抬头，贸易摩擦不断加剧，同时在人民币汇率、知识产权和市场开放等方面不断对我国施加压力，增加了我国经济发展的外部风险。

（四）我国积极推进服务贸易自由化

为了更好地融入新一轮的经济全球化进程中，我国在国际国内两个层面着力推进服务贸易的便利化和自由化。

1. 我国加入《服务贸易协定》（TISA）谈判。

随着服务全球化的发展，构建新的服务贸易规则体系是大势所趋。发达经济体服务业占国民经济比重超过70%，服务业发展水平高，对全球服务业自由化拥有强烈的市场驱动力，在国际规则制定方面占据绝对优势地位。目前，TISA 拥有 48 个成员，既有美国、日本、欧盟成员国等发达国家，也有智利、巴基斯坦等发展中国家。由于缺乏谈判过程的透明性、谈判内容的包容性，且某些条款具有较强针对性，引发了协定之外包括金砖国家在内的多数发展中国家的担忧。作为世界服务贸易第三大国家，我国加入 TISA 谈判能够更深地融入全球市场，并倒逼国内服务业发展，通过服务业的发展促进经济转型升级。2013 年 9 月 30 日，我国正式宣布加入 TISA 谈判，并积极与美国等进行磋商，谋求加入谈判。在实际谈判过程中，我国应坚持开放性和平等性原则，针对协定具体内容尽快制订减让表和出价依据，并联合其他发展中成员在国有企业、政府采购等不利条款上积极研究对策。针对《跨太平洋伙伴关系协定》（TPP），我国也将在认真研究的基础上，分析加入 TPP 的利弊和可能性。

2. 加快推进区域层面服务贸易自由化。

我国坚持世界贸易体制规则，坚持双边、多边、区域次区域开放合作，扩大同各国各地区利益汇合点，以周边为基础加快实施自由贸易区战略。在自由贸易区内，我国通过改革市场准入、海关监管、检验检疫等管理体制，加快政府采购、电子商务、投资保护等新议题谈判，推动区域服务业市场开放和深度融合，探索构建自由贸易区服务贸易自由化和便利化的体制机制。

3. 在国内探索建立自由贸易区试验区。

建立中国（上海）等自由贸易试验区是党中央在新形势下推进改革开放的重大举措，在发展服务业上先行先试，推动服务贸易的自由化和便利化。通过建设自由贸易试验区，为全面深化改革和扩大开放探索新途径、积累新经验。并在现有试点基础上，选择若干具备条件地方发展自由贸易园（港）区。从《中国（上海）自由贸易试验区外商投资准入特别管理措施负面清单(2013 年)》可以发现，试验区选择扩大对外开放的领域包括金融服务、航运服务、商贸服务、专业服务、文化服务以及社会服务等领域。对这些开放的领域，除银行业机构、信息通信等列明服务之外，暂停或取消投资者资质要求、股比限制、经营范围限制等准入限制措施。2014 年上海自由试验区通过更新负面清单进一步扩大了服务业的开放，与此同时，我国在上海自贸试验区的基础上，进一步明确了在天津、广东和福建设立三个新的自贸试验区，扩大对服务业开放探索和试验。

第二节　战略意义

服务业的进一步开放，对内来说，是我国经济新常态发展的本质要求，对外来说，是扩大和深化开放的重要组成部分和着力点。

一、服务业进一步开放是新常态下经济发展的内在要求

我国经济发展进入新常态，经济增速保持中高增长，更加注重经济发展

方式转变，真正实现提质增效。

（一）服务业进一步开放有利于构建新的体制机制

目前，经济发展面临的突出的体制机制问题是政府和市场职责边界不清。政府权力过大，审批范围和程序复杂，对微观经济活动干预过多，但又监管不到位；同时，我国市场体系不完善，市场竞争不充分，市场秩序不规范，影响了经济发展的活力、资源的有效配置以及经济发展方式的转变。

新常态下，要加快经济发展方式的转变，必须进一步深化改革，尤其是体制机制改革。党的十八届三中全会《决定》指出，经济体制改革是全面深化改革的重点，核心问题是处理好政府和市场的关系，使市场在资源配置中起决定性作用和更好发挥政府作用。新时期，我国服务业的开放改变了以往"准入后国民待遇＋正面清单"的模式，2013 年和 2014 年设立了四个自由贸易试验区，按照国际化、法治化的要求，探索"准入前国民待遇＋负面清单"的开放新模式。负面清单管理的核心是"法无禁止即可为"，对负面清单之外的领域，按照内外资一致的原则，将外商投资项目由核准制改为备案制。服务业开放新模式必然要求转变政府职能，推进行政管理体制改革，将政府管理由事先审批转为事中、事后服务和监管。服务业的进一步开放创新了体制机制，进一步理顺了政府和市场的关系，通过简政放权，制约了政府权力，规避了政府对市场的过多干预，激发了市场活力，释放了改革红利，为新常态下经济的健康可持续发展提供了体制保障。

（二）服务业进一步开放有利于带动服务产业发展

近年来，我国逐渐重视服务业和服务贸易的发展，服务业增加值占 GDP 的比重也有较大幅度提高，从 2010 年的 43.2% 增为 2014 年的 48.2%，服务贸易占总贸易的比重从 2010 年的 11.5% 增为 2014 年的 12.2%。但是从国际比较看，我国服务业发展明显滞后，2013 年我国服务业增加值占 GDP 的比重仅为 46.1%，远低于同年发达国家 70% 以上的水平以及全球平均 58% 的水平。按照世界银行的标准，尽管我国已经处于中高收入国家，但服务业对国民经济的贡献甚至比中低收入国家的平均水平还低 10 个百分点，与金砖五国中的其他四国相比，差距也非常明显（见表 3-1）。从服务贸易依存度看，

2013 年，我国服务贸易依存度为 5.78%，远低于世界 12% 的平均水平。同时，相比制造业，服务业发展水平低，目前我国 GDP 约占全球 GDP 总额的 11.3%，制造业在全球的份额上升到 24.2%，而服务业增加值仅为全球的 7.3%。

表 3 – 1　　　　2010~2013 年金砖五国服务业占 GDP 的比重　　　　单位:%

国家	2010 年	2011 年	2012 年	2013 年
中国	43.2	43.4	44.6	46.1
南非	67.3	67.8	69.1	70.0
俄罗斯	61.4	58.2	59.2	59.8
印度	54.6	54.9	56.3	57.0
巴西	66.6	67.0	68.7	69.3

资料来源：世界银行世界发展指标数据库。

新常态下，我国经济必须推进结构性调整，加快服务业发展，优化产业结构。目前制约服务业发展的核心因素是服务业市场化改革的严重滞后，由于服务业涉及行业庞杂，垄断问题突出，利益部门化，改革内生动力不足，需要通过进一步扩大和深化服务业开放，以国际化推进市场化，以对外开放倒逼对内改革。首先，进一步开放服务业有利于抓住国际服务产业转移的新机遇，加大服务业引资力度，深化服务贸易发展，学习、借鉴和吸收外国在服务业管理和市场运作方面的经验，从而带动我国服务产业发展。其次，通过服务业的进一步开放，倒逼改革，逐步减少或破除一切阻碍其发展的体制机制障碍，引导服务业各类主体发挥主动性、能动性和创造性，加快服务业尤其是金融、电信等垄断服务行业的发展。

（三）服务业进一步开放有利于加快经济发展方式转变

金融危机后，发达国家复苏比较乏力，我国出口的外需市场明显萎缩。与此同时，我国各类要素成本快速上涨，资源和环境的约束日益加强，对我国之前以低成本优势为主要竞争手段、以出口和投资带动经济的资源消耗型的发展方式提出了挑战。

新常态下，经济发展方式应从注重增量的粗放式增长转向注重效益的集约型增长，同时，我国作为一个开放型的经济大国，经济发展方式的转变必然是在开放条件下的转变。首先，服务业的进一步开放，能够综合运用"两个市场、两种资源"，促进服务业国际投资和服务贸易，优化外资外贸结构，促进国内服务产业快速发展，优化产业结构，实现资源的高效配置，减少对自然资源的依赖，减轻对生态环境的损害。其次，服务业进一步开放能够为制造业发展提供重要支撑，帮助制造业降低交易成本、提高经济效率、强化管理和技术创新，提升本土制造业跨国公司全球资源的整合能力，实现集约型增长。最后，服务业的进一步开放，能够在全球范围引进服务业发展所需的专业人才，促进知识、技术和人才密集型服务业发展，减少对资本投入的依赖，促进人力资本积累和人力资源开发，实现创新驱动经济增长。因此，我国通过服务业进一步开放，逐渐转变我国低成本的传统优势，培育以技术、品牌、质量和服务为核心的竞争新优势，带动国内经济结构优化，促进经济发展方式转变。

二、服务业进一步开放是我国扩大和深化开放的重要支撑

新时期，服务业进一步开放是我国主动扩大和深化开放的主要内容和重要组成部分。通过服务业的开放，我国能够积极和有效参与全球服务贸易规则的制定，提升我国在全球价值链中的地位，推动我国"一带一路"战略的实施，全面拓展我国经济发展的外部空间。

（一）服务业进一步开放有利于我国参与国际经贸新规则的制定

经济全球化的深入发展，全球贸易投资规则深刻调整，发达国家主导的诸边、区域和双边经贸协定谈判都覆盖了高标准的服务贸易便利化和自由化议题，并且和其他的包括知识产权保护、竞争中立、政府采购等新议题融合在一起，试图形成更高标准的国际贸易投资新规则。截止目前，我国已签署的协定中承诺服务业开放水平较低，与发达国家积极推动的新的服务贸易自由化相差甚远，开放模式还停留在"准入后国民待遇＋正面清单"，涉及的新议题甚少，作为国际经济合作的后来者，我国对国际经贸规则更多的是被动接受。

新的历史时期下，按照国际新规则进一步扩大和深化服务业开放，确立

"准入前国民待遇＋负面清单"的开放新模式，是我国适应服务经济全球化的新形势、参与构建高标准、全覆盖全球经贸治理平台的现实选择，有利于我国作为贸易大国积极参与国际经贸规则尤其是国际服务贸易规则的制定，增强对国际经贸规则尤其是国际服务贸易规则的话语权，提升我国在国际社会的影响力，更好地发挥我国负责任大国应负的责任。

（二）服务业进一步开放有利于提升我国在全球价值链中的地位

改革开放 30 多年，尤其是加入 WTO 以来，我国依托低成本的优势快速全面的融入了全球价值链的分工体系中，带动我国货物贸易和经济的高速发展以及产业结构的优化升级。但总体看，我国依旧处于全球价值链的低端和低附加值环节，在全球分工中过度依赖加工制造和加工贸易，竞争过度依赖成本优势，同时，产业链和价值链中的研发设计、营销、品牌和供应链管理等高端环节明显不足。长期以来，我国过分注重工业，对服务业的发展和服务业开放重视不够。

当前，国际分工已经进入全球价值链分工为主导的新阶段，国际分工深度和广度都超过以往阶段，服务业和服务贸易成为全球价值链新的创新和增长点，研发设计与营销网络是在价值链的两端，是价值链中附加值最高和最核心的环节。一国的产业向两端延伸的长度、广度和深度决定了一国在新一轮全球分工和全球价值链中的地位和利益。发达国家凭借先进的服务业占据全球价值链的两端，通过全球资源的整合，在国际竞争中获取了更多的利益。发展中国家创造条件，参与服务全球化和承接新一轮服务业产业的转移，加快服务业升级，积极争取本国产业向价值链两端靠拢，更好地整合全球资源，获得更好地发展空间。

我国在服务业进一步开放、承接国际服务业转移方面已经具备良好的基础条件，包括稳定的宏观经济增长和巨大的内需市场；国内庞大的制造业催生的巨大服务市场需求，使得我国对跨国公司尤其是服务型跨国公司保持了较强的吸引力；综合人力资本优势，拥有相当部分中高端管理人才；服务业发展所需的基础设施较为完备，如信息基础设施等；服务业自主开放试点产业和试点区域不断涌现。因此，我国通过服务业进一步开放，扩大市场准入，搭建集聚全球优势生产要素平台，推动服务贸易便利化自由化，把握服务全球化带来的重大机遇，更大程度地嵌入以服务为主导的全球价值链，推动我国产业向价值链的两端延伸和拓展，参与全球供应链、产业链和价值链的更高环节，提升我国在全球供应链、产业链和价值链中的地位，能够为我国经济的发展争取更大的外部空间。

（三）服务业进一步开放有利于我国"一带一路"战略的实施

目前，我国正在积极推动"一带一路"战略，"一带"是指丝绸之路经济带，我国通过路上丝绸经济带进入中亚、东南亚、俄罗斯、中东欧和西欧；"一路"是指 21 世纪海上丝绸之路，从我国沿海港口过南海到印度洋和南太平洋，延伸到欧洲。"一带一路"战略旨在促进经济要素有序流动、资源高效配置和市场深度融合，开展更大范围、更高水平、更深层次的区域合作，充分拓展和延伸我国发展空间。

"一带一路"战略的合作重点内容是政策沟通、设施联通、贸易畅通、资金融通、民心相通，其中服务业开放都是重点。服务业开放政策是政策沟通的内容；设施联通中，尤其是涉及通信干线网络等服务业基础设施的互联互通上，需要立足通信等服务业进一步开放的基础上；投资贸易合作是"一带一路"建设的重点内容，也是各国最为关注的内容，新形势下，沿线国家会将焦点集中于我国在服务贸易领域的进一步便利化和自由化措施上；我国金融服务业的进一步开放是资金融通的关键；民心的相通文化、教育、旅游等服务业的深化开放必不可少。因此，服务业进一步扩大和深化开放是"一带一路"战略的核心和重点内容，也是"一带一路"顺利实施的重要着力点。

新时期中国服务业开放
战略及路径

Chapter 4

第四章　新时期我国服务业开放战略的总体架构

新时期推进服务业有序开放，放开准入限制成为必然选择。但需要系统规划、顶层设计，在构建开放型经济新体制中，制定我国扩大服务业开放的战略和总体框架。

第一节　指导思想与基本原则

一、指导思想

新时期扩大服务业开放应全面贯彻党的十八大，十八届三中、四中全会精神和中央经济工作会议精神，以邓小平理论、"三个代表"重要思想为指导深入贯彻落实科学发展观，深化改革，扩大开放，以开放倒逼市场化改革，在市场配置资源起决定性作用和更好发挥政府作用中，形成服务业发展的法律环境，促改革、促发展、促创新，坚定不移推进服务贸易自由化和便利化，打破制约服务业开放的体制机制和政策障碍，加大重点行业和关键领域的开放力度，对内开放与对外开放并重，自主开放与协议开放并举，探索"准入前国民待遇"和"负面清单"开放模式，"引进来"与"走出去"相结合，大力发展服务贸易，推进多边、区域、双边服务业开放与合作，全面提升服务业核心竞争力。

二、基本原则

新时期，我国服务业的进一步开放应遵循以下基本原则。

（一）扩大开放与深化改革相结合

通过开放倒逼改革。服务业开放在解决市场准入问题和为服务业发展注入外部活力的同时，还要加大国内服务业改革力度，破除制约服务业和服务贸易发展的国内规制，即边境后措施，这是形成我国服务业发展自身活力的重要环节。制约服务业发展的规制更多体现为边境后措施，唯有通过改革服务业发展的体制机制，把服务业开放转化为服务业改革的动力，才能激活服务业市场竞争活力。因此，必须把改革与开放结合起来，以开放推动服务业体制机制和管理创新，以开放推改革、促发展、助创新。

（二）对内开放与对外开放相结合

对内对外开放并举，对内资开放应先于对外资开放，至少是同步开放，以此改变过去外资享受所谓"超国民待遇"的现象。改革开放 30 多年来，我国在对外开放实践中，对外资的开放一直优先于对内资的开放，尤其是对民营资本的开放。世界银行的一项研究表明，我国的内向开放度低于外向开放度。新的历史时期，应明确在完全对内开放尤其是民营资本开放的条件下，打破国内服务行业垄断，引入国内竞争，再对外开放，引进国际竞争，推动我国服务业新业态、新模式的发展。通过引入民营资本和外国资本进入服务业领域，打破服务业的所有制度壁垒，深化服务业改革，提升我国服务业的国际竞争力。

（三）引进来和走出去双向开放密切结合

引进来和走出去并举并重。新时期要从单向引进来向引进来和走出去并举并重转变。随着我国经济发展水平的大幅提升，越来越多的企业有走出去的潜力和需求，服务类企业一方面要与实体企业的走出去相伴而行，为其提供服务，另一方面服务企业自身发展也有走出去的需求。因此，新时期，我国服务业的进一步扩大开放是双向开放，即一方面要进一步放开我国服务业的市场准入，大力引进服务类国际资本；另一方面更需要通过我国服务市场的开放换取其他国家服务市场的对等开放，为我国企业走出去创造更好的条件和环境，扩大服务出口和服务业走出去。

（四）自主开放与协议开放相结合

通过自主开放先行，试验风险，积累经验，然后再通过国际协议相互开放市场，以达到互利共赢。自主开放更加灵活主动、风险可控，在一定时期，通过特定领域和区域的自主开放，可为协议开放铺平道路，防范协议开放的约束性和不可逆性的开放风险。在自主开放基础上，通过签署多边、区域和双边协议，把自主开放的试验内容推向全面，并换取其他国家的对等开放，实现我国开放利益。

（五）多边开放和双边、区域开放相结合

一直以来，我国都是以多边贸易体制为基础推动对外开放。目前，受各种因素的影响，多哈回合谈判徘徊不前，多边贸易体制下的开放受阻，短期内难以达到预期的效果。与多边开放相比，基于双边和区域的开放由于有对象可选、进程可控的特点，能够起到以局部带动整体开放的效果。因此新形势下，我国应该坚持多边开放和区域开放双轮驱动。一方面，要继续维护多边贸易体制在全球贸易发展中的主导地位，要在多边贸易体系框架内，积极参与多哈回合新议题谈判，特别是要更加积极主动地参与新的《服务贸易协定》（TISA）谈判，在新规则形成中取得更大话语权。另一方面，积极推动双边区域开放，加快实施自由贸易区（FTA）战略，形成以周边为基础的、面向全面的高标准的自贸区网络，稳步推进双边投资协定（BIT）谈判，以双边区域开放逐步推进多边开放。

（六）全面开放与重点领域开放相结合

在全面提升服务业开放水平的前提下，更加精准地实施差异化开放。服务业涵盖面广，行业差别极大，在坚持全面提高服务业开放度和开放水平的同时，要根据不同行业特点，采取不同的开放策略。对于事关国家战略安全、意识形态等领域，要坚决顶住压力，保留必要的管制手段。对于竞争性的经济领域，要完全开放。尤其是有利于国内经济体制改革，激发市场活力和竞争的行业和领域，要作为重点，加快开放，不给"玻璃门"和"弹簧门"留下生存空间，不能因为行业利益的阻挠而迟滞开放。

（七）扩大开放与维护国家安全相结合

也要在维护国家安全的大前提下扩大服务业的对外开放。不同于制造业，由于部分服务行业在国民经济中的重要性和特殊性，如金融业关系国民经济命脉，通讯服务业维系我国的信息安全，文化、教育等服务业事关价值观及国家意识形态等，因此，服务业的开放必须要强调国家安全意识和风险防范意识，在开放过程中要加强监管，对部分行业要审慎开放，对于国内十分敏

感，容易出现问题的行业和领域，在一定时期内采取保护措施、逐步开放，在打破"玻璃门""弹簧门"的同时，建立起我国服务业开放的"防火墙""安全门"。

第二节　总体目标与战略任务

新时期尽管我国服务业开放面临一系列挑战，但仍处于大有作为的战略机遇期，我国服务业的开放应立足目前，着眼长远，进一步提升服务业在国民经济中的作用和地位，推动我国服务从贸易大国向贸易强国转变。

一、总体目标

（一）开放目标

总体目标是到 2020 年，服务业对国民经济的贡献度明显提升，服务业占 GDP 的比重达到 55%；服务贸易规模日益扩大，到 2020 年，服务进出口额超过 1 万亿美元，服务贸易占对外贸易的比重进一步提升，服务贸易占我国贸易总额的比重达到 15% ~ 18%，服务贸易的全球占比逐年提高，服务业就业人数占全社会就业人数的比重提高到 45%。服务贸易结构日趋优化，新兴服务领域占比逐年提高服务出口规模不断提升，服务贸易逆差大幅度减少。国际市场布局逐步均衡，"一带一路"沿线国家在我国服务出口中的占比稳步提升。从全球服务贸易大国迈向服务贸易强国。服务业开放水平进一步提高，服务利用外资流量占全国利用外资总额的比重将大幅超过制造业外资比重，服务业对外投资范围逐步扩大、质量和水平逐步提升，在对外投资中的比重进一步提高。

以服务业的进一步开放，推进服务业改革。推进服务垄断行业的市场化改革，促进公平竞争。推进行业国内规制改革，取消投资审批，建立透明、公平的监管制度，适应新型服务业态和新兴服务产业发展的市场管理办法逐步完善。政府职能转变取得实效，社会服务型政府职能得到加强，政府对经济的干预迅速减少。行业商会协会基本去行政化，行业自律管理明显完善。

我国服务业国际竞争力迅速提升。通过对外开放，引进一批国际性跨国服务企业，在开放竞争中形成了一批具有核心竞争力的本土大型服务企业集团，创建了一批具有国际影响力的著名服务品牌，建设了一批主体功能突出、辐射范围广、带动作用强的服务业发展示范区。

（二）总体步骤

服务业门类众多、特点各异、发展差距极大。确定服务贸易开放的总体步骤，既要考虑服务业竞争力现状和开放可承受能力，还要考虑国内改革发展对服务业开放的需求紧迫程度。开放本身不是目的，主要是通过开放促进国内改革，激发服务业发展活力。因此，要综合考虑上述因素，对服务业开放重点与时序分级分类，明确我国服务业开放指导目标，完善负面清单和制定重点服务领域出口指导目录，确保我国服务业稳妥有序开放。

对于一般性服务业开放来说，坚持协定开放与自主开放方式相结合。但对于重点领域和环节的开放，容易对我国服务业造成较大冲击的开放举措，应先通过自由贸易试验区的开放先行试验，通过在特定区域的小范围开放，发现开放过程中可能存在的问题和风险，查验开放成效，形成管控开放风险的有效措施。待试验取得成效后，进一步以国际协议开放的方式向全国推开，以此掌握开放的主动权。

二、战略任务

服务业和服务贸易是我国经济转型升级的重要推动力，我国应从战略高度充分认识服务业开放的重要性，积极探索服务业"准入前国民待遇＋负面清单"的开放新模式，通过自主开放的先行试验，为服务业协议开放提供经验和教训。

（一）建立服务业利用外资新模式

通过自由贸易试验区，积极探索服务业"准入前国民待遇＋负面清单"的开放新模式，在扩大市场开放、放宽准入限制、规范规制标准等方面形成新的体制机制。借鉴国际通行规则，实施准入前国民待遇，在外国企业和外资项目投资过程的所有环节实行完全的国民待遇，包括准入前、准入后和经营过程中都应对国企、民营、外企一视同仁、平等对待。改变我国以往"正面清单和准入后国民待遇"的低水平开放承诺模式，不断尝试服务业"负面清单和准入前国民待遇"的承诺方式，提高服务贸易自由化水平。修订外资三法，制定统一的外资法，改革行业法律法规，全面提升政府对外资进入的事中事后监管能力，使"负面清单"管理成为我国服务业外资进入的常态化管理模式，为今后多边、区域或双边谈判，进行更有针对性的服务业开放创造条件。

（二）着力培育我国服务产业国际竞争力

开放本身不是目的，是促进服务贸易、服务产业和服务经济发展的手段和途径，开放的目的是要促改革、促竞争、促发展。为此，要通过开放倒逼改革，引进竞争机制，打破行业垄断，促进行业发展。一方面，向外资开放服务业前，首先应向社会资本尤其是民营资本开放。减少甚至取消对民营资本进入基础性服务业的限制，应是以开放促改革的重要内容。一直以来，我国对民营资本的开放低于对外资和国有资本的开放。新时期应营造市场竞争环境，让所有资本平等参与竞争，破除对外国投资的优惠以及国有企业的垄断。对外开放引入外资的过程，必然伴随着激烈的市场竞争，相对于国有企业而言，民营资本更具活力与创造力，在参与开放之后的服务市场竞争中更具灵活性。为此，凡是向外资开放的服务行业和领域，应首先面向民营资本开放，培育本土竞争者。另一方面，服务业开放要与服务产业发展相协调。服务业开放要着力培育服务企业出口竞争力和对外投资能力，逐步形成本土具有国际竞争力的服务提供商，增强服务企业开拓国际市场的能力，将"中国制造"与"中国服务"有机结合起来，形成参与国际竞争的新的比较优势。

（三）推动不同区域服务业差异化开放

一是进一步扩大和深化上海自贸实验区服务业开放的实验，以此引领我国服务业开放。明确上海服务业面向全球开放的定位，不断细化和深化上海自贸区负面清单，逐步减少特别管理措施，真正探索"准入前国民待遇＋负面清单"服务业开放新模式，为新开放模式在全国的推广提供范本和标准，为我国参与国际高标准的服务新规则的制定和区域协定谈判提供经验和借鉴。二是在国务院新批准设立的广东、天津和福建自贸实验区进行特色化的服务业开放试验。广东自贸试验区是通过服务业深入开放，将自贸试验区建设成为粤港澳深度合作示范区、21世纪海上丝绸之路重要枢纽和全国新一轮改革开放先行地。天津自贸区的定位是通过服务业的进一步开放，形成京津冀协同发展高水平的对外开放平台，全国改革开放先行区和制度创新试验点。福建自贸试验区是立足于深化两岸经济合作，率先进行两岸服务业开放新模式的探索，深化两岸经济合作，为加强与21世纪海上丝绸之路沿线国家和地区的交流合作拓展新途径。三是在全国其他区域进行服务业开放实验。加快落实新近出台的《国务院关于推广中国（上海）自由贸易试验区可复制改革试点经验的通知》，充分考虑区域经济的协调发展，相应在中西部地区以及东北老工业基地选取特定的区域，进行差异化的服务业开放试验。四是切实落实最近签署的《内地与香港、澳门CEPA关于内地在广东与香港、澳门基本实现服务贸易自由化的协议》，在一国两制框架内，进一步推进内地与港澳服务贸易的自由化。

（四）制定服务业开放策略

根据服务业发展水平和服务行业国际竞争力的差异，制定不同服务行业开放的时序规划，有序推进服务业开放。服务业门类众多、特点各异、发展差距极大。确定服务贸易开放重点和开放时序，既要考虑服务业竞争力现状和开放可承受能力，还要考虑国内改革发展对服务业开放的需求紧迫程度。一是优先开放与我国货物贸易密切相关的服务行业。基于货物贸易大国的比较优势，我国应率先促进与货物贸易相关的服务贸易领域的发展和开放，如运输服务业、保险服务业等。二是重点推进现阶段严重制约我国经济活力和效率的服务部门开放。这些这类服务部门的开放由于关系重大，牵一发而动全身，所以要进行产业发展水平的系统梳理，在保护和开放中找好平衡点，着力提升开放水平，如金融、电信服务业等。三是对行业处于较充分竞争的行业争取全面开放。对于不涉及国计民生的行业，国内行业发展也基本处于完全竞争下的服务行业应放开所有限制会计等专业服务行业。四是对于涉及意识形态和国家安全的行业要严加保护。这些服务行业由于对于国家安全有重大影响应禁止开放，如基础教育、文化、国防领域等服务行业。

（五）提升我国对国际服务贸易新规则制定的影响力

通过积极参与多边、区域和双边的谈判，提升我国对国际服务贸易新规则制定的影响力，最终引领国际服务贸易新规则的制定。我国适应服务贸易自由化新趋势，在坚持开放性和平等性原则下，尽早实质性参与国际服务贸易协定谈判，促进我国服务贸易自由化和投资自由化水平与国际接轨。推动FTA谈判，通过我国服务市场的进一步开放换取其他国家的对等开放，降低我国服务业输出面临的市场准入障碍，极大促进我国服务贸易出口和服务业企业走出去，在区域领域谋求我国服务业开放的最大利益。加快中美中欧投资协定谈判，使我国在双边领域的服务业开放取得实质性进展，创新服务业开放新模式。

第三节　战略重点

从服务业开放战略重点上，应考虑到行业开放的先后时序、轻重缓急以及针对不同的谈判对象的差异化策略。考虑到服务业竞争力现状和开放的可承受能力，以及国内改革发展对服务业开放需求和对外谈判的紧迫程度，现阶段应按照十八届三中全会的要求，推进金融、教育、文化、医疗等服务业领域的有序开放，逐步实现高水平对内对外开放；放开育有养老、建筑设计、会计审计、商贸物流等服务业领域外资准入限制，通过开放促进国内改革，激发服务业发展活力。

一、重点推进现阶段严重制约我国经济活力和效率的服务部门开放

目前金融、电信等服务业的开放整体性滞后，造成我国资本和信息的自由进出受到较大限制，对我国经济转型升级造成影响，但是由于这两类服务

部门的开放关系全局，且有可能引发系统风险，因此要在保护和开放中找好平衡点，着力提升开放水平。

金融服务业开放应充分兼顾开放和监管。当前金融服务业开放的整体滞后，造成资本要素的市场化程度低，较大地制约了我国经济的转型升级发展；同时，金融领域低水平的开放也遭到了来自国际上尤其是发达国家的压力。另外，金融领域的过度开放容易引发系统风险，这在国际上已有先例，因此金融领域应在控制风险的前提下促进进一步的开放。具体来说，应重点明确以下几个方面：第一，对外进一步开放首先应进行国内市场化改革包括推进利率市场化、汇率市场化、资本项下人民币可自由兑换以及逐步放开对金融产品创新的管制等。第二，对外开放首先需对内开放。一直以来，我国国有金融机构长期依赖非市场化运作，缺乏创新的动力和活力，此外，在开放中明显存在对外开放优于对内开放，金融市场上给予民营资本的待遇远低于外国资本，从而也导致了金融领域市场化程度低。为了更好推进金融业市场化发展，应明确对外开放优于对内开放，允许并鼓励民间资本投资国内任何金融机构，鼓励民营资本和外国资本合作，不断壮大金融主体，提升本国金融产业核心竞争力。第三，积极在以下方面进一步推进金融服务业的开放。在银行准入方面，应进一步降低设立外资银行的条件，包括缩短年限要求，降低资产要求，加快设立的审批程度，在银行业务方面，应尽量给予外资银行国民待遇，如取消地域限制和业务限制等；在证券领域，可逐步取消对外资证券公司的股比限制，允许超过50%，逐渐取消股比限制，允许设立外资独资证券公司，并且在单一业务方面给予充分的国民待遇；保险业方面，允许外资保险公司和国内的商业保险公司一样进入法定保险市场，给予更充分的国民待遇，逐步取消外资寿险公司不超过50%的股比限制等。第四，设置外资进入金融服务的负面清单。目前，即使如美国这样推崇外资自由化的国家，也对外资进入本国金融市场进行严格监管，在对外签署的协定中，专门设置的金融领域的负面清单。因此，我国金融首先应建立健全宏观审慎监管制度、存款保险制度以及风险预警体系等，同时设立金融领域的负面清单，具体内容包括保留外资设立金融机构的审批权限；保留对外资金融机构高管人员的限制；加大对外资银行分行和代表处的监管；限制对外资金融公司开展包括期权、期货高风险业务等的综合业务。

特别需要指出的是，金融服务业开放应适时考虑资本管制和人民币资本项下可自由兑换的"终点开放"的时间表。

电信领域的适度开放。扩大外资股比限制有利于一国的技术创新，但是电信领域的过度开放容易对一国网络安全造成致命风险，因此电信领域开放和金融领域开放比较类似，需要开放和保护兼顾。绝大部分国家对电信领域的市场化改革和开放都是相对谨慎的。目前我国电信领域中国有企业的地位过于一支独大，导致行业创新能力不足和竞争力低下。因此，我国在进一步开放电信领域一是对电信领域的市场化改革，积极引导民营资本进入。同时进一步开放的重点应集中在增值电信领域，包括因特网接入服务业务、国内因特网虚拟专用网业务、呼叫服务、离岸呼叫服务、在线数据处理与交易处理（仅限于经营性电子商务网站）等领域，突破外资不超过50%的股比限制，逐渐允许设立外资独资公司。二是我国也需要对基础电信服务领域进行保护。目前我国仅对外开放了寻呼服务，下一阶段，我国依旧应该对基础电信业务的开放持谨慎态度，有选择地开放。

二、优先开放有利于提升和激活人力资本的服务行业

经济进入新常态下，我国对外开放优势将从以廉价的劳动力和资源的优势将转变为以人力资本为核心的创新驱动带来的综合优势。因此，需加快高素质的人力资本密集型服务行业的进一步开放，包括建筑设计、会计、法律等专业服务领域以及教育培训等。

借鉴发达国家的经验，在相关领域，外国专业人员到中国执业充分给予国民待遇，相关执业要求和资格的获取由专门的政府部门或者行业协会统一制定标准。

三、加快推动民生服务领域的开放

为了实现发展成果更多更公平地惠及全体人民，为社会提供多样化的服务，更好地满足人民需求，国家逐渐重视对民生服务领域的改革和开放。对健康服务、健康保险、养老服务等有利于普通百姓的服务领域的开放应将是

我国下一步的开放重点。对于这些领域的开放，我国应建立公平、透明、平等、规范的市场准入制度，凡是法律法规没有明令禁止的领域，都需向社会资本开放，并不断扩大开放领域；同时为增加服务供给，提升服务质量，凡是对本国资本开放的领域，应逐渐加大对外开放力度。

四、全面开放我国具有传统竞争优势的服务行业

目前我国传统优势服务领域开放程度较高，进一步开放面临的压力较小，如运输服务、建筑服务、旅游服务等。但在开放中适当对其中有利于整个行业长远发展的高附加值子行业进行保护，包括建筑服务中的租赁、维修、保养、出售及处置服务等，运输服务中的专业航空服务、飞机维修保养、内河运输等。

运输服务业可以进一步放开国际船舶运输企业的外资股比限制，允许外资独资；允许在中国各港口之间进行国际货物干线捎带运输（捎带运输），以支持我国发展更高效的外贸航运服务。同时为保障我国运输服务行业发展，应借鉴发达国家经验，在法律法规中明确规定国货国运。

旅游服务领域取消中外合资经营旅行社经营中国公民出境旅游业务经营许可满两年的限制，放开国外导游进入我国市场的限制，通过行商业协会，制定统一的导游资格标准，通过标准来规范外国导游进入。

建筑服务领域，取消外商独资建筑企业承诺项目限制。

五、过度开放的服务行业加大监管力度

对于过度开放，监管不足的领域，应通过法律法规的完善来加大监管。如在商贸流通领域，应逐步完善商业法、反垄断法、反不当竞争法以及城市商业网点规划编制规范等，通过制定大店法，考虑环境承载能力和对现有企业的冲击，强化行业监管。

六、限制或禁止开放影响我国国家安全的敏感行业

对涉及教育、文化、娱乐等意识形态的敏感行业，应持高度谨慎的态度，

对包括广播、影视、影院等领域的开放，通过设置严格的审批限制、业务限制、股比限制进行保护。

对于涉及国家核心安全的服务行业应全面禁止开放，如基础教育、核能、军事等领域，应完全禁止任何国外政府、企业和个人进入。

第五章 自主开放与协议开放并行的战略路径

我国服务业进一步开放必须创新路径，实施自主开放与协议开放并行方针，在加大自主开放步伐的同时，推进多边、区域、双边等协议开放力度，提升我国服务业开放发展水平。当前，应以自主开放带动协议开放，以自主开放的试验经验，最大限度地减少我国协议开放的风险，通过协议开放，把我国在特定区域的自主开放成果推广到全国，并换取对方国家的对等开放。

第一节　自主开放

一、自由贸易园（港）区开放

截止到 2015 年 4 月末，我国共设立了 4 个自由贸易使试验区，分别为上海自贸试验区、中国（广东）自由贸易试验区（简称广东自贸试验区）、中国（天津）自由贸易试验区（简称天津自贸试验区）和中国（福建）自由贸易试验区（简称福建自贸试验区），探索服务业开放新模式，并且根据各自不同的战略定位，在服务业进一步扩大方面侧重点有所不同。

（一）探索服务业开放新模式

我国第一次使用"负面清单 + 准入前国民待遇"的新模式进行服务业开放是在 2013 年上海自贸实验区成立，当年 9 月上海市政府首次发布了《中国（上海）自由贸易试验区外商投资准入特别管理措施（负面清单）（2013年）》，负面清单中包含 190 条特别管理措施，其中 95 条是关于服务业的特别管理措施。2014 年 7 月，上海市政府发布了《中国（上海）自由贸易试验区外商投资准入特别管理措施（负面清单）（2014 年修订）》，更新负面清单，相比 2013 年版负面清单，特别管理措施从 190 条降为 139 条，减少了 51 条。从开放的角度看，取消了 14 条管理措施，放宽了 19 条管理措施，与 2013 年相比，进一步开放的比例达 17.4%，开放度大幅提高。从服务业开放看，2014 年负面清单中特别管理措施降为 67 条，减少了 28 条，开放力度最大。在取消的 14 条开放措施中，服务业领域占 7 条，包括：取消对进出口商品认证公司的限制，取消对认证机构外方投资者的资质要求，取消投资国际海运货物装卸、国际海运集装箱站和堆场业务的股比限制，取消投资航空运输销售代理业务的股比限制等。在放宽的 19 条管理措施中，涉及服务领域 9 条，其中，房地产领域 1 条，商贸服务领域 4 条，航运服务领域 2 条，专业服务领域 1 条，社会服务领域 1 条。2015 年 4 月 20 日，国务院正式发布广东、天津、福建三个新自贸区总体方案，以及深化上海自贸区改革开放方案，同时为规范自贸试验区的发展，当天，国务院办公厅印发《自由贸易试验区外商投资准入特别管理措施（负面清单）》，明确四个自贸试验区适用统一的负面清单。2015 年版负面清单列出了 122 项特别管理措施，比 2014 年版减少 17 条，整体开放度有所提高，尤其是制造业。总体看，2015 年版负面清单中服务业的特别管理措施从 2014 版的 67 条升为 83 条，外商进入服务业的限制条件有所增加，显示出更加精细化的趋势，但不同的行业表现并不一样，主要特点如下。

1. 房地产业及批发零售等行业对外商的限制明显减少。

2015 年版负面清单取消了外资进入自贸试验区投资房地产的所有限制，使得 2015 年负面清单中涉及的服务业大类从 2014 年的 11 项减为 10 项。2014 年我国对外资在上海自贸试验区投资还保留了三项限制措施：限以项目公司形式投资高档宾馆、高档写字楼、国际会展中心；禁止投资别墅的建设、经营；限以项目公司形式投资房地产二级市场交易，2015 年版负面清单中已取消房地产这个行业，说明在四个自贸试验区内，外资进入房地产业已没有任何限制。批发和零售业中，2015 年负面清单中仅保留了对专营和特许经营的 4 项特别管理措施，其他的限制均已取消，使得批发和零售行业的特别管理措施从 2014 年版的 9 条降为 4 条；信息传输、软件和信息技术服务业中完全取消了对外资进入软件和信息技术服务业的限制，同时，调整了外资对电信服务以及互联网和相关服务的限制，使得在这个服务大类中，相比 2014 年版，2015 年的负面清单中的特别管理措施也明显减少，从 8 条降为 4 条；水利、环境和公共设施管理业中，2015 年版的负面清单取消了对水利管理业的限制，特别管理措施也从 2014 年的 3 条降为 2 条；取消了金融业中外商投资融资租赁公司的限制。详见表 5 – 1。

表 5 - 1 2014 年和 2015 年服务业负面清单对比

行　业	2014 年特别管理措施	2015 年特别管理措施
一、批发和零售业	1. 限制投资粮食收购，承担储备粮经营管理和军粮供应任务的粮食企业须国有控股，限制投资粮食、棉花的批发，限制投资大型农产品批发市场建设、经营。 2. 限制投资烟草的批发、零售、配送。 3. 除香港、澳门服务提供者可以独资、合资、合作形式提供音像制品（含后电影产品）分销外，限制其他国家或地区投资者投资音像制品（除电影外）的分销（限于合作）。 4. 限制投资农药、农膜、保税油的批发、配送。 5. 禁止投资文物拍卖和文物商店。 6. 限制投资农药、农膜的零售、配送（设立超过 30 家分店、销售来自多个供应商的不同种类和品牌商品的连锁店由中方控股）。 7. 除同一香港、澳门服务提供者投资图书、报纸、期刊连锁经营的出资比例不得超过 65% 外，其他国家或地区投资者投资图书、报纸、期刊连锁经营，连锁门店超过 30 家，不允许控股。 8. 限制投资加油站（同一外国投资者设立超过 30 家分店、销售来自多个供应商的不同种类和品牌成品油的连锁加油站，由中方控股）建设、经营。 9. 限制投资直销，投资者须有 3 年以上在中国境外从事直销活动的经验，且公司实缴注册资本不低于 8000 万人民币；限制投资网上销售（一般商品的网上销售除外）。	专营及特许经营 1. 对烟草实行专营制度。烟草专卖品（指卷烟、雪茄烟、烟丝、复烤烟叶、烟叶、卷烟纸、滤嘴棒、烟用丝束、烟草专用机械）的生产、销售、进出口实行专卖管理，并实行烟草专卖许可证制度。禁止投资烟叶、卷烟、复烤烟叶及其他烟草制品的批发、零售。 2. 对中央储备粮（油）实行专营制度。中国储备粮管理总公司具体负责中央储备粮（含中央储备油）的收购、储存、经营和管理。 3. 对免税商品销售业务实行特许经营和集中统一管理。 4. 对彩票发行、销售实行特许经营，禁止在中华人民共和国境内发行、销售境外彩票。
二、交通运输、仓储和邮政业	铁路运输 1. 限制投资铁路游客运输公司（中方控股）。 道路运输 2. 限制投资公路旅客运输公司（限于合资），从事班线客运、旅游客运、包车客运外资比例不超过 49%，主要投资者中至少一方必须是中国境内从事 5 年以上道路旅客运输服务的企业；从事道路客运站（场）经营须合资（外资比例不超过 49%）或合作。	道路运输 1. 公路旅客运输公司属于限制类。 铁路运输 2. 铁路干线路网的建设、经营须由中方控股。 3. 铁路旅客运输公司属于限制类，须由中方控股。 水上运输 4. 水上运输公司（上海自贸试验区内设立的国际船舶运输企业除外）属于限制类，须由中方控股，且不得经营

续表

行　业	2014年特别管理措施	2015年特别管理措施
二、交通运输、仓储和邮政业	3. 限制投资出入境汽车运输公司。 水上运输 4. 限制投资国内水路运输业务（中方控股），投资定期、不定期国际上海运输业务须合资、合作。 5. 除从事公共国际船舶代理业务的，外资比例不超过51%外，限制投资船舶代理（中方控股）。 6. 限制投资外轮理货（限于合资、合作）。 航空运输业 7. 投资航空运输业须中方控股，法定代表人须为中国籍公民，经营年限不超过30年，其中投资公共航空运输业务的，单个外方（含关联方）投资比例不得超过25%。 8. 投资农、林、渔业通用航空公司须合资、合作、法定代表人须为中国籍公民，经营年限不得超过30年。 9. 投资从事公务飞行、空中游览的通用航空企业须中方控股，限制投资摄影、探矿、工业等通用航空企业（中方控股），法定代表人须为中国籍公民，经营年限不得超过30年。 10. 除香港、澳门服务提供者可以独资形式提供代理服务、装卸控制和通信联络及离港控制系统服务、集装设备管理服务、旅客与行李服务、货物与邮件服务、机坪服务、飞机服务等七项航空运输地面服务外，其余国家或地区投资者投资航空运输地面服务须合资、合作。 11. 投资航空油料项目须中方控股。 12. 除中国与其他世贸组织成员签署的自由贸易区协议允许的相关世贸组织成员服务提供者可与中国内地的计算机订座系统服务提供者成立中国内地企业控股的合资企业外，禁止其他国家和地区投资者投资民航计算机订座系统，相关投资需进行经济需求测试。 13. 投资民用机场的建设、经营须中方相对控股。 14. 禁止投资空中交通管制公司。 邮政业 15. 禁止投资经营信件的国内快递业务和投资邮政公司。	以下业务：（1）中国国内水路运输业务，包括以租用中国籍船舶或者舱位等方式变相经营水路运输业务；（2）国内船舶管理、水路旅客运输代理和水路货物运输代理业务。 5. 船舶代理外资比例不超过51%。 6. 外轮理货属于限制类，限于合资、合作。 7. 水路运输经营者不得使用外国籍船舶经营国内水路运输业务，经中国政府许可的特殊情形除外。 8. 中国港口之间的海上运输和拖航，由悬挂中华人民共和国国旗的船舶经营。外国籍船舶经营中国港口之间的海上运输和拖航，须经中国政府批准。 公共航空运输 9. 公共航空运输企业须由中方控股，单一外国投资者（包括其关联企业）投资比例不超过25%。 10. 公共航空运输企业董事长和法定代表人须由中国籍公民担任。 11. 外国航空器经营人不得经营中国境内两点之间的运输。 12. 只有中国指定承运人可以经营中国与其他缔约方签订的双边运输协议确定的双边航空运输市场。 通用航空 13. 允许以合资方式投资专门从事农、林、渔作业的通用航空企业，其他通用航空企业须由中方控股。 14. 通用航空企业法定代表人须由中国籍公民担任。 15. 禁止外籍航空器或者外籍人员从事航空摄影、遥感测绘、矿产资源勘查等重要专业领域的通用航空飞行。 民用机场与空中交通管制 16. 禁止投资和经营空中交通管制系统。 17. 民用机场的建设、经营，须由中方相对控股。 邮政 18. 禁止投资邮政企业和经营邮政服务。 19. 禁止经营信件的国内快递业务。

续表

行　　业	2014 年特别管理措施	2015 年特别管理措施
三、信息传输、软件和信息技术服务业	电信、广播电视和卫星传输服务 1. 限制投资基础电信业务，外资比例不超过 49%。 2. 禁止投资各级广播电台（站）、电视台（站）、广播电视频道（率）、广播电视传输覆盖网（发射台、转播台、广播电视卫星、卫星上行站、卫星接收站、微波站、监测台、有线广播电视传输覆盖网）。 互联网和相关服务 3. 除应用商店意外，投资经营其他信息服务业务的外方投资比例不得超过 50%。 4. 投资经营国内因特网虚拟专用网业务的外方投资比例不得超过 50%。 5. 禁止投资新闻网站、网络视听节目服务、互联网上网服务营业场所、互联网文化经营（音乐除外）。 6. 禁止直接或间接从事和参与网络游戏运营服务。 软件和信息技术服务业 7. 除投资经营类电子商务的外方投资比例不得超过 55% 以外，投资经营其他在线数据处理与交易处理业务的外方投资比例不得超过 50%。 8. 禁止投资经营因特网数据中心业务。	电信传输服务 1. 电信公司属于限制类，限于中国入世承诺开放的电信业务，其中：增值电信业务（电子商务除外）外资比例不超过 50%，基础电信业务经营者须为依法设立的专门从事基础电信业务的公司，且公司中国有股权或者股份不少于 51%。 互联网和相关服务 2. 禁止投资互联网新闻服务、网络出版服务、网络视听节目服务、网络文化经营（音乐除外）、互联网上网服务营业场所、互联网公众发布信息服务（上述服务中，中国入世承诺中已开放的内容除外）。 3. 禁止从事互联网地图编制和出版活动（上述服务中，中国入世承诺中已开放的内容除外）。 4. 互联网新闻信息服务单位与外国投资者进行涉及互联网新闻信息服务业务的合作，应报经中国政府进行安全评估。
四、金融业	1. 投资银行业金融机构须符合现行规定。 2. 限制投资保险公司（含集团公司，寿险公司外方投资比例不超过 50%）、保险中介机构（含保险经纪、代理、公估公司）、保险资产管理公司。 3. 限制投资证券公司、外方参股比例不超过 49%，初设时业务范围限于股票（包括人民币普通股、外资股）和债券（包括政府债券、公司债券）的承销与保荐、外资股的经纪、债券（包括政府债券、公司债券）的经纪和自营，持续经营 2 年以上符合相关条件的，可申请扩大业务范围；限制投资证券投资基金管理公司，外方参股比例不超过 49%；限制投资证券投资咨询机构，仅限于港澳证券公司，参股比例不得超过 49%；限制投资期	银行业股东机构类型要求 1. 境外投资者投资银行业金融机构，应为金融机构或特定类型机构。具体要求： （1）外商独资银行股东、中外合资银行外方股东应为金融机构，且外方唯一或者控股/主要股东应为商业银行； （2）投资中资商业银行、信托公司的应为金融机构； （3）投资农村商业银行、农村合作银行、农村信用（合作）联社、村镇银行的应为境外银行； （4）投资金融租赁公司的应为金融机构或融资租赁公司； （5）消费金融公司的主要出资人应为金融机构； （6）投资货币经纪公司的应为货币经纪公司；

续表

行　　业	2014 年特别管理措施	2015 年特别管理措施
四、金融业	货公司，仅限于港澳证券公司，参股比例不得超过49%。 4. 投资融资租赁公司的外国投资者总资产不得低于 500 万美元；公司注册资本不得低于 1000 万美元，高级管理人员应具有相应专业资质和不少于 3 年从业经验。	（7）投资金融资产管理公司的应为金融机构，且不得参与发起设立金融资产管理公司； （8）法律法规未明确的应为金融机构。 银行业资质要求 2. 境外投资者投资银行业金融机构须符合一定数额的总资产要求，具体包括： （1）外资法人银行外方唯一或者控股/主要股东、外国银行分行的母行； （2）中资商业银行、农村商业银行、农村合作银行、农村信用（合作）联社、村镇银行、信托公司、金融租赁公司、贷款公司、金融资产管理公司的境外投资者； （3）法律法规未明确不适用的其他银行业金融机构的境外投资者。 3. 境外投资者投资货币经纪公司须满足相关业务年限、全球机构网络和资讯通信网络等特定条件。 银行业股比要求 4. 境外投资者入股中资商业银行、农村商业银行、农村合作银行、农村信用（合作）联社、金融资产管理公司等银行业金融机构受单一股东和合计持股比例限制。 外资银行 5. 除符合股东机构类型要求和资质要求外，外资银行还受限于以下条件： （1）外国银行分行不可从事《中华人民共和国商业银行法》允许经营的"代理发行、代理兑付、承销政府债券""代理收付款项""从事银行卡业务"，除可以吸收中国境内公民每笔不少于 100 万元人民币的定期存款外，外国银行分行不得经营对中国境内公民的人民币业务； （2）外国银行分行应当由总行无偿拨付营运资金，营运资金的一部分应以特定形式存在并符合相应管理要求； （3）外国银行分行须满足人民币营运资金充足性（8%）要求； （4）外资银行获准经营人民币业务须满足最低开业时间要求。

续表

行　业	2014 年特别管理措施	2015 年特别管理措施
四、金融业		期货公司 6. 期货公司属于限制类，须由中方控股。 证券公司 7. 证券公司属于限制类，外资比例不超过 49%。 8. 单个境外投资者持有（包括直接持有和间接控制）上市内资证券公司股份的比例不超过 20%；全部境外投资者持有（包括直接持有和间接控制）上市内资证券公司股份的比例不超过 25%。 证券投资基金管理公司 9. 证券投资基金管理公司属于限制类，外资比例不超过 49%。 证券和期货交易 10. 不得成为证券交易所的普通会员和期货交易所的会员。 11. 不得申请开立 A 股证券账户以及期货账户。 保险机构设立 12. 保险公司属于限制类（寿险公司外资比例不超过 50%），境内保险公司合计持有保险资产管理公司的股份不低于 75%。 13. 申请设立外资保险公司的外国保险公司，以及投资入股保险公司的境外金融机构（通过证券交易所购买上市保险公司股票的除外），须符合中国保险监管部门规定的经营年限、总资产等条件。 保险业务 14. 非经中国保险监管部门批准，外资保险公司不得与其关联企业从事再保险的分出或者分入业务。
五、房地产业	1. 限以项目公司形式投资高档宾馆、高档写字楼、国际会展中心。 2. 禁止投资别墅的建设、经营。 3. 限以项目公司形式投资房地产二级市场交易。	无

续表

行 业	2014 年特别管理措施	2015 年特别管理措施
六、租赁和商务服务业	1. 投资设立投资性公司，注册资本不得低于 3000 万美元，外国投资者应为外国公司、企业或其他经济组织，申请前一年该投资者的资产总额不低于 4 亿美元，且该投资者在中国境内已设立投资企业，其实缴注册资本超过 1000 万美元，或该投资者在中国境内已设立 10 个以上投资企业，其实缴注册资本超过 3000 万美元。 2. 限制投资法律咨询，外国律师事务所。限以设立代表处的形式提供法律服务。 3. 投资会计师事务所须合伙。 4. 限制投资市场调查（限于合资、合作）。 5. 禁止投资社会调查。 6. 除允许香港、澳门服务提供者设立独资人才中介机构外，其他国家或地区投资者只能设立中外合资人才中介机构，外资比例不得超过 70%，最低注册资本为 12.5 万美元，外方投资者应当是从事 3 年以上人才中介服务的外国公司、企业和其他经济组织。 7. 投资从事出境旅游业务的旅行社限合资（不得从事赴台湾地区旅游业务）。 8. 投资武装守护押运服务的保安服务公司外方投资比例不得超过 49%。 9. 限制投资评级服务公司。	会计审计 1. 担任特殊普通合伙会计师事务所首席合伙人（或履行最高管理职责的其他职务），须具有中国国籍。 法律服务 2. 外国律师事务所只能以代表机构的方式进入中国，在华设立代表机构、派驻代表，须经中国司法行政部门许可。 3. 禁止从事中国法律事务，不得成为国内律师事务所合伙人。 4. 外国律师事务所驻华代表机构不得聘用中国执业律师，聘用的辅助人员不得为当事人提供法律服务。 统计调查 5. 实行涉外调查机构资格认定制度和涉外社会调查项目审批制度。 6. 禁止投资社会调查。 7. 市场调查属于限制类，限于合资、合作，其中广播电视收听、收视调查须由中方控股。 8. 评级服务属于限制类。 其他商务服务 9. 因私出入境中介机构法定代表人须为具有境内常住户口、具有完全民事行为能力的中国公民。
七、科学研究和技术服务业	研究和试验发展 1. 禁止投资人体干细胞技术开发和应用。 2. 禁止投资基因诊断与治疗技术开发和运用。 专业技术服务 3. 限制投资测绘公司（中方控股）；禁止投资大地测量、海洋测绘、测绘航空摄影、行政区域界线测绘，地形图、世界政区地图、全国政区地图、省级及以下政区地图、全国性教学地图、地方性教学地图和真三维地图编制，导航电子地图编制以及国务院测绘行政主管部门规定的其他测绘活动。 4. 限制投资空中摄影灯特技摄影服务（限于合资）。	专业技术服务 1. 禁止投资大地测量、海洋测绘、测绘航空摄影、行政区域界线测绘，地形图、世界政区地图、全国政区地图、省级及以下政区地图、全国性教学地图、地方性教学地图和真三维地图编制，导航电子地图编制，区域性的地质填图、矿产地质、地球物理、地球化学、水文地质、环境地质、地质灾害、遥感地质等调查。 2. 测绘公司属于限制类，须由中方控股。 3. 禁止投资人体干细胞、基因诊断与治疗技术开发和应用。 4. 禁止设立和运营人文社会科学研究机构。

续表

行　　业	2014 年特别管理措施	2015 年特别管理措施
八、水利、环境和公共设施管理业	水利管理业 1. 投资综合水利枢纽的建设、经营须由中方控股。 生态保护和环境治理业 2. 禁止投资自然保护区和国际重要的湿地的建设、运营。 3. 禁止投资国家保护的原产于中国的野生动、植物资源的开发。	动植物资源保护 1. 禁止投资国家保护的原产于中国的野生动植物资源开发。 2. 禁止采集或收购国家重点保护野生植物。
九、教育	1. 投资经营性教育培训机构、职业技能培训机构须合作。 2. 投资非经营性学前教育、中等职业教育、普通高中教育、高等教育等教育机构，以及非经营性教育培训机构、职业技能培训机构限合作，不允许设立分支机构。 3. 禁止投资义务教育，以及军事、警察、政治、宗教和党校等特殊领域教育机构；禁止投资经营性学前教育、中等职业教育、普通高中教育、高等教育等教育机构。	1. 外国教育机构、其他组织或者个人不得单独设立以中国公民为主要招生对象的学校及其他教育机构（不包括非学制类职业技能培训）。 2. 外国教育机构可以同中国教育机构合作举办以中国公民为主要招生对象的教育机构，中外合作办学者可以合作举办各级各类教育机构，但是： （1）不得举办实施义务教育和实施军事、警察、政治和党校等特殊领域教育机构； （2）外国宗教组织、宗教机构、宗教院校和宗教教职人员不得在中国境内从事合作办学活动，中外合作办学机构不得进行宗教教育和开展宗教活动； （3）普通高中教育机构、高等教育机构和学前教育属于限制类，须由中方主导（校长或者主要行政负责人应当具有中国国籍，在中国境内定居；理事会、董事会或者联合管理委员会的中方组成人员不得少于 1/2；教育教学活动和课程教材须遵守我国相关法律法规及有关规定）。
十、卫生和社会工作	卫生 1. 投资医疗机构不允许设立分支机构。	医疗 1. 医疗机构属于限制类，限于合资、合作。
十一、文化、体育和娱乐业	新闻和出版社 1. 禁止投资新闻机构。 2. 禁止投资图书、报纸、期刊的出版业务。 3. 机制投资音像制品和电子出版物的出版、制作业务。 广播、电视、电影和影视录音制作业 4. 除香港、澳门服务提供者外，限制	广播电视播出、传输、制作、经营 1. 禁止投资设立和经营各级广播电台（站）、电视台（站）、广播电视频率频道和时段栏目、广播电视传输覆盖网（广播电视发射台、转播台〔包括差转台、收转台〕、广播电视卫星、卫星上行站、卫星收转站、微波站、监测台〔站〕及有线广播电视传输覆盖

续表

行 业	2014 年特别管理措施	2015 年特别管理措施
十一、文 化、体育和娱乐业	投资电影院的建设、经营（中方控股）。 5. 限制投资广播电视节目、电影的制作业务（限于合作）。 6. 禁止投资广播电视节目制作经营、电影制作公司、发行公司、院线公司。 体育 7. 禁止投资高尔夫球场的建设、经营。 娱乐业 8. 限制投资大型主题公园的建设、经营。	网等），禁止从事广播电视视频点播业务和卫星电视广播地面接收设施安装服务。 2. 禁止投资广播电视节目制作经营公司。 3. 对境外卫星频道落地实行审批制度。引进境外影视剧和以卫星传送方式引进其他境外电视节目由新闻出版广电总局指定的单位申报。 4. 对中外合作制作电视剧（含电视动画片）实行许可制度。 新闻出版、广播影视、金融信息 5. 禁止投资设立通讯社、报刊社、出版社以及新闻机构。 6. 外国新闻机构在中国境内设立常驻新闻机构、向中国派遣常驻记者，应当经中国政府批准。 7. 外国通讯社在中国境内提供新闻的服务业务须由中国政府审批。 8. 禁止投资经营图书、报纸、期刊、音像制品和电子出版物的出版、制作业务；禁止经营报刊版面。 9. 中外新闻机构业务合作、中外合作新闻出版项目，须中方主导，且须经中国政府批准（经中国政府批准，允许境内科学技术类期刊与境外期刊建立版权合作关系，合作期限不超过 5 年，合作期满需延长的，须再次申请报批。中方掌握内容的终审权，外方人员不得参与中方期刊的编辑、出版活动）。 10. 禁止从事电影、广播电视节目、美术品和数字文献数据库及其出版物等文化产品进口业务（上述服务中，中国入世承诺中已开放的内容除外）。 11. 出版物印刷属于限制类，须由中方控股。 12. 未经中国政府批准，禁止在中国境内提供金融信息服务。 13. 境外传媒（包括外国和港澳台地区报社、期刊社、图书出版社、音像出版社、电子出版物出版公司以及广播、电影、电视等大众传播机构）不得在中国境内设立代理机构或编辑部。如需设立办事机构，须经审批。

续表

行　业	2014 年特别管理措施	2015 年特别管理措施
十一、文化、体育和娱乐业		电影制作、发行、放映 14. 禁止投资电影制作公司、发行公司、院线公司。 15. 中国政府对中外合作摄制电影片实行许可制度。 16. 电影院的建设、经营须由中方控股。放映电影片，应当符合中国政府规定的国产电影片与进口电影片放映的时间比例。放映单位年放映国产电影片的时间不得低于年放映电影片时间总和的 2/3。 非物质文化遗产、文物及考古 17. 禁止投资和经营文物拍卖的拍卖企业、文物购销企业。 18. 禁止投资和运营国有文物博物馆。 19. 禁止不可移动文物及国家禁止出境的文物转让、抵押、出租给外国人。 20. 禁止设立与经营非物质文化遗产调查机构。 21. 境外组织或个人在中国境内进行非物质文化遗产调查和考古调查、勘探、发掘，应采取与中国合作的形式并经专门审批许可。 文化娱乐 22. 禁止设立文艺表演团体。 23. 演出经纪机构属于限制类，须由中方控股（为本省市提供服务的除外）。 24. 大型主题公园的建设、经营属于限制类。

资料来源：上海市政府发布的 2014 年负面清单和国务院发布的 2015 年负面清单。

2. 增加了服务业对外开放的透明度。

表现比较明显的是金融行业、文化体育娱乐行业和运输行业，细化了服务业的开放，将外商的限制具体化了，如金融领域中对外资银行进入的特别管理措施，2014 年版的负面清单中只有 1 项即投资银行业金融机构须符合现行规定，而在 2015 年版的负面清单中细化成银行业股东机构类型要求、银行业资质要求、银行业股比要求以及外资银行的其他条件四个方面的 5 项特别管理措施，同时，每条特别管理措施中又有非常具体、明确的要求。此外，对证券期货的限制也从 2014 年版的 1 项细化为 6 项，对保险领域的限制也从 1 项扩展为 3 项。另外 2014 年中还保留了 1 项对融资租赁的限制，这使得金融领域对外资的限制，从 2014 年版的 4 项增为 14 项。与此类似的是文化娱乐体育的特别管理措施也从 2014 年版的 8 项增为 2015 年版的 24 项；交通运输仓储和邮政业从 15 项增为 19 项。对部分服务行业开放的特别管理措施的增加在一定程度上也反映了我国对一些敏感服务行业的开放持谨慎态度。自贸试验区服务业的开放更多的试验和进行风险测试，我国对它们的掌控也相对自由和自如。

3. 加大了外商进入服务业风险的防范。

由于上海自贸试验区的面积仅为 28.78 平方公里，而目前批准的四个自贸试验区的面积增大到 474.86 平方公里，服务在更大区域开放带来的风险也更大，因此，我国也加大了对风险的防范。在 2015 版负面清单发布当天，国务院同时发布了《自由贸易试验区外商投资国家安全审查试行办法》，规定，自贸试验区内的外商投资涉及国家安全的，须按照《自由贸易试验区外商投资国家安全审查试行办法》进行安全审查。同时还明确要求负面清单中未列出的与国家安全、公共秩序、公共文化、金融审慎、政府采购、补贴、特殊手续和税收相关的特别管理措施，按照现行规定执行。

（二）四个自贸试验区服务业开放的侧重点有所不同

尽管四个自贸试验区都处于东部沿海地区，有其共同之处，但由于各具特色，国家对不同的自贸试验区也赋予了差异化的功能，这也导致不同的自贸试验区在服务业自主开放方面有其自身的特点。

1. 上海自贸试验区。

上海自贸试验区于 2013 年设立，是我国第一个自贸试验区。2015 年 4 月 20 日，国务院又发布了《关于进一步深化中国（上海）自由贸易试验区改革开放方案的通知》，将自贸试验区的实施范围从 28.78 平方公里扩展到 120.72 平方公里，除了之前批准的上海外高桥保税区、上海外高桥保税物流园区、洋山保税港区、上海浦东机场综合保税区 4 个海关特殊监管区域外，还包括陆家嘴金融片区、金桥开发片区和张江高科技片区。上海自贸试验区扩展区域后，将结合浦东综合配套改革、上海"四个中心"建设、上海科技创新中心建设以及"一带一路"和长江经济带建设，以制度创新推动全面深化改革的新路径，率先建立符合国际化、市场化、法治化要求的投资和贸易规则体系，使自贸试验区成为我国进一步融入经济全球化的重要载体。

上海自贸试验区的定位决定其服务业自主开放重点在于金融领域和航运领域。按照国务院发布的《进一步深化中国（上海）自由贸易试验区改革开放方案》中提到的：上海自贸试验区将加大金融创新开放力度，加强与上海国际金融中心建设的联动，具体方案由人民银行会同有关部门和上海市人民政府另行报批。此外，为更好地建设具有较强服务功能和辐射能力的上海国际航运中心，完善具有国际竞争力的航运发展制度和运作模式，上海自贸试验区在航运相关的服务业领域也将进一步探索增大开放力度，包括拓展国际中转集拼业务，拓展海运国际中转集拼业务试点范围，拓展浦东机场货邮中转业务，增加国际中转集拼航线和试点企业，在完善总运单拆分国际中转业务基础上，拓展分运单集拼国际中转业务等。

2. 广东自贸试验区。

国务院发布的《中国（广东）自由贸易试验区总体方案》中明确了广东自贸试验区的实施范围和战略定位。它涵盖三个片区：广州南沙新区片区、深圳前海蛇口片区以及珠海横琴新区片区，总共面积116.2平方公里。广东自贸试验区的战略定位是：依托港澳、服务内地、面向世界，将自贸试验区建设成为粤港澳深度合作示范区，21世纪海上丝绸之路重要枢纽和全国新一轮改革开放先行地。

广东自贸试验区的战略定位决定了其服务业自主开放的重点在于深入推进粤港澳服务贸易自由化①。进一步取消或放宽对港澳投资者的资质要求、股比要求、经营范围等准入限制，重点在金融服务、交通航运服务、商贸服务、专业服务、科技服务等领域取得突破。允许港澳服务提供者在自贸试验区设立独资国际船舶运输企业，经营国际海上船舶运输服务。允许港澳服务提供者在自贸试验区设立自费出国留学中介服务机构。支持在自贸试验区内设立的港澳资旅行社（各限5家）经营内地居民出国（境）（不包括台湾地区）团队旅游业务。在自贸试验区内试行粤港澳认证及相关检测业务互认制度，实行"一次认证、一次检测、三地通行"，适度放开港澳认证机构进入自贸试验区开展认证检测业务，比照内地认证机构、检查机构和实验室，给

①　以下开放内容来自《中国（广东）自由贸易试验区总体方案》。

予港澳服务提供者在内地设立的合资与独资认证机构、检查机构和实验室同等待遇。允许港澳服务提供者发展高端医疗服务，开展粤港澳医疗机构转诊合作试点。建设具有粤港澳特色的中医药产业基地。推进粤港澳服务业人员职业资格互认。支持港澳投资国际远洋、国际航空运输服务，允许在自贸试验区试点航空快件国际和台港澳中转集拼业务。放宽在自贸试验区设立的中外合资、中外合作国际船舶企业的外资股比限制。允许外商以合资、合作形式从事公共国际船舶代理业务，外方持股比例放宽至51%，将外资经营国际船舶管理业务的许可权限下放给广东省。允许符合条件的外国金融机构设立外商独资银行，符合条件的外国金融机构与中国公司、企业出资共同设立中外合资银行。在条件具备时，适时在自贸试验区内试点设立有限牌照银行。降低港澳资保险公司进入自贸试验区的门槛，支持符合条件的港澳保险公司在自贸试验区设立分支机构。

3. 天津自贸试验区。

国务院批准的《中国（天津）自由贸易试验区总体方案》明确天津自贸试验区的实施范围为119.9平方公里，包括天津港、天津机场和滨海新区中心商务区三个片区。天津自贸试验区的战略定位是：以制度创新为核心任务，以可复制可推广为基本要求，努力成为京津冀协同发展高水平对外开放平台、全国改革开放先行区和制度创新试验田、面向世界的高水平自由贸易园区。

根据天津自贸试验区以及国家赋予天津的战略定位，天津自贸试验区的服务业开放重点①放在航运服务、商贸服务、专业服务、文化服务、社会服务等现代服务业。允许设立外商独资国际船舶管理企业。放宽在自贸试验区设立的中外合资、中外合作国际船舶企业的外资股比限制。允许外商以合资、合作形式从事公共国际船舶代理业务，外方持股比例放宽至51%，将外资经营国际船舶管理业务的许可权限下放给天津市。大力发展航运金融、航运保险业，建设中国北方国际航运融资中心，鼓励境内外航运保险公司和保险经纪公司等航运服务中介机构设立营业机构并开展业务。在落实国际船舶登记制度相关配套政策基础上，中方投资人持有船公司的股权比例可低于50%。充分利用现有中资悬挂"方便旗"船只税收优惠政策，促进符合条件的船舶

---

① 开放重点来自《中国（天津）自由贸易试验区总体方案》。

在自贸试验区落户登记。允许取得国际资质的外籍和港澳台地区专业服务人员和机构，在自贸试验区内依照有关规定开展相关业务。允许取得中国注册会计师资格的港澳专业人士，在自贸试验区试点担任合伙制事务所的合伙人。支持在自贸试验区内设立外资银行和中外合资银行。条件具备时适时在自贸试验区内试点设立有限牌照银行。

4. 福建自贸试验区。

国务院发布了《中国（福建）自由贸易试验区总体方案》明确福建自贸试验区涵盖平潭片区、厦门片区和福州片区，总面积118.04平方公里。国家对福建自贸试验区的战略定位是：围绕立足两岸、服务全国、面向世界的战略要求，充分发挥改革先行优势，营造国际化、市场化、法治化营商环境，把自贸试验区建设成为改革创新试验田；充分发挥对台优势，率先推进与台湾地区投资贸易自由化进程，把自贸试验区建设成为深化两岸经济合作的示范区；充分发挥对外开放前沿优势，建设21世纪海上丝绸之路核心区，打造面向21世纪海上丝绸之路沿线国家和地区开放合作新高地。

福建主要特色在于对台开放，因此福建自贸试验区服务业开放的重点在于深化对台服务业的进一步开放。进一步扩大通信、运输、旅游、医疗等行业对台开放①。推进服务贸易对台更深度开放，促进闽台服务要素自由流动。进一步扩大通信、运输、旅游、医疗等行业的对台开放。支持自贸试验区在框架协议下，先行试点，加快实施。对符合条件的台商，投资自贸试验区内服务行业的资质、门槛要求比照大陆企业。允许持台湾地区身份证明文件的自然人到自贸试验区注册个体工商户，无需经过外资备案（不包括特许经营，具体营业范围由工商总局会同福建省发布）。探索在自贸试验区内推动两岸社会保险等方面对接，将台胞证号管理纳入公民统一社会信用代码管理范畴，方便台胞办理社会保险、理财业务等。探索台湾专业人才在自贸试验区内行政企事业单位、科研院所等机构任职。

二、CEPA 和 ECFA 框架下的自主开放

我国服务业的自主开放除了自贸试验区的开放外，最主要的服务业开放

---

① 开放领域来自《中国（福建）自由贸易试验区总体方案》。

是在 CEPA 和 ECFA 框架下。

（一）深化 CEPA 中的服务业开放

2014 年 12 月，《关于内地在广东与香港基本实现服务贸易自由化的协议》（简称《内地与香港协议》）和《关于内地在广东与澳门基本实现服务贸易自由化的协议》（简称《内地与澳门协议》）正式签署。这两个协议明确提出，到 2015 年底基本实现内地与港澳服务贸易自由化。按照"一国两制"原则和世贸组织规则，广东将采取"准入前国民待遇＋负面清单"的模式进一步扩大和深化对港澳地区服务业开放，它是中国内地第一次以准入前国民待遇和负面清单的形式对外签署的自由贸易协议。这次 CEPA 协议使广东对港澳地区服务业开放广度和深度都得到了提高。从广度看，开放门类提高到153 个，开放率达 95.6%，符合国际上关于服务贸易自由化的开放广度的标准。从深度看，在 153 个开放的部门里面，有 58 个部门完全达到了国民待遇，采取负面清单的有 134 个部门，保留了 132 项的限制性措施。

为了落实内地与香港、澳门签署的《〈内地与香港关于建立更紧密经贸关系的安排〉内地与香港协议》和《〈内地与澳门关于建立更紧密经贸关系的安排〉内地与澳门协议》，以"准入前国民待遇＋负面清单"的新模式进行开放，2015 年 3 月国务院出台了配套措施，发布了《关于在广东省对香港、澳门服务提供者暂时调整有关行政审批和准入特别管理措施的决定》，决定在广东省对香港、澳门服务提供者暂时调整下列行政法规、国务院文件和经国务院批准的部门规章规定的行政审批和准入特别管理措施。

第一，改革香港、澳门服务提供者在广东省投资服务贸易领域的管理模式。除了《内地与香港协议》中保留的限制性措施及电信企业、文化领域公司、金融机构的设立和变更，以及公司以外其他形式的商业存在的设立和变更之外，香港服务提供者在广东省投资《内地与香港协议》对香港开放的服务贸易领域，对公司设立及变更的合同、章程实施备案管理，暂时停止参照执行有关外商投资企业设立及变更的合同、章程审批规定；除了《内地与澳门协议》中保留的限制性措施及电信企业、文化领域公司、金融机构的设立和变更，以及公司以外其他形式的商业存在的设立和变更之外，澳门服务提供者在广东省投资《内地与澳门协议》对澳门开放的服务贸易领域，对公司设立及变更的合同、章程实施备案管理，暂时停止参照执行有关外商投资企业设立及变更的合同、章程审批规定。备案后按内地有关规定办理相关手续。

第二，扩大服务业开放，暂时调整《外商投资电信企业管理规定》《中华人民共和国中外合作办学条例》《中华人民共和国国际海运条例》《娱乐场所管理条例》《征信业管理条例》《国务院办公厅转发文化部等部门关于开展电子游戏经营场所专项治理意见的通知》（国办发〔2000〕44号）、《外商投资民用航空业规定》规定的有关行政审批以及有关资质要求、股比限制、经营范围限制等准入特别管理措施，具体见表5-2。

表5-2　国务院决定在广东省对香港、澳门服务提供者暂时调整有关行政法规、
国务院文件和经国务院批准的部门规章规定的行政审批和准入
特别管理措施目录

序号	行政法规、国务院文件和经国务院批准的部门规章的有关规定	调整实施情况
1	《外商投资电信企业管理规定》 第二条：外商投资电信企业，是指外国投资者同中国投资者在中华人民共和国境内依法以中外合资经营形式，共同投资设立的经营电信业务的企业。 第六条第二款：经营增值电信业务（包括基础电信业务中的无线寻呼业务）的外商投资电信企业的外方投资者在企业中的出资比例，最终不得超过50%。 第十二条：设立外商投资电信企业经营省、自治区、直辖市范围内增值电信业务，由中方主要投资者向省、自治区、直辖市电信管理机构提出申请并报送下列文件： （一）本规定第十条规定的资格证明或者有关确认文件； （二）电信条例规定的经营增值电信业务应当具备的其他条件的证明或者确认文件。 省、自治区、直辖市电信管理机构应当自收到申请之日起60日内签署意见。同意的，转报国务院工业和信息化主管部门；不同意的，应当书面通知申请人并说明理由。 国务院工业和信息化主管部门应当自收到省、自治区、直辖市电信管理机构签署同意的申请文件之日起30日内审查完毕，作出批准或者不予批准的决定。予以批准的，颁发《外商投资经营电信业务审定意见书》；不予批准的，应当书面通知申请人并说明理由。 第十四条：设立外商投资电信企业，按照国家有关规定，其投资项目需要经国务院发展改革部门核准的，国务院工业和信息化主管部门应当在颁发《外商投资	在广东省对香港、澳门服务提供者暂时调整实施相关行政审批和准入特别管理措施，允许其从事《内地与香港协议》《内地与澳门协议》（以下统称《协议》）规定的增值电信业务；具体管理办法由国务院工业和信息化主管部门制定。

续表

序号	行政法规、国务院文件和 经国务院批准的部门规章的有关规定	调整实施情况
1	经营电信业务审定意见书》前，将申请材料转送国务院发展改革部门核准。转送国务院发展改革部门核准的，本规定第十一条、第十二条规定的审批期限可以延长30日。 第十五条：设立外商投资电信企业，属于经营基础电信业务或者跨省、自治区、直辖市范围增值电信业务的，由中方主要投资者凭《外商投资经营电信业务审定意见书》向国务院商务主管部门报送拟设立外商投资电信企业的合同、章程；属于经营省、自治区、直辖市范围内增值电信业务的，由中方主要投资者凭《外商投资经营电信业务审定意见书》向省、自治区、直辖市人民政府商务主管部门报送拟设立外商投资电信企业的合同、章程。 国务院商务主管部门和省、自治区、直辖市人民政府商务主管部门应当自收到报送的拟设立外商投资电信企业的合同、章程之日起90日内审查完毕，作出批准或者不予批准的决定。予以批准的，颁发《外商投资企业批准证书》；不予批准的，应当书面通知申请人并说明理由。 第十六条：外商投资电信企业的中方主要投资者凭《外商投资企业批准证书》，到国务院工业和信息化主管部门办理《电信业务经营许可证》手续。 外商投资电信企业的中方主要投资者凭《外商投资企业批准证书》和《电信业务经营许可证》，向工商行政管理机关办理外商投资电信企业注册登记手续。	
2	《中华人民共和国中外合作办学条例》 第六十二条：外国教育机构、其他组织或者个人不得在中国境内单独设立以中国公民为主要招生对象的学校及其他教育机构。	在广东省前海、南沙、横琴对香港、澳门服务提供者暂时调整实施相关准入特别管理措施，允许其从事《协议》规定的非学历职业技能培训业务；具体管理办法由广东省人民政府制定。
3	《中华人民共和国国际海运条例》 第二十九条第一款、第二款、第三款： 经国务院交通主管部门批准，外商可以依照有关法律、行政法规以及国家其他有关规定，投资设立中外合资经营企业或者中外合作经营企业，经营国际船舶运输、国际船舶代理、国际船舶管理、国际海运货物装卸、国际海运货物仓储、国际海运集装箱站和堆场业务；并可以投资设立外资企业经营国际海运货物仓储业务。 经营国际船舶运输、国际船舶代理业务的中外合资经营企业，企业中外商的出资比例不得超过49%。 经营国际船舶运输、国际船舶代理业务的中外合作经营企业，企业中外商的投资比例比照适用前款规定。	在广东省对香港、澳门服务提供者暂时调整实施相关行政审批和准入特别管理措施，允许其从事《协议》规定的海洋运输服务业务；具体管理办法由国务院交通运输主管部门制定。

续表

序号	行政法规、国务院文件和 经国务院批准的部门规章的有关规定	调整实施情况
4	《娱乐场所管理条例》 第六条：外国投资者可以与中国投资者依法设立中外合资经营、中外合作经营的娱乐场所，不得设立外商独资经营的娱乐场所。	在广东省对香港、澳门服务提供者暂时调整实施相关准入特别管理措施，允许其在广东省新增的试点地区独资设立娱乐场所；具体管理办法由广东省人民政府制定。
5	《征信业管理条例》 第四十五条第一款：外商投资征信机构的设立条件，由国务院征信业监督管理部门会同国务院有关部门制定，报国务院批准。	允许香港、澳门服务提供者在广东省按照《协议》规定经营征信业务；具体管理办法由国务院征信业监督管理部门制定。
6	《国务院办公厅转发文化部等部门关于开展电子游戏经营场所专项治理意见的通知》（国办发〔2000〕44号） 六、自本意见发布之日起，面向国内的电子游戏设备及其零、附件生产、销售即行停止。任何企业、个人不得再从事面向国内的电子游戏设备及其零、附件的生产、销售活动。一经发现向电子游戏经营场所销售电子游戏设备及其零、附件的，由经贸、信息产业部门会同工商行政管理等部门依照有关规定进行处理。	在广东省对香港、澳门服务提供者暂时调整实施相关准入特别管理措施，允许其从事《协议》规定的游戏游艺设备的销售服务；具体管理办法由广东省人民政府制定。
7	《外商投资民用航空业规定》 第六条第四款：外商投资飞机维修（有承揽国际维修市场业务的义务）和航空油料项目，由中方控股；货运仓储、地面服务、航空食品、停车场等项目，外商投资比例由中外双方商定。	在广东省对香港、澳门服务提供者暂时调整实施相关的准入特别管理措施，允许其从事《协议》规定的空运支持服务；具体管理办法由国务院民用航空主管部门制定。

资料来源：《关于在广东省对香港、澳门服务提供者暂时调整有关行政审批和准入特别管理措施的决定》。

（二）深化 ECFA 中的服务业开放

《海峡两岸服务贸易协议》自从 2013 年 6 月签订后，由于台湾"立法院"尚未审核通过，两岸服务贸易协议并没有进入生效实施阶段，这对《海峡两岸经济合作框架协议》后续协商谈判也产生了不利影响。

虽然两岸服务贸易协议暂时搁置，但是内地通过福建自贸试验区已经将、大陆向台湾承诺的服务业开放向台湾单方面进行了开放[①]，包括在电信服务、

---

① 开放的主要内容来自《中国（福建）自由贸易试验区总体方案》。

运输服务、商贸服务、建筑服务、产品认证服务、工程技术服务、专业技术等领域。如允许台湾服务提供者在自贸试验区内试点设立合资或独资企业，提供离岸呼叫中心业务及大陆境内多方通信业务、存储转发类业务、呼叫中心业务、国际互联网接入服务业务（为上网用户提供国际互联网接入服务）和信息服务业务（仅限应用商店）。允许台湾服务提供者在自贸试验区内直接申请设立独资海员外派机构并仅向台湾船东所属的商船提供船员派遣服务，无须事先成立船舶管理公司。允许申请成为赴台游组团社的 3 家台资合资旅行社试点经营福建居民赴台湾地区团队旅游业务。允许台湾导游、领队经自贸试验区旅游主管部门培训认证后换发证件，在福州市、厦门市和平潭综合试验区执业。允许符合条件的台资独资建筑业企业承接福建省内建筑工程项目，不受项目双方投资比例限制。台湾服务提供者在自贸试验区内设立建设工程设计企业，其在台湾和大陆的业绩可共同作为个人业绩评定依据，但在台湾完成的业绩规模标准应符合大陆建设项目规模划分标准。在强制性产品认证领域，允许经台湾主管机关确认并经台湾认可机构认可的、具备大陆强制性产品认证制度相关产品检测能力的台湾检测机构，在自贸试验区内与大陆指定机构开展合作承担强制性产品认证检测任务，检测范围限于两岸主管机关达成一致的产品，产品范围涉及制造商为台湾当地合法注册企业且产品在台湾设计定型、在自贸试验区内加工或生产的产品。允许台湾服务提供者在自贸试验区内设立的建设工程设计企业聘用台湾注册建筑师、注册工程师，并将其作为本企业申请建设工程设计资质的主要专业技术人员，在资质审查时不考核其专业技术职称条件，只考核其学历、从事工程设计实践年限、在台湾的注册资格、工程设计业绩及信誉。允许台湾会计师在自贸试验区内设立的符合《代理记账管理办法》规定的中介机构从事代理记账业务等。

第二节 协议开放

服务业协议开放作为我国推进服务业开放的重要渠道，应在多边、区域和双边合力推进，通过协议开放提升服务业开放水平，并实现缔约方之间服务业的对等开放，为我国服务企业走出去创造有利的国际环境。

一、多边贸易体系下的服务业开放

多边贸易体系下的服务业开放包含两个层面，一个层面是传统的 WTO 体系下的服务业开放，另一个层面是近年兴起的、发达国家发起和主导的《服务贸易协定》（TISA）框架下的服务业开放。

（一）夯实和拓展 WTO 下服务业开放

多边协议是我国对外开放所应遵循基本的国际准则，尽管目前 WTO 框架下的服务业开放谈判进展缓慢，但我应继续坚定不移地支持并推进谈判。新时期一方面应全面深化落实加入 WTO 协议书中服务业开放义务。同时积极推动多哈回合的完成，进一步扩大和拓展 WTO 下服务的开放。同时，以我国参与区域经济合作中的服务业开放为基础，适当放宽我国在多边谈判中的出价，把我国区域服务业自由化的经验和成果通过多边谈判的途径，惠及其他国家，相应地也可为我国服务企业换取缔约方对等的市场开放。

（二）谋求在《服务贸易协定》（TISA）框架内服务业开放

更加积极主动地应对发达国家推动并主导 TISA 谈判。TISA 刚发起之初，我国和其他金砖国家一样对它表达过反对态度，但当时主要是为了维护 WTO 多边贸易体制，希望能集中焦点推动多哈回合的完成。[1] 随着多边贸易进程受阻，我国也相应改变了策略，在 2013 年 9 月 30 日正式宣布加入 TISA 谈判。主要原因在于，我国处于深化改革开放的攻坚期，改革内生动力不足，需要通过进一步开放来促改革促发展。从内部看，我国服务业开放和改革都相对滞后，影响了经济增长方式和结构的转变。对外部看，TISA 谈判的目的是要大幅降低各国在服务贸易领域的壁垒，争取在全球实现服务贸易领域的市场化和国际化。我国加入 TISA 谈判，通过遵守国际规则和履行更高水平的市场开放承诺，可以打破国内银行、电信等服务领域的垄断，倒逼服务领域改革。同时，加入 TISA 谈判也可以带动我国服务贸易快速发展，促进从服务

---

[1] 李伍荣、廖晓燕：《应对 TISA 谈判：中国的策略调整》，载《经济界》2015 年第 1 期。

贸易大国向服务贸易强国转变。此外，加入 TISA 谈判有利于我国积极参与国际服务贸易新规则的制定，在国际社会中掌握主动权和主导权。因此，尽管我国在宣布加入 TISA 谈判后受美国阻挠暂未被接纳，但仍要积极跟踪和研究全球服务贸易协定谈判的进展和核心内容，根据我国服务业发展现状和潜力，提出我国的议题和主张，争取早日加入谈判，谋求在多边领域的服务业开放中发挥更大作用。

二、自由贸易协定下服务业开放

受各种因素的影响，多边贸易体制发展受阻，多哈回合谈判徘徊不前。尤其是金融危机后，为了继续拓展国际市场，深度融入全球化中，许多国家开始将贸易政策的重心转移到谋求和推动自由贸易协定（FTA）上，区域合作蓬勃发展。截至 2013 年 7 月，向 WTO 通报并仍然生效的区域贸易安排共 249 个，70% 左右是近 10 年出现的。同时 159 个世界贸易组织成员中只有 1 个没有参与区域贸易安排。

（一）我国自贸区战略不断提速

2002 年我国开始了自贸区谈判；党的十七大首次提出实施自贸区战略，自贸区战略上升为国家战略；党的十八大，提出要加快实施自贸区战略；党的十八届三中全会，明确提出要以周边为基础加快实施自贸区战略，形成面向全球的高标准的自贸区网络。实施自由贸易区战略，是我国积极参与国际经贸规则制定、争取全球经济治理制度性权力的重要平台。截至目前，除 CEPA、ECFA 外，我国已和东盟、新加坡、巴基斯坦、新西兰、智利、秘鲁、哥斯达黎加、冰岛和瑞士 9 个国家签署了自贸协定；中国与海合会、挪威、日韩、斯里兰卡自贸区以及《区域全面经济合作伙伴关系》（RCEP）、中国 - 东盟自贸协定（"10 + 1"）升级以及中国 - 巴基斯坦自贸协定第二阶段正在谈判中，同时中国 - 澳大利亚 FTA 和中国 - 韩国 FTA 已结束实质性谈判；中国和印度、哥伦比亚、马尔代夫、格鲁吉亚以及摩尔多瓦自贸区正处于研究中。

（二）推动区域服务业向深度开放

我国在构建面向全球高标准的自贸区网络进程中，应以周边发展为基础，辐射"一带一路"。新时期，我国将紧密结合自贸区战略与"一带一路"战略，在继续深化落实现有的双边和区域服务贸易自由化安排的基础上，推动与"一带一路"沿线国家和地区自贸区建设。尽快签署中韩 FTA、中澳 FTA，全面推进中国 – 东盟 FTA 升级版、区域全面经济伙伴关系（RECP）谈判以及中日韩 FTA 谈判，重启中国 – 海合会 FTA 谈判，启动中国 – 巴基斯坦 FTA、中国 – 斯里兰卡 FTA、中国 – 以色列 FTA 谈判，进一步扩大和深化区域服务业开放。按照 2014 年 5 月，APEC 贸易部长会议上提出的制定《APEC 推动实现亚太自贸区路线图》，开启亚太自贸区（FTAAP）建设进程，这也将成为扩大和深化我国与亚太国家和地区的服务业双向开放的重要途径。通过推进自贸区战略，加快自由贸易区升级，带动我国服务贸易规则和服务投资规则的重构，推动区域服务业深度开放。

三、国际双边投资协定下服务业开放

金融危机后，双边投资协定出现新的发展趋势，为积极参与全球新一轮贸易投资新规则的制定，我国加快推动与美国和欧盟双边投资协定谈判。

（一）新一代双边投资协定呈现新趋势

全球政治经济格局引发新一代双边投资协定演变。金融危机后，发达国家和发展中国家围绕国际投资新规则的制定加大了竞争，推动新一代双边投资协定不断变化，2012 年美国公布的双边投资协定范本成为新一代 BIT 的代表。新一代双边投资协定的主要特点有：第一，强调高标准的投资自由化。继续以宽泛的投资定义要求以准入前国民待遇加负面清单的模式进行开放。欧盟国家也开始向美式 BIT 投资规则靠拢。2012 年 4 月美国和欧盟共同发表《关于国际投资共同原则的声明》，明确要求各国政府给予外国投资者广泛的市场准入和不低于本国及第三国投资者的准入前和准入后待遇。第二，对投资保护的同时，强调东道国对外资的管理权力。一方面依旧强调要强化对外资保护，认可之前的投资规则的征收和补偿条款，另一方面，强调基于公共利益保持东道国对外资的管辖权。不少国家在双边投资协定中通过引入环境保护、国家安全例外、维护金融体系一和稳定的审慎措施等措施，扩大了东道国对外资的监管空间。第三，对国有企业对外投资进行限制，强调竞争中立规则。2011 年以来，美国开始在多边、区域和双边领域积极推动竞争中立规则。2012 年 4 月 10 日，美国和欧盟发布的《欧盟与美国就国际投资共同原则的声明》，第二项就是公平竞争原则，指出：欧盟与美国支持经济合作与发展组织在竞争中立领域的工作，强调国有企业和私营商业企业享有同样的外部环境并在既定市场上进行公平竞争。同时 2012 年美国 BIT 范本的修订中专门增加了"被授权政府职权的国有企业及其他人"的解释，并制定了针对国家主导型经济体的条款，加大了对竞争中立规则的重视。第四，投资规则谈判议题更加宽泛。新一代 BIT 中不单单包括外资准入与开业、投资者待遇、履行要求、资金汇兑、征用和补偿、争端解决等传统的议题，还包括环境政策、劳工标准、更高的透明度、投资者义务、企业社会责任、知识产权、竞争政策、公共治理与机构、国有企业等一系列新议题。

（二）中美双边投资协定谈判

党的十八届三中全会中要求"加快同有关国家和地区商签投资协定"，明确了 BIT 是我国实现开放促改革的重要平台。2008 年我国与美国启动双边投资协定谈判；2013 年第五轮中美战略与经济对话中，我国同意以准入前国民待遇和负面清单为基础与美国进行双边投资协定的实质性谈判；2014 年 1 月 15 日，中美双边投资协定第 11 轮谈判开启文本谈判阶段，标志中美双边投资协定谈判进入新阶段。截止到现在，中美双边投资协定谈判已经结束文本谈判，进入了交换负面清单阶段。从全球区域贸易谈判的实践看，多边谈判的突破将带动双边谈判，而双边谈判的达成也有助于多边规则体系的尽早确立。目前，美国、欧盟和中国是全球贸易的三大核心力量，但国际贸易投资新规则的制定还是以美国和欧盟为主导。正因如此，我国积极推动中美、中欧双边投资协定谈判，正是希望在全球贸易投资规则尤其是服务贸易规则构建中发挥引领作用，因此，我国有必要在"构建开放型经济新体制"的整体战略中，加快推动以新模式进行的中美双边投资协定谈判，尽早谈成一个高水平、双向平衡的协定，提升两国贸易投资合作水平，进一步扩大我国服务业在双边领域的开放水平。

（三）中欧双边投资协定谈判

2013 年 10 月欧洲理事会授权欧盟委员会与中国进行投资协定（BIT）谈判，2013 年 11 月，中欧正式启动双边投资协定谈判，2014 年 1 月启动首轮谈判。到目前为止，中欧之间已进行了五轮谈判，但还没有启动文本谈判。和中美双边投资协定谈判一样，中欧双边投资协定谈判也涉及众多问题，包括对外资的准入前国民待遇和负面清单管理，同时也涉及国有企业竞争中立、环境保护、劳工保护等新议题，这对我国和欧盟都有一些新挑战，因为双方在已签署的对外贸易投资协定中都未采取过负面清单管理模式。但为了促进中国市场尤其是服务业市场对欧盟更加开放、统一欧盟投资政策以及主导制定国际贸易投资新规则，欧盟有动力推动中欧投资协定谈判；对我国来说，为了进一步扩大服务业开放，保障我国企业在欧盟的利益以及参与国际新规则的制定，也会积极推动中欧双边投资协定谈判。另外，可以预见的是，一旦中美双边投资协定达成协议，必将加速中欧双边投资协定的谈判。

第六章　加快发展服务贸易

当今世界已经进入服务经济时代，服务贸易带动各国产品和服务更好地融入全球价值链，成为沟通全球经济贸易活动和企业跨国经营的联系纽带。发展服务贸易日渐成为世界各国改善国际收支状况、提高国际分工地位的重要手段，服务贸易已经成为国际合作的热点和国际竞争的焦点。服务贸易提供模式的特征，事实上将服务贸易与服务业国际投资密不可分地连接在一起。因此，加快发展服务贸易是新一轮扩大服务业开放的重要战略支撑。

第一节　我国服务贸易发展的现状

在目前全球经济曲折复苏的背景下，我国采取积极措施促进服务贸易发展，服务贸易对外开放政策的稳定性、系统性、透明度不断提高，服务业开放领域更加广泛，管理措施日益完善，在国民经济和社会发展中的战略性地位进一步凸显，在世界服务贸易中的大国地位进一步巩固。

一、服务贸易成为对外贸易新的增长点

在 2007～2013 年短短 7 年的时间里，我国服务贸易连续跨越了 2000 亿美元、3000 亿美元、4000 亿美元和 5000 亿美元的四级大台阶。服务贸易在我国对外贸易总额中占比稳步提升：2007 年为 10.36%，2013 年提升到 11.5%。与此同时，我国在世界服务贸易中的比重从 2007 年的 3.8% 提升到 2012 年的 5.53%，位次提升至世界第 3 位。2013 年我国服务进出口总额达 5396.4 亿美元，比上年增长 14.7%，超过货物贸易进出口总额增速 7.6% 近 1 倍。

从服务贸易出口方面看，在 2007～2013 年，金融危机爆发前期以 20%～30% 的高速度增长，2009 年受蔓延的影响增速急剧下滑至 -12.2%，2010 年又高速反弹至 32.4%，其后两年均保持个位数增长，2013 年，我国服务出口总额达 2105.9 亿美元，比上年增长 10.6%，实现了 2011 年以来的首次两位数增长，增速比上年提升 6 个百分点。与此同时，我国服务贸易出口占世界的比重从 2007 年的 3.6% 提升至 2012 年的 4.4%，升至第五位。

从服务贸易进口来看，在 2007～2013 年，除 2009 年外，均保持两位数的正增长，且多数年份高于服务贸易出口增长速度。2013 年，我国服务进口总额达 3290.5 亿美元，比上年增长 17.5%。与此同时，我国服务贸易进口占世界的比重从 2007 年的 4.1% 提升至 2012 年的 6.8%，升至第三位。

2014 年，我国服务贸易保持较快增长，服务进出口总额 6043.4 亿美元，同比增长 12.6%，服务贸易总额提前完成"十二五"规划达到 6000 亿美元的目标。其中出口 2222.1 亿美元，同比增长 7.6%；进口 3821.3 亿美元，同比增长 15.8%；服务进出口占对外贸易的比重为 12.3%，比上年提高 0.8 个百分点。据世界贸易组织（WTO）统计，2014 年我国服务贸易总额已经跃居世界第二位，超过德国，服务出口额与进口额的全球占比分别为 4.6% 和 8.1%，位居全球第五位和第二位。

二、服务贸易成为经济转型升级的推动力

计算机和信息服务、咨询服务等高附加值服务贸易的发展，有效提高了我国产业链的整体竞争力，延伸了参与国际分工的价值链条，成为推动经济转型升级的重要推动力。2006～2012 年，金融服务、计算机和信息服务、咨询、广告宣传、专有权利使用费和特许费等高附加值服务进出口年均分别增长了 54.1%、25.4%、22.0%、20.9% 和 18.3%，均高于同期服务进出口总额年均 16.1% 的增幅。

近些年来我国积极优化服务出口结构，着力扩大高附加值服务出口，稳步发展传统服务出口。2007 年高附加值服务出口中，保险费业务、金融服务、计算机和信息服务、专利权使用费和特许费、咨询五类服务出口之和占服务出口的比重仅为 14.3%，到 2013 年上述五类服务出口之和占服务出口的比重也大幅提升到 30.8%，超过 2007 年一倍之多。与此同时，传统服务贸易出口的三大项：运输服务、旅游和建筑服务业稳步增长，但占比下降。2007 年上述三类服务费出口之和占服务出口的比重为 60.7%，到 2013 年比重也大幅降至 47.5%。我国高附加值服务出口稳步增长，成为服务贸易结构调整的重要推动力，而传统服务出口占比小幅下降，反映出我国服务贸易出口结构的调整与提升。

2014 年，我国高附加值服务进出口快速增长，金融服务、通讯服务、计算机和信息服务进出口增速分别达到 59.5%、24.6%、25.4%。高附加值服务进出口的快速增长优化了贸易结构，培育了资本技术密集型企业，推进了服务贸易结构的调整和升级。金融、信息与文化等新兴服务出口增长迅速，其中咨询服务出口增长 5.8%，出口额达 429 亿美元，占服务出口的比重为 19.8%，仅次于旅游出口。计算机和信息服务出口实现 183.6 亿美元，同比增长 19%；金融服务出口大幅增长 57.8%，达 46 亿美元；电影音像出口增长 22.3%，金额为 1.8 亿美元。新兴服务进口也增长迅速，其中金融服务、计算机和信息服务、通信服务、广告宣传进口增长显著，增幅分别为 61%、42%、40.7% 和 21.2%。新兴服务贸易快速增长，提高了中国服务贸易附加值，成为我国稳增长、调结构，实现对外贸易新常态的主要推动力量。2014 年，我国承接以知识和研发为主要特征的离岸知识流程外包业务 186.7 亿美元，占离岸执行总额的比重为 33.4%，比重稳步提升。云计算、大数据、移动互联等技术的创新和应用，推动我国服务外包产业向价值链高端延伸，业务结构不断优化。

三、重点领域保持高速增长

近年来，服务外包、文化贸易、技术进出口等重点领域继续保持高增长态势，成为推动服务贸易发展的重要力量。

在我国经济发展进入新常态的背景下，服务外包领域新技术、新业态、新商业模式不断涌现，创新驱动在发展中的作用越来越大，个性化、多样化需求渐成主流，服务智能化、专业化成为产业组织新特征。我国服务外包产业主动适应经济新常态，从规模快速扩张向量质并举转型发展。2014 年，我国承接服务外包合同金额首次超过 1000 亿美元，达到 1072.1 亿美元，执行金额 813.4 亿美元，分别同比增长 12.2% 和 27.4%。其中，承接离岸合同金额 718.3 亿美元，执行金额 559.2 亿美元，同比增长分别为 15.1% 和 23.1%。服务外包企业累计吸纳大学生就业超过 400 万人。

在政府的大力支持和文化企业的共同努力下，我国文化贸易取得了长足发展。2003 ~ 2013 年，我国文化产品进出口额从 60.9 亿美元攀升至 274.1 亿美元，年均增长 16.2%；文化服务进出口从 10.5 亿美元增长到 95.6 亿美元，年均增长 24.7%。

四、中国服务贸易发展环境不断优化

(一) 规划体系更加全面

党的十八大报告指出，今后要大力发展服务贸易，进一步扩大服务业对外开放。十八届三中全会《中共中央关于全面深化改革若干重大问题的决定》将推进金融、教育、文化、医疗等服务业领域有序开放，放开育幼养老、建筑设计、会计审计、商贸物流、电子商务等服务业领域外资准入限制。2012 年以来，中国政府相继出台了《服务业发展规划（2011～2015）》《服务贸易"十二五"发展规划》和《中国国际服务外包产业发展规划纲要（2011～2015）》，促进中国服务贸易发展的系统、全面、开放和科学的规划体系逐步建立。2015 年 1 月 14 日，国务院颁布了《关于加快发展服务贸易的若干意见》，服务贸易发展的顶层设计初步形成。

(二) 重点领域政策不断创新

近年来，中国政府不断创新支持服务贸易的政策措施，积极扩大服务业开放，对服务贸易发展起到了较好的促进作用。服务贸易首次被纳入《国务院办公厅关于支持外贸稳定增长的若干意见》和《国务院办公厅关于加强进口的若干意见》，商务部开展了《重点服务出口领域指导目录》编制研究工作，并会同中国进出口银行开展了"金融支持服务贸易重点项目和企业"申报工作。政府在财政、税收方面出台支持服务外包发展的政策措施，大力保护知识产权，鼓励服务贸易企业开展技术创新，推动金融机构为服务贸易企业提供更好的服务。

2014 年 8 月，国务院发布了《关于加快发展生产性服务业，促进产业结构调整升级的指导意见》，提出进一步放开生产性服务业领域市场准入，营造公平竞争环境，引导外资企业来华设立生产性服务业企业、各类功能性总部和分支机构、研发中心、营运基地等。推进生产性服务业领域有序开放，放开建筑设计、会计审计、商贸物流、电子商务等服务业领域外资准入限制。

随着生产性服务业开放扩大，中国服务业的国际竞争力有望大幅提升，将为服务贸易发展创造新的重大机遇。

同时，国务院还发布了《关于促进海运业健康发展的若干意见》，提出要深化海运业改革开放。要坚持规则平等、权利平等、机会平等，引导和鼓励符合条件的民营企业从事海运业务。稳步推进对外开放，在风险可控前提下，在中国（上海）自由贸易试验区稳妥开展外商成立独资船舶管理公司、控股合资海运公司等试点。

随着中国综合国力日益增强和文化产业的发展，文化贸易发展前景日益看好。2012 年，中国政府出台了《文化产品和服务出口指导目录》，在市场开拓、技术创新等方面对国家文化出口重点企业和重点项目给予大力支持，打造一批具有国际知名度和影响力的文化产品和服务品牌，逐步建立完善文化产品和服务出口贸易体系，全面支持中国文化企业"走出去"，扩大出口规模，提升质量，推动文化出口实现跨越式发展。2014 年国务院颁布了《关于加快发展对外文化贸易的意见》，出台了一系列支持文化服务出口等营业税的优惠政策，将 28 种文化产品出口退税率提高至 17%。

《国民旅游休闲纲要》颁布实施，将促进中国旅游产品供给日趋丰富、完善，旅游观光、休闲度假产品创新力度加大，中国入境旅游人数、过境旅游人数和入境旅游外汇收入也将保持较快增长。2015 年 5 月，国务院印发《关于大力发展电子商务加快培育经济新动力的意见》，部署进一步促进电子商务创新发展。

（三）促进平台影响日益增强

2012 年 5 月 28 日~6 月 1 日，首届中国（北京）国际服务贸易交易会在北京国家会议中心成功举办，初步实现了建设国家级、国际性、综合型服务贸易交易平台目标。共吸引来自世界 83 个国家和地区的注册客商 2.4 万名，签订项目 458 个，意向签约额 601 亿美元，其中国际服务贸易意向签约额 112 亿美元，为促进中外企业围绕服务业和服务贸易开展交流与合作发挥了积极的作用。目前中国（北京）国际服务贸易交易会已连续举办三届，国际影响不断增强，对中国服务贸易发展起到了重要的宣传、推动作用。中国（上海）国际技术进出口交易会、大连软交会、深圳文博会、中国（香港）服洽会、中韩技术展等一批国际服务贸易展会运转良好，为促进中外企业开展服务贸易交流合作发挥了积极的作用。

上海自由贸易试验区等正在成为服务贸易发展的重要高地。中国上海自由贸易试验区自 2013 年 9 月 29 日正式挂牌以来，先后出台了 23 项服务业扩大开放措施，涉及金融、航运、商贸、专业服务、文化服务以及社会服务六大领域。一年多来，上海自由贸易试验区以负面清单管理为核心的投资管理制度已经建立，以贸易便利化为重点的贸易监管制度平稳运行，以资本项目可兑换和金融服务业开放为目标的金融创新制度基本确立，以政府职能转变为导向的事中事后监管制度基本形成，在进一步扩大服务业对外开放、发展服务贸易方面示范效应显著。

第二节 我国服务贸易发展面临的问题

近年来，中国服务贸易的快速发展，主要得益于加入世界贸易组织时服务业开放的红利、经济社会的快速发展。但服务业尤其是现代服务业发展水平偏低，相关政府部门对大力发展服务贸易重要性的认识尚未统一，制约服务贸易发展。总体上，我国服务贸易仍处于起步阶段。

一、服务贸易结构不合理

在我国已经接近完成传统意义上工业化的今天，国民经济中三次产业的结构比例与世界经济的结构比例存在较大差距，对外贸易中，货物贸易和服务贸易的结构比例也与世界贸易的结构比例存在较为明显的差距。这两大差距凸显了我国未来大力发展服务业和服务贸易的重要性与紧迫性。

环顾当今世界，全球服务业占全球 GDP 的比重从 20 世纪 70 年代前后就已超过 50%，而美国早在 1950 年就已达到这一比重。目前发达国家服务业占 GDP 的比重已经超过 70%，美国甚至达到 80%，发展中国家的占比也已超过 50%，根据《新兴经济体蓝皮书：金砖国家发展报告（2013）》，金砖国家中只有中国服务业占 GDP 比重低于 50%，2011 年其他金砖国家服务业占比分别为：印度 56.37%，巴西 67.01%，南非 67.01%，俄罗斯 59.28%。而我国 2012 年服务业增加值所占比重仅为 44.6%，还低于制造业增加值比重（45.3%）。2013 年，中国第三产业的增加值占国内生产总值（GDP）的比重为 46.1%，占比虽然已超过第二产业，但仍低于世界平均水平，制约了服务贸易规模扩大和结构优化。

众所周知，"十一五"期间国民经济和社会发展规划中，服务业增加值占 GDP 的比重只提高 2.7 个百分点，没有实现提高三个百分点的目标任务，在其他主要指标均大幅超额完成的情况下，服务业的滞后发展显得尤为突出。2012 年 12 月发布的《服务业发展"十二五"规划》指出，国家"十一五"规划纲要提出的服务业增加值占国内生产总值比重、服务业就业人数占全社会就业人数比重两个预期性指标均未完成，服务业不能适应经济社会发展需求的问题更加凸显。服务业发展长期滞后，结构不合理，生产性服务业水平不高，尚未形成对产业结构优化升级的有力支撑；生活性服务业有效供给不足，与大众日益增长的消费需求有较大差距；国际竞争力不强，缺少大企业大集团和知名品牌，服务贸易发展不平衡，逆差长期存在。未来发展壮大服务业，必须深化改革，进一步提高加快发展服务业的思想认识，着力解决制约服务业发展的长期性深层次矛盾，扫清影响发展的体制机制障碍。

目前，世界服务贸易占全球贸易（货物贸易与服务贸易总和）的比重超过 18%，而 2014 年我国服务贸易占全口径对外贸易总额的比重仅为 12.3%。党的十八大报告和十八届三中全会《中共中央关于全面深化改革若干重大问题的决定》指出，今后要大力发展服务贸易，进一步扩大服务业对外开放。要提高服务业利用外资水平，稳步实施"走出去"战略，深化 CEPA 和 AC-FA 框架下的服务业合作。服务贸易占我国对外贸易总额和全球服务贸易总额的比重将稳步提高，并实现进出口平衡增长的任务。

二、服务贸易逆差逐年扩大

服务贸易发展滞后于货物贸易，服务出口占出口总额的比重只有世界平均水平的一半；服务贸易长期处于逆差，且逆差规模呈扩大趋势，2007 服务贸易逆差为 76 亿美元，2008 年逆差额首次超过 100 亿美元，2012 年达到 897

亿美元，到 2013 年急剧上升到 1184.6 亿美元。目前逆差主要集中于旅游、运输服务、专有权利使用费和特许费、保险服务领域，2013 年上述领域逆差金额合计为 1718.5 亿美元。其他商业服务、咨询、计算机和信息服务、建筑服务则实现较大数额顺差，顺差额合计为 527.7 亿美元。

2014 年，中国服务贸易逆差同比扩大，累计逆差为 1599.3 亿美元，同比增长 35%。其中旅游贸易逆差为 1078.9 亿美元，居各类服务之首；其次是运输服务、专有权利使用费和特许费、保险服务，这三项的逆差额分别为 579 亿美元、219.7 亿美元、179.4 亿美元。旅游贸易逆差比上年大幅增长 40.3%，占服务贸易逆差总额的 67.5%，成为服务贸易逆差扩大的主要原因；运输服务、专有权利使用费和特许费逆差比上年略有增长；保险服务逆差则出现小幅缩窄。

三、服务贸易管理体系亟待改善

服务贸易领域立法滞后，与《外贸法》相配套的《货物进出口管理条例》和《技术进出口管理条例》早已出台，服务贸易领域尚无单独立法。服务贸易涉及部门众多，行业管理和进出口促进分属不同部门，缺乏强有力的协调机制，商务部牵头建立的服务贸易跨部门联系机制对于推动立法、协调各部门政策等工作而言，力度明显偏小。尚未形成各部门齐抓共管、大力发展服务贸易的合力。

四、服务贸易政策支持力度较小

与发达国家相比，我国服务贸易促进力度不足。缺乏类似货物贸易出口退税这样的总体的、惠及全领域的制度性安排，服务出口还存在不合理征税现象。在财政资金支持方面，虽然对服务外包、文化出口和技术出口有一部分财政资金支持，但相对于服务贸易众多行业，资金覆盖面有限，主要服务出口领域并未惠及。由于服务贸易企业轻资产的特点，企业普遍面临融资难题。

五、制约中国服务贸易发展的国际国内因素依然存在

一是全球服务贸易发展环境复杂多变，当前世界经济和贸易仍处于低速复苏阶段，全球服务贸易发展动力依然不足。在国际市场需求较弱的情况下，一些新兴经济体加快结构调整和开放步伐，放宽服务业外资持股比例，甚至出售大型国有公司股份，服务业出口潜力快速提升，国际服务贸易竞争出现加剧趋势。

二是世界贸易组织框架下多边服务贸易谈判僵持不下。以美国为首的发达国家启动了《服务贸易协定》（TISA）等诸边谈判，力求制定更高标准的服务贸易规则，推动全球服务市场的进一步开放。《跨太平洋伙伴关系协定》（Trans-Pacific Partnership Agreement，TPP）和《跨大西洋贸易和投资伙伴关系协定》（Trans-Atlantic Trade and Investment Partnership，TTIP）等自由贸易协定谈判蓬勃发展，服务业开放议题成为各方关注焦点，各国谈判和扩大市场准入的对象从传统的商贸、旅游、运输扩展到新兴的信息、金融、保险等。这对全球服务贸易规则改变将产生深远影响。

三是中国服务贸易发展的产业基础总体上仍然薄弱。总的看，中国服务业发展长期滞后，结构不合理，生产性服务业水平不高，尚未形成对产业结构优化升级的有力支撑；生活性服务业有效供给不足，与大众日益增长的消费需求有较大差距；国际竞争力不强，缺少大企业大集团和知名品牌。

第三节　大力发展服务贸易

一、新形势下大力发展服务贸易的主要任务

大力发展服务贸易，对于推动我国经济结构战略性调整、提升产业链国际竞争力、增加大学生群体就业、深化改革扩大开放、打造经济升级版具有重要意义。未来应坚持市场主导和政府引导相结合，坚持服务贸易发展和货物贸易发展相结合，坚持做大规模和优化结构相结合，坚持扩大服务业开放和提高服

务贸易国际竞争力相结合，确立服务贸易战略地位，培育"中国服务"和"中国制造"双轮驱动的外贸竞争新优势，推动我国服务贸易加快发展。

（一）加强法规和协调机制建设

将"扩规模、优结构、促便利"作为服务贸易工作的指导方针，围绕"中国服务、全球共享"这一目标，打造中国服务的国际竞争力。依据《外贸法》，加快研究制定《服务进出口管理条例》。提升"服务贸易跨部门联系机制"的层级，加强服务贸易工作的部际协调，统筹服务业对外开放、加强宏观规划和指导、协调各部门出口政策、推进便利化和自由化等。

（二）构建公平竞争的市场环境

要像重视制造业一样重视服务业发展，落实鼓励类服务业用电、用水、用气与工业同价。搭建服务贸易公共服务平台、贸易促进平台、中小企业融资平台。坚决破除阻碍民营企业和跨国投资的"玻璃门"和"弹簧门"。完善服务贸易统计体系，建立与服务贸易特点相适应的口岸通关管理模式。加强人员流动、资格互认、行业标准制定等方面的国际交流。

（三）坚定不移地扩大服务业开放

确立"在更广范围内推动国内服务领域改革，在更高程度上扩大服务领域对外开放"的指导思想，结合自由贸易试验区建设和自由贸易区战略实施，有序扩大服务领域对外开放。鼓励有实力的服务业企业走出去。充分利用多边贸易体制平台，积极参与服务贸易规则制定。

（四）完善服务贸易政策体系

加强对重点服务出口领域的规划引导，制定《重点服务出口领域指导目录》；设立服务贸易发展专项资金，开展服务出口奖励、服务贸易重点项目贷款贴息、服务贸易领域公共服务平台建设等；扩大"营改增"行业范围，对符合鼓励条件的"营改增"行业服务出口实行零税率；创新金融支持政策，针对服务贸易企业特点，开发创新金融产品；同时加强人员流动、资格互认、行业标准制定等方面的国际交流。

（五）推动国际服务贸易自由化和便利化

秉承合作共赢的原则，反对各种形式保护主义，消除贸易壁垒，解决好发达国家与发展中国家之间服务贸易失衡问题。力促发达国家应率先开放市场，帮助发展中国家服务贸易实现均衡发展。作为发展中大国应积极参与服务领域全球治理机制和规则的建设，提升发展中国家的代表性和话语权。

二、提升服务业与服务贸易竞争力的战略举措

（一）促进服务出口

1. 服务出口主体：强化重点服务出口企业联系与支持。

与货物贸易不同，服务出口企业的行业集中度更高，在许多服务行业中，往往是少数几家龙头企业控制整个行业，如国际运输服务、国际金融服务等。因此，在服务行业，通过强化对重点服务出口企业的联系和支持，实现对相应服务行业的监测、提升整个服务行业的国际竞争力，是更为现实而有效的途径。为此，建议借鉴货物贸易发展经验，从12大类155个小类服务行业中选择有代表性的大、中、小型，主要面向国际市场的服务贸易企业，作为重点联系和支持的服务出口企业。在此基础上，要建立和完善重点联系企业在统计数据报告、国外服务贸易市场壁垒调查与报告、对服务贸易发展建言献策等方面的制度；同时，相关部门应就重点服务出口企业提供的信息进行综合分析与发布，积极协助企业开拓国际市场，并为重大服务贸易出口专项提供支持等。在我国具有竞争优势的服务领域，重点打造具有国际核心竞争力的跨国公司，形成具有国际知名度的中国服务品牌。针对行业集中度较为分散的行业，研究建立适合中小型服务出口企业需求的联系和支持制度。

2. 服务出口方式：跨境交易、分支机构销售与离岸外包全面发展。

货物贸易有一般贸易和加工贸易之分，服务贸易也有不同的贸易方式。根据WTO分类，服务贸易有4种提供模式，也可称之为4种贸易方式。从服务贸易统计分类看，可分为跨境交易和分支机构销售两类，离岸外包虽然在理论上属于跨境交易范畴，但随着服务外包的兴起，离岸外包逐渐成为一种独立的服务贸易方式。从这个角度讲，服务出口方式包括跨境交易、分支机

构销售和离岸服务外包3种。扩大服务出口，就应全面发展上述3种服务出口方式。首先，跨境交易是目前国际收支统计口径下的服务贸易主体。要对支持跨境交易的服务出口进行系统性的制度设计，从财政、税收、金融、外汇、便利化等方面制定促进政策。其次，分支机构销售是WTO分类下的"大服务贸易"概念的重要组成部分。这主要通过服务型企业通过对外直接投资"走出去"开拓国际市场来实现。最后，离岸服务外包特指通过电子传输（包括互联网、电信、卫星通信传输等）方式实现服务产品交付的一种服务外包方式。离岸服务外包涉及众多行业，以软件信息业为最。随着技术进步和国际分工的深化，越来越多的服务产品将实现可分割、可外包、可电子化后，离岸服务外包将会在我国服务出口贸易方式中占据更加重要的地位。

3. 服务出口平台：打造各类服务贸易交易会、服务贸易基地和示范园区。

货物贸易有各种不同类型的发展平台和载体，如展会平台有广交会，还有各种类型的出口基地、对外贸易转型升级示范区等。服务贸易领域的京交会是借鉴货物贸易发展经验的成功实践。另外，还建立了中国（上海）技术进出口交易会、国际版权交易中心等专业性的服务贸易交易平台。在服务贸易基地和园区方面，目前建立了软件出口（创新）基地、文化贸易基地、会计出口基地、服务外包示范城市等，有力促进了相应行业的服务出口。今后，应在总结过去经验的基础上，不断提升现有交易会和出口基地的国际影响力，同时建立更多更有效的专业性交易会、出口基地和出口示范园区。

4. 重点出口领域：研究制定服务出口指导目录，对服务出口分级分类。

国家服务贸易"十二五"规划列明了30个重点发展的服务贸易领域。但是，相对于12大类约155个小类的服务子行业，子行业下还有更多的服务产品，每一个服务产品都有跨境交付、境外消费、商业存在、自然人流动4种出口模式，即使按155个小类计算，也有620个出口类别模式，按服务产品计算的出口类别模式更多。不同的出口类别和出口模式，应按技术先进程度、竞争优势大小等因素进行分级分类，研究制定我国服务出口指导目录，据此可为后续制定相应的促进政策提供依据。

5. 服务市场开拓：注重多元平衡的国际市场布局。

相对于货物贸易，服务贸易的国际市场分布更趋集中。目前，我国服务出口中，香港地区约占30%；欧盟约占11%；日本是我国第三大服务贸易伙伴，约占6%。前三大服务贸易伙伴共计占比超过45%。市场集中度过高对我国服务贸易长期持续发展不利，今后要更加注重多元平衡的开拓国际市场。首先，要大力开拓欧美等发达国家市场。美国作为世界第一大服务进口国，在我国服务贸易所占份额较为落后，这表明我国与美国的双边服务贸易有巨大的发展潜力。同时，只有参与美国服务市场的竞争，并占据一定的份额，才能更有效扩大我国服务贸易规模、提高我国服务业发展质量和国际竞争力。其次，要深度开拓周边与我文化和经济发展水平相近的国家和地区。服务贸易与人的素质及相互交流沟通的关系更为紧密，文化和经济发展水平相近的国家和地区更容易形成更紧密的服务贸易伙伴关系。除了日本和中国香港外，我国还应大力发展同韩国、中国台湾、东盟等国家和地区的服务贸易，尤其要充分利用我国与相关国家和地区建立的自由贸易区中关于服务贸易开放的协定，开拓相关国家（地区）服务业市场。最后，要大力发展同"一带一路"沿线国家的服务贸易合作关系。通过"走出去"、对外援助、文化交流等途径，积极与"一带一路"沿线国家签订服务贸易合作协议，在双边与多边框架下开展基础设施互联互通、跨境电子商务、旅游、文化等服务领域的务实合作。

（二）改善服务进口，促进服务企业"走出去"

1. 进一步提高 GATS 承诺下服务领域的开放水平。

在统筹国内服务业发展和对外开放中，应当明确我国未来对外开放的重点领域就是服务业，因此必须更加积极主动地对待服务业的进一步开放与适度保护的问题，既要更加大胆地拓展服务业开放，又要考虑适应服务业发展阶段、水平以及承受能力。这就要求进一步提高服务业总体开放水平，即对我国已近承诺开放的 100 个部门要进一步深化、细化开放，只有提高部门开放度，才能提升服务业总体开放度，这是不容忽视的实质性问题。因此要对承诺开放的部门逐一落实深化开放的新举措。

2. 创新服务业开放新模式。

应进一步协调理好服务业协议开放与自主开放（单边开放）之间的关系，积极借鉴印度等新兴经济体在服务业开放中的经验（协议开放领域较少，实际开放领域较多，为 WTO 中的后续谈判，实现对等开放等预留砝码，自主开放领域根据实际发展需要，可放可收），积极研究新增服务业自主开放领域。

3. 积极推进 FTA 与 BIT 中的服务业进一步开放。

建立面向全球的高标准自由贸易区网络，依托自由贸易区战略实施，积极推动服务业双向互惠开放。基本实现内地与港澳服务贸易自由化。推动大陆与台湾服务业互利开放。在自贸协定框架下扩大与相关国家在金融、医疗、教育、文化等领域的相互开放，深入落实 CEPA 和 ECFA，拓展"两岸四地"在运输、金融、IT 与信息技术服务、医疗、教育、文化等领域的开放。根据党的十八届三中全会提出的"形成面向全球的高标准自由贸易区网络"的新要求，积极推进与其他国家自贸区建设中服务业的开放，并积极推进包括中美和中欧在内的双边投资协定谈判，以此推动服务贸易自由化和便利化进程。

4. 加快服务企业"走出去"。

支持各类服务业企业通过新设、并购、合作等方式，在境外开展投资合作，加快建设境外营销网络，增加在境外的商业存在。支持服务业企业参与投资、建设和管理境外经贸合作区。鼓励企业建设境外保税仓，积极构建跨境产业链，带动国内劳务输出和货物、服务、技术出口。支持知识产权境外登记注册，加强知识产权海外布局，加大海外维权力度，维护企业权益。

第四节 强化服务贸易政策与服务产业政策的协调

一、服务贸易政策与服务产业政策协调的目标

服务产业政策是一国经济政策的重要组成部分，服务产业政策包括产业发展政策，如发展目标、实现目标的战略、规制、实施路径等；产业组织政策，如产业布局、集聚、大、中、小企业的协同发展，龙头企业与中小企业的关系等；产业技术政策，如技术创新，技术原理突破，技术重点，技术标准，延展的知识产权政策等；产业促进政策，如通过财税、金融、人才等促使所需支持的产业由先导产业逐渐成长为支柱产业，最终成为主导产业。

在以市场为配置资源的主要手段的市场经济中，贸易政策是宏观经济政策不可或缺的重要组成部分。贸易政策具有宏观性、统一性、协调性、政治性和国际性等重要特征，因此产生了与一般经济政策不同的特性。它也更加强调在多边贸易体系法律框架和我国外贸法及外资法等国内法律框架下，形成统一、稳定、透明和可预期的开放性贸易政策体系。服务贸易政策同样具有上述特征。

服务贸易政策和服务产业政策协调的目标应当是通过推进服务产业市场化和服务贸易自由化、便利化，破除制约服务产业和服务贸易发展的体制机制和政策障碍，促进服务贸易和服务产业快速联动发展，共同提供服务产业国际竞争力，繁荣服务经济。

二、服务贸易与服务产业联动发展的模式

从全球范围看，主要经济体服务贸易和服务产业发展速度各异，实行的发展模式与政策差异也较大。一般来说，服务贸易和服务产业协调模式并不唯一，只要适合本国在特定阶段的发展实际，最大限度地促进了本国经济和国民福利的提升，就应当认为是协调发展的表现。通过分析 31 个世界主要发达国家和主要新兴经济体服务产业和服务贸易在近 11 年（2000 年以来）增长速度的差异对比，可以将这些国家在服务贸易和服务产业的协调发展模式方面归为若干模式。从服务产业和服务贸易增长的协调性来看，通过服务贸易和服务产业增长的速度差异，可以将不同国家两者发展的协调性方面进行归类，并据此得到以下三种协调发展模式。

第一种模式：贸易带动型发展模式。贸易带动型发展模式是指服务贸易增长速度长期明显快于服务产业增长速度，具体来说，是指服务贸易增长速度高于服务产业增长速度 1 个百分点以上。这类代表性经济体包括英国、法国、巴西、德国、瑞士、美国、日本、韩国、印度、阿根廷、沙特，以及中国台湾和香港等。其中，英国、德国、美国、日本、古巴、韩国、印度、阿根廷、沙特及中国台湾的服务出口增长速度明显快于进口增长速度，因此，他们也可以说是服务出口带动型发展模式。这类国家以西方发达国家和市场化程度较高的国家为主。

第二种模式：贸易和产业平衡发展型。贸易和产业平衡发展模式是指服务贸易增长速度长期与服务产业增长速度大体保持一致，具体来说，是指服务贸易增长速度与服务产业增长速度之差在 1 个百分点以内。这类代表性经济体以中国、智利、南非、埃及等发展中国家为主。

第三种模式：产业支撑贸易型。贸易和产业平衡发展模式是指服务产业增长速度长期高于服务贸易增长速度，且服务贸易增长速度与服务产业增长速度之差大于 1 个百分点。这类代表性经济体以俄罗斯、墨西哥等转型国家及发展中国家为主。

一般来说，服务贸易增长速度快的国家和地区，服务产业发展也相对较快，服务贸易增长速度较慢的国家和地区，服务产业发展也相对较慢。相对于过去 11 年世界服务产业增加值年均增长 6.97%，世界服务贸易年均增长 10.2% 的速度，中国、俄罗斯、印度、巴西等国家的发展速度较快；沙特、古巴、韩国、阿根廷等经济体的服务产业增长速度相对较快，但服务贸易增长速度维持在世界平均水平；墨西哥、日本则是服务贸易和服务产业增长速度均明显较慢的国家。

三、服务贸易政策与服务产业政策的协调路径

只有在正确把握服务贸易政策与服务产业政策之间关系的基础上，才能更好地促进二者的协调。服务产业是服务贸易的基础，服务贸易是服务产业发展与提升的外源动力，二者互动发展，相互促进，才能达到产业水平的提升和国际竞争力的提升。一国服务产业政策的方方面面都离不开国际交流、竞争和合作，发展政策中有开放性目标指向，产业技术政策中有外源技术的引进与本国技术的输出，产业组织政策中本国企业的国际化，培育发展本土跨国公司，产业促进政策中国际规则与惯例的充分适用等。二者最大交集的部分就在实行国民待遇的国内规制上。GATS 将与服务贸易有关的投资措施列入其中，表明服务产业投资领域开放的特殊重要性，这也是服务贸易自由竞争的核心内容。市场准入、竞争政策、技术标准、规则的内部化（国内规则的严格要求）。正是由于二者存在交集，所以产生了二者相互协调的问题。一国服务贸易政策不可能离开服务产业政策而单独制定并实施，同样，一国

服务产业政策也不可能单纯依靠内生发展提升水平，而必然要依赖于有效且适当的服务贸易政策来引入外源因素，提升产业竞争力和国际化水平，即国际竞争力。产业组织政策：产业布局、集聚，大、中、小企业的协同发展，龙头企业与中小企业的关系。

同时，应充分认识到，国内服务产业结构决定服务贸易结构，服务贸易结构又反作用于服务产业结构，服务贸易结构对服务产业具有先导作用，并促进国内服务产业结构升级和优化。因此，服务贸易政策在促进自由竞争、扩大市场准入等方面具有引领作用，当然，这种服务业的开放也应是符合国情的开放，适度的开放，即适应国内相关服务产业发展水平和具体产业状况，有选择的、有步骤的开放。与此同时，也要充分发挥服务产业政策的功能与作用，特别是服务产业战略规划、产业组织、产业技术支撑、产业结构、产业竞争和产业安全等政策所具有功效。只有二者充分沟通与协调，才能在开放型经济发展中实现国家利益最大化和国民福祉的提升这一终极目标。

新时期扩大服务业开放，应当遵循十八大报告"全面提高开放型经济水平"部分中"强化贸易政策和产业政策协调"的明确要求，从充分利用好国际国内两个市场、两种资源，统筹国内服务业发展和对外开放出发，在开放中强化服务贸易政策与服务产业政策的协调，更好地以开放促改革，以竞争促发展。

四、中国服务贸易发展展望

2015 年 2 月，国务院出台《关于加快发展服务贸易的若干意见》，未来将进一步深化服务业改革，放宽服务领域投资准入，大力推动服务业对外投资；巩固旅游、建筑等劳动密集型服务出口领域的规模优势；重点培育运输、通信、金融、保险、计算机和信息服务、咨询、研发设计、节能环保、环境服务等资本技术密集型服务领域发展；积极推动文化艺术、广播影视、新闻出版、教育等中华核心文化服务出口；大力促进文化创意、数字出版、动漫游戏等新型文化服务出口；加强中医药、体育、餐饮等特色服务领域的国际交流合作；大力开拓"一带一路"沿线国家市场，优化国际市场布局；继续完善财税政策，创新金融服务，提高便利化水平，规划建设一批服务贸易功能区，创新服务贸易发展模式。

同时，要进一步优化服务贸易发展环境。健全法规体系，加快推进相关服务行业基础性法律制修订工作，逐步建立和完善服务贸易各领域法律法规体系，规范服务贸易市场准入和经营秩序。建立协调机制，加强对服务贸易工作的宏观指导，统筹服务业对外开放、协调各部门服务出口政策、推进服务贸易便利化和自由化。完善统计工作，建立和完善国际服务贸易统计监测、运行和分析体系，健全服务贸易统计指标体系，加强与国际组织、行业协会的数据信息交流，定期发布服务贸易统计数据。强化人才培养，大力培养服务贸易人才，加快形成政府部门、科研院所、高校、企业联合培养人才的机制。加大对核心人才、重点领域专门人才、高技能人才和国际化人才的培养、扶持和引进力度。

当前，世界经济继续温和复苏，信息技术发展势头迅猛，跨国公司全球直接投资活动有所活跃，国际服务贸易发展蕴含不少机遇。据国际货币基金组织（IMF）预测，2015年世界经济增长预期将达3.5%，全球货物和服务贸易量增长5%，均高于2014年的发展速度。中国经济将继续在新常态下平稳运行，以"互联网＋"为特征的新兴服务产业进一步壮大，服务贸易有望迎来更快速增长的时期。预计2015年我国服务贸易仍将保持快速增长势头，服务进出口总额有望达到6500亿美元，2020年达到1.2万亿美元。

第七章　大力发展服务外包产业

　　服务外包是经济全球化的时代特征和新趋势，已成为世界各国参与全球分工与协作、优化资源配置的重要方式。我国再次主动把握机遇，鼓励承接国际服务外包业务，示范带动国内业务发展，取得重大实效。《国务院关于促进服务外包产业加快发展的意见》（国发〔2014〕67号）的发布，标志着服务外包产业发展已经上升为国家战略。新时期，我国服务外包产业正在量质并举地发展，促进大众创业、万众创新，助力提升我国全球产业分工和价值链的地位，进而推动新常态下国民经济和社会的可持续发展。

第一节　我国发展服务外包产业的重要意义

　　服务外包具有信息技术承载度高、附加值大、资源消耗低、环境污染少、吸纳就业（特别是大学生就业）能力强、国际化水平高等特点，是现代高端服务业的重要组成部分。经过"十一五""十二五"时期的发展，我国服务外包产业规模持续扩张，结构不断优化，在经济增长、就业促进、服务业发展、创新创业能力建设、对外经济发展方式转变等领域的作用日益凸显。新常态下，大力发展服务外包产业意义重大。

一、我国经济可持续增长的新动力

　　近年来，在不断完善的促进政策推动下，我国服务外包产业持续快速发展。据商务部统计，截至2014年底，我国国际（离岸）服务外包执行金额559.2亿美元，同比增长23.1%，继续保持快速发展势头。在国际（离岸）服务外包业务带动下，国内（在岸）服务外包业务潜力逐步释放，进一步夯实了我国服务外包产业持续快速发展的基础。按照作者的估算①，2014年我国服务外包产业（离岸＋在岸）总规模已超过2万亿元人民币，占国民生产总值比重3.24%，对国民经济增长的贡献约0.63个百分点。按照新常态下我国服务外包产业发展的新趋势，2015年我国服务外包产业总规模将超过3

---

　　① 测算方法参见李钢和李西林于2013年发表的《服务外包产业：中国经济升级版的新动力》一文。

万亿元，在统筹稳增长、调结构、促改革的新形势下，服务外包产业的快速发展对国民经济增长拉动效应、经济结构调整和转型升级、经济发展提质增效起着愈益重要的作用。

二、实施就业优先战略的新渠道

后危机时代，世界经济复苏艰难曲折，增加就业成为国际社会公认的紧迫议题。我国人力资源丰富，就业压力异常艰巨。稳增长也是为了保就业，坚持就业优先。服务外包产业是兼具人力和知识密集型的产业，对促进就业、特别是吸纳大学生就业具有意义重大。截至2014年底，我国服务外包产业累计吸纳直接就业人员近607.2万人，间接带动超过2000万人就业，其中2014年新增就业人员71.1万人，占全国城镇新增就业的5.38%。从就业人员结构来看，我国服务外包行业大学（含大专）以上学历从业人员占比约2/3。以大学生为主体的就业增长，使服务外包产业成为知识型人才的最大"容纳器"，就业队伍年轻化、知识化、信息化，将不断引领和推动信息消费等，形成扩大内需战略的重要支撑。

三、落实创新驱动发展战略的新源泉

正是得益于以信息通信技术为核心和基础的新科技革命和产业变革，服务外包迅速发展成为经济全球化的新趋势。服务外包产业既是创新驱动发展的结果，也是创新驱动发展的重要途径和领域。当前，以云计算、大数据、移动互联、物联网、社交网络等科技领域的新突破，成为驱动服务外包产业快速发展的基础支撑。我国服务外包产业顺应世界潮流，充分发挥技术溢出、关联产业带动、示范和学习效应，集聚政产学研用多方资源，优化配置创新要素，完善知识创新体系，加快了服务外包产业创新驱动发展进程。根据中国国际投资促进会（2013）的研究，2008~2012年的5年间，10家领军型企业就获得各种专利及著作权1872件。信息技术外包（ITO）、商业流程外包（BPO）、知识流程外包（KPO）等业务结构不断优化和提升，2008~2014年我国国际（离岸）服务外包业务中知识流程外包（KPO）合同执行金额由

12.2 亿美元增长至 186.7 亿美元，占比由 12.0% 提高到 33.4%。

四、驱动服务业发展的新引擎

当前，世界经济结构调整出现新的亮点，新技术革命正在孕育，产业升级和生产要素转移步伐加快，服务业越来越成为各国发展和彼此合作的重点，服务全球化成为经济全球化的主导力量，服务外包成为服务业跨国合作和经济结构调整的重要依托。综观我国三次产业发展历程，服务业占比小、发展水平低是我国产业结构优化升级的重要障碍。直到 2013 年，我国服务业增加值占国内生产总值比重提升至 46.1%，首次超过第二产业，成为第一大产业，但仍然明显低于世界平均比重，发展空间广阔。加快服务业发展，成为打造成经济社会可持续发展的新引擎。从服务业增加值看，2014 年我国服务外包产业相当于服务业增加值的 16.2%。从发展趋势看，服务外包产业增长速度将稳定地高于服务业整体发展速度，将持续推动服务业在我国国民经济中比重的提高。从发展动力看，大力发展服务外包产业加速了我国服务业发展水平的提升。在我国服务外包产业发展壮大的过程中，培育了一批具有一定国际竞争力的企业，培养了一大批高素质的服务外包人才。在"互联网＋"浪潮的影响下，服务将从生产生活中加速分离，进一步提高专业性服务需求规模和水平。新常态下，服务外包将推动我国经济从依靠成本等传统比较优势为基础的"中国制造"向以智力和知识取胜的"中国制造"与"中国服务"转型，提升服务业在国民经济和社会发展中的地位和作用。

五、转变对外经济发展方式的新增长点

改革开放以来，我国充分发挥比较优势，积极发展加工制造业，融入全球经济一体化进程，我国货物贸易持续快速发展，对国内经济增长和就业创造发挥了重要作用，推动我国成为世界第二大经济体和货物贸易第一大国。但随着国内劳动力成本上涨和资源环境约束压力加大，特别是国际金融危机发生后，受国际市场需求不振等影响，我国货物贸易增速逐渐放缓至 10% 以下，贸易结构调整和转型升级压力凸显。服务贸易增长相对较快，但逆差不

断扩大、传统服务贸易占比过高，服务贸易的可持续发展能力面临严峻挑战。

服务外包作为产业链、供应链、价值链延伸和管理的重要支撑，不仅是提升"中国制造"国际竞争力的重要手段，也日益成长为引领服务贸易发展、改善服务贸易结构、扭转服务贸易逆差的重要抓手。自"十二五"以来，我国国际（离岸）服务外包业务年均增长38%以上，逆势快速增长态势明显。据测算，2014年，我国国际（离岸）服务外包业务额约相当于服务出口的25.2%，增长速度约为服务出口增速的3倍。随着服务外包企业的成长，具备一定实力的企业积极"走出去"，在海外建立营销网络和研发中心，持续提升全球交付能力，着力打造国际竞争力和企业品牌。据商务部统计，目前我国与全球近200个国家和地区开展了服务外包业务。服务外包产业已成为实施"引进来"和"走出去"战略的新领域，综合运用"两个市场、两种资源"，推动转变对外经济发展方式。

第二节　我国服务外包产业发展面临新形势

后危机时代世界经济复苏艰难，但全球服务外包市场仍然保持较快增长。随着新一轮科技革命和产业变革在全球范围内孕育和扩散，全球服务外包市场正在发生深刻变化。

一、国际形势

（一）全球服务外包业务模式不断创新

服务外包推动着国际分工与交换的新变革。依托于现代信息通信技术，制造业嵌入服务业和服务业分工细化交互促进，制造环节、服务环节分离趋势明显。现代服务业分工与服务交换已突破传统服务贸易模式，服务供给与服务需求相分离；服务交付与服务费用支付相分离，服务交换方式发生新变革。以云计算、大数据、移动互联、物联网、社交网络等新兴信息技术大规模应用，全球服务外包进入价值增值服务时代。服务外包业务模式不断创新，产业链、供应链、价值链组织和管理形式不断出现新变化。服务外包企业逐渐由单纯的服务提供者成长为发包方的战略合作伙伴，成为市场竞争的共同参与者、行业标准和规则的制定者。如 IBM、HP、华为等跨国公司逐渐由设备制造商转型为专业服务供应商。服务外包业务边界不断扩张，服务外包已由商业领域大规模扩展至政府、教育、医疗、社区、家庭等众多领域。

（二）全球供应链整合带来重要机遇

随着经济全球化进程加快，信息科学技术、通信和运输等的飞速发展，国际市场竞争方式发生了根本性变革，企业间的竞争在很大程度上已转变为供应链与供应链之间的竞争。全球性供应链整合能力主要表现在高端与专业化服务水平方面，尤其是那些跨国公司地区性或全球性总部汇聚的城市，已成为供应链网络的全球核心节点或地区性关键节点。这些城市面对的已不仅仅是当地市场，而是遍及全球的市场网络，强烈的市场需求促使有关服务性企业的崛起、发展与集聚，并将集群内的中小企业融入全球经济活动。经过多年发展，我国部分示范城市已经初步具备高端及专业化现代服务业集聚发展基础，同时丰富的人力资源和不断完善的基础设施，将使这些城市进一步提升供应链集成与整合能力，形成较强的全球服务交付综合竞争力。

（三）全球服务外包市场日趋多元化

美欧日等发达经济体是全球服务外包市场发展的主导力量。随着新兴信息通信技术的快速发展，信息化在全球范围内扩散，新兴经济体等信息化水平的增长和经据 2012 年国际货币基金组织（IMF）统计，GDP 约 35 万亿美元，服务经济占比约 75%，服务产业增加值约 26 万亿美元。据国际数据公司（IDC）估计，2012 年全球国际（离岸）服务外包市场规模达到 1217 亿美元；另据印度软件和服务业企业行业协会（NASSCOM）估计，2012 年全球 IT 及相关服务支出为 19000 亿美元，其中国际（离岸）服务外包业务约占 1/10，达 1900 亿美元，且增长趋势明显。运用两个机构估计数据简单平均计算，全球国际（离岸）服务外包市场规模应约 1558.5 亿美元。在全球经济复苏艰难的条件下，服务外包产业依然保持较快增长，更加凸显了发展服务外包产业的前景广阔。

（四）全球服务外包产业持续较快发展

后危机时代，全球经济复苏艰难曲折。面对新一轮科技革命和产业变革机遇与挑战，各国纷纷采取措施，积极寻找和培育推动经济增长、促进就业增加的新兴产业和商业模式。新兴信息通信技术作为通用技术正在深度融入传统行业，推动传统行业重构与变革。与此同时，以新兴信息通信技术为核心和基础的新科技也正在推动生成新的产业。服务外包就是在新科技革命推动下形成的全球化发展的新趋势。在市场需求驱动和服务供应商能力提升双重因素的作用下，服务外包产业尤其是国际（离岸）服务外包产业持续保持较快增长。据国际数据公司（IDC）估计，2011~2020 年国际（离岸）服务外包市场规模年均增长约 17.0%，到 2020 年将超过 4100 亿美元。同时，国际（离岸）服务外包业务结构也将发生明显变化，设计研发等高端服务外包业务将成为全球服务外包产业发展的新增长点，发展前景十分广阔。

（五）全球服务外包产业竞争加剧

美欧等发达经济体以"再工业化"为契机，全力打造以研发设计、标准制定等高端服务业为引领，加强对全球范围内资源配置的掌控能力。同时，受经济复苏缓慢影响，欧美等发达经济体贸易保护主义抬头，给全球离岸服务外包产业发展带来一定负面影响。新兴经济体充分认识到现代服务业对经济社会可持续发展的重要作用，积极吸引技术人才资源"回流"，鼓励承接国际（离岸）服务外包业务。目前，全球服务外包接包国家已迅速增至 70多个，并逐渐向价值链高端攀升，以在更大程度上分享经济全球化的巨大利益。

（六）贸易保护主义抬头

受国际金融危机影响，全球经济至今复苏艰难，且面临诸多不确定因素，引发贸易保护主义在全球范围内抬头。研究表明，长期来看服务外包对发包国家和发展中国家经济均具有积极意义。当前全球离岸服务外包发包国家主要是欧美等发达国家。对于发达国家来讲，服务外包的就业影响则主要体现在就业结构变化，也即体现在工人在没落产业与新生产业之间的流动上。因此，离岸外包有助于发达国家产业的调整与升级，进而促进就业增长。然而，在当前经济增长陷入困境之时，发达国家为应对国内就业压力，贸易保护主义抬头，使得全球离岸服务外包业务，尤其是中高端外包离岸业务的增长面临严峻挑战。

二、国内形势

（一）我国服务外包进入量质并举发展新阶段

产业规模持续扩张，增速放缓。根据国际数据资讯公司（IDC）的研究，2005年中国离岸服务外包业务额9.33亿美元，2006年离岸服务外包业务额13.84亿美元。据估计，2010年中国离岸服务外包额将接近70亿美元。我国服务外包发展实践表明，实际发展速度远远超过这一预估。根据商务部统计数据，2010年我国国际（离岸）服务外包业务执行金额超过140亿美元，是国际数据资讯公司（IDC）估计金额的2倍多。和2005年我国国际（离岸）服务外包执行金额相比，2010年我国国际（离岸）服务外包业务金额也远远超过服务外包"千百十"工程设定的目标。经过初期的超高速发展，进入"十二五"以来，我国服务外包产业发展趋于放缓。自2009年起，我国开始对国内（在岸）服务外包业务进行统计。2014年我国承接服务外包合同金额首次超过1000亿美元，执行金额813.4亿美元，同比增长放缓至27.39%。2011~2014年，我国国际（离岸）服务外包业务执行金额年均增速40.26%。2014年，我国国际（离岸）服务外包业务执行金额达到559.2亿美元，同比增长放缓至23.14%。详见图7-1。

服务外包业务结构趋于优化。正是信息技术的不断发展增强了服务活动及其过程的可贸易性，世界服务贸易结构发生很大变化，以电子信息为主和以高科技为先导的服务外包日益成为国际服务贸易迅速发展的亮点。我国服务外包发展的初期，国际（离岸）服务外包业务的主要部分也是由信息技术外包（ITO）构成。随着商务部服务外包"千百十工程"的实施，国家及地方出台与实施了系列政策举措，我国国际（离岸）服务外包业务的市场进一步拓展到更为成熟的欧美市场，服务外包业务结构也进一步优化。近年来，信息技术外包（ITO）所占比重在波动中呈现明显下降趋势，业务流程外包

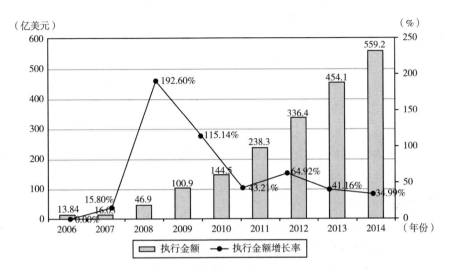

图 7 - 1　我国服务外包国际（离岸）服务外包业务发展情况

资料来源：商务部。

（BPO）和知识流程外包（KPO）所占比重呈现上升势头。2014 年，我国国际（离岸）服务外包业务中，信息技术外包（ITO）离岸业务执行金额比重下降至 52.49%，而知识流程外包（KPO）离岸业务执行金额所占比重则快速升至 33.39%。详见图 7 - 2。

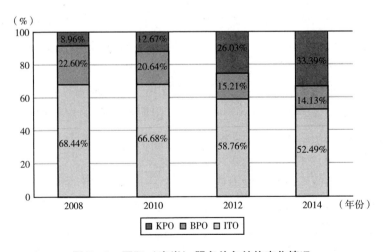

图 7 - 2　国际（离岸）服务外包结构变化情况

资料来源：商务部。

（二）在岸业务潜力逐步释放

首先，改革开放以来，中国宏观经济环境和基础设施大幅改善，人力资源丰富且质量不断提升，中国已成为世界制造业大国和世界第二大经济体，奠定了我国在岸服务外包潜力巨大的基础。其次，当前我国工业化与信息化加速融合发展，为我国在岸服务外包产业发展提供了技术支撑。新兴信息科技等正深度嵌入经济社会发展的各个领域，"互联网＋"正迅速向各行业领域渗透，推动形成大规模的专业服务需求。再次，转变经济发展方式成为我国在岸服务外包产业发展的催化剂。转变经济发展方式是我国经济领域的一场深刻变革，将推动我国经济由粗放型增长到集约型增长，从低级经济结构向高级、优化的经济结构转变，推动我国专业化分工深入发展。大力发展服务外包是新常态下我国经济保持中高速发展、转型升级、提质增效的重要途径。最后，鼓励在岸服务外包发展的政策举措将触发在岸服务外包潜力的释放。2010 年 4 月发布的《国务院办公厅关于鼓励服务外包产业加快发展的复函》（国办函〔2010〕69 号）明确提出，"要积极培育在岸服务外包市场，促进国际国内服务外包业务协调发展"。2011 年国务院发布了《进一步鼓励软件产业和集成电路产业发展的若干政策》（国发〔2011〕4 号），进一步对 ITO 在岸业务的发展给予大力支持。特别是随着以物联网、云计算为代表的新一代信息技术为服务外包产业发展带来新的动力，一方面会促使我国庞大内需市场进一步释放，另一方面也为国内服务外包业务承接能力提升提供技术保障。2013 年 2 月发布的《国务院办公厅关于进一步促进服务外包产业发展的复函》（国办函〔2013〕33 号）明确提出，要促进服务外包离岸在岸协调发展。2015 年 1 月公布的《国务院关于促进服务外包产业加快发展的意见》（国发〔2014〕67 号）提出，要深度挖掘国内服务外包市场潜力，到 2020 年服务外包产业国际国内市场协调发展。

我国服务外包发展实践也表明，在国际（离岸）服务外包业务示范带动下，国内（在岸）服务外包业务潜力也开始释放。尤其是自进入"十二五"以来，我国国内（在岸）服务外包业务规模不断扩大，执行金额占产业规模的比重稳步上升，由 2011 年占比 26.43% 逐步提高到 2014 年的 31.25%（见图 7 - 3）。从执行金额来看，2009 年我国国内（在岸）服务外包业务执行金额仅为 37.5 亿美元，2012 年则突破了 100 亿美元，2014 年则达到了 254.2 亿美元。

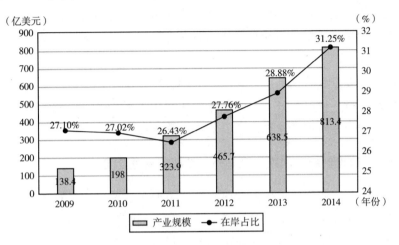

图 7-3　我国服务外包业务总规模及在岸服务外包占比

资料来源：商务部。

（三）产业集聚效应彰显，竞争力不断提升

从区域来看，服务外包示范城市成为我国服务外包产业发展的主体，初步探索形成了产业发展的促进机制，示范城市服务外包业务执行金额占全国比重 90% 左右。在示范城市引领带动下，逐渐形成了长三角、珠三角、环渤海等服务外包产业集聚带，并梯次向周边区域扩展。从园区来看，已形成一批综合类和专业型园区，成为服务外包产业发展的重要载体。从企业来看，截至 2014 年底，我国服务外包企业 28127 家，获得认证数量 12870 个、13 项国际资质认证 7283 个。截至 2014 年底，我国上万人服务外包企业达到 16家，承接离岸服务外包执行金额上亿美元企业达 62 家。2014 年企业承接国际服务外包平均合同金额为 69.9 万美元，同比提高 4.5%。

（四）我国服务外包促进政策体系日臻完善

为推动我国服务外包产业发展，国务院先后发布了国办函〔2009〕9 号、国办函〔2010〕69 号、国办函〔2013〕33 号、国发〔2014〕67 号文件，商务部等 19 个部门相继发布 30 多个配套文件。各积极发展服务外包产业的地区制定出台了配套文件，从而形成了多层级、宽领域、广覆盖的产业促进政策体系。特别是国发〔2014〕67 号文件的发布，标志着我国服务外包产业发展已上升为国家战略，为新时期我国服务外包产业发展廓清了基本思路和政策架构。

在以往促进政策基础上，新时期我国将在顶层设计、国际交流、人才培养、财政支持、税收政策、金融服务、便利化水平、服务保障体系等领域加强建设，把服务外包产业提升到一个新水平。

（五）建设创新型国家为服务外包发展带来重要契机

服务外包产业作为现代高端服务业的重要组成部分，具有知识密集型特点，是我国建设创新型国家的重要实践领域。同时，服务外包产业又具有国际化水平高的特点，在参与国际市场竞争过程中，保持与技术前沿的接触与交流，学习与创新先进管理机制，并不断加强自身核心竞争优势的培育。随着技术先进型服务企业认定工作在服务外包领域的展开和服务外包企业自主创新意识及能力的增强，服务外包产业结构的进一步优化将会持续推进，服务外包产业迎来重要机遇期。

（六）我国服务外包产业面临新挑战

服务外包贸易政策与产业政策不协调。在服务外包产业发展初期，我国积极鼓励承接国际（离岸）服务外包业务，优化外商投资结构和出口结构。随着服务外包业务模式的创新，服务外包渗透到经济社会等众多领域，不仅深刻地改变着产业链、供应链、价值链的结构，也带来社会生产组织方式和商业模式的重大变化。服务外包相关产业部门与商务部门的政策存在诸多不协调之处，以国际贸易和投资为基础的贸易政策体系与以产业为基础的产业政策体系在设计理念、政策框架、政策工具等多方面已经难以适应服务外包产业迅猛发展的需求。

服务外包离岸在岸、接包发包业务发展不协调。在现行政策中，鲜有支持在岸业务发展的具体措施；在实践中，形成了只支持离岸业务发展，对在岸业务发展难以顾及的局面。国内（在岸）市场的"一手包"项目多由跨国公司承接，再转包给国内企业具体执行。我国没能有效利用本土市场，培育本土服务外包企业发展壮大，提高经营效益。发挥本土市场优势，离岸在岸外包统筹协调发展极为迫切。现有政策制定立足于服务外包业务承接者，鼓励承接国际（离岸）服务外包业务。虽然政策文件中已明确鼓励国内有条件的企业从事在岸发包业务，但相关政策仍然缺少可操作性。

服务外包人才供给与业务快速发展不协调。我国每年约700万名大学毕业生为服务外包提供了大量基础性人才，但高校人才培养与企业实际需求脱节，导致服务外包企业可用人才捉襟见肘，尤其是中高端领军人才、复合型人才、国际接包人才的缺口较大。我国服务外包企业正处于规模扩张阶段，亟须能够管理大型技术团队（如2000人以上）的专业人才。同时，服务外包业务领域日益多元化、专业化，亟须金融、医药研发、工程设计等行业的领军人才。此外，国际市场竞争加剧，亟须熟悉国际商业规则和业务发展趋势的市场营销人才等。当前，我国拥有丰富经验的中高端人才积累严重不足，正在成为制约我国服务外包产业高端化进程，影响我国服务外包产业持续快速发展的瓶颈。

劳动力等成本上涨较快严重影响企业竞争力。人工成本和办公场所等费用是服务外包产业经营成本的主要构成部分。近几年来，我国劳动力工资水平及运营成本支出增长过快，再加上人民币升值等诸多因素的叠加影响，我国服务外包企业竞争优势显著下降。而与此同时，我国服务外包产业起步较晚，仍处于规模快速扩张阶段，产业发展总体水平不高，在国际市场竞争中的谈判力不强，离岸服务外包业务价格并未相应提升。因此，我国服务外包企业利润水平明显下降，不少企业利润率降至5%以下，发展前景不容乐观。

服务外包龙头企业与业务规模不协调。我国服务外包产业尽管发展速度较快，但企业竞争力仍然较弱。我国员工人数超过2万人的服务外包企业仅有1家，年营业收入超过5亿美元的服务外包企业仅有2家，年人均营业收入一直徘徊在2万美元以下，既低于印度的4万~5万美元，更与国际商业机器公司等美国企业的15万~20万美元差距巨大。全球交付是服务外包产业发展的趋势，目前，我国境外交付中心严重不足，现场技术团队不足2000人，难以在全球形成完整的营销及交付网络。

服务外包市场环境与业务发展不协调。我国服务外包知识产权保护和信息安全保障离发包方的要求仍有较大差距。目前，我国仍缺乏专门针对服务外包知识产权保护的具体规章，侵权执法力度也不够、缺乏对核心技术的控制和保护意识、对服务外包知识产权重视不够，对核心技术缺乏有效风险防范措施等。同时，存在着信息安全立法缺失、企业信息安全投入严重不足、国内信息技术水平与国际差距明显、信息安全执法能力不强等诸多挑战。

第三节　新时期我国服务外包产业发展战略选择

当前，我国服务外包产业正处于量质并举发展新阶段。面对国际国内新形势，着力实施"中国外包"品牌自主发展战略，尽快将我国服务外包产业提高到一个新水平，是符合我国服务外包产业发展实际的不二选择。

一、战略基础

（一）基础要素优势明显

要素基础优势明显。人力资源丰富，科技教育水平和创新能力不断提升。由表 7-1 可见，2012 年我国总人口超过 13.5 亿人，劳动力人口约 7.9 亿人；我国受中等教育、高等教育比例均明显高于印度，受高等教育绝对数量超过美国 1/5 以上；研究开发支出超过 1 万亿元，专利申请数量超过 60 万件，2013 年通过 PCT 专利申请量首次突破 2 万件，居世界第三位。我国商业投资环境不断优化，连续多年成为利用外资最多的国家，服务外包已经成为优化外资结构的新增长点。兼容并蓄、和而不同的文化传统，新中国成立后独立自主、自力更生的基本方针，新时期改革开放的时代特色相互融合，形成我国立足自身实际、自主发展、开放包容的文化底蕴。不断完善的促进工作机制成为服务外包产业量质并举发展的制度保障。

表 7 – 1　　　　2012 年中国、美国、印度基本要素相关统计指标比较

	总人口（亿人）	GDP（万亿美元）	劳动力（亿人）	受中等教育比例（%）	受高等教育比例（%）	研发投入占 GDP 比重（%）	专利申请数（万件）		利用外资（亿美元）
							居民	非居民	
中国	13.5	8.2	7.9	89.0	26.7	2.0	53.5	11.7	2534.7
美国	3.1	16.2	1.6	93.7	95.3	2.8	26.9	27.4	2038.0
印度	12.4	1.86	4.8	68.5	23.3	–	9.6	34.4	240.0

注：美国受高等教育比例、研发投入占 GDP 比重为 2011 年数据。

资料来源：世界银行；中国研发投入占 GDP 比重数据来源于国家统计局。

（二）品牌化发展开始显现

我国服务外包产业起步晚，总体来看仍处于成本领先阶段，并向规模制胜阶段发展，与全球第一大接包国印度相比差距明显（见表 7 – 2）。但在以 21 个示范城市为主导的产业发展体系下，浦东软件园、中关村软件园、大连软件园、齐鲁软件园等较具特色的园区载体和文思海辉、中软国际、药明康德、软通动力等颇具竞争力的企业群体逐渐成长起来，持续推动我国服务外包产业快速发展，并开启品牌化发展之路。打造"中国外包"品牌，有助于全面整合行业产业链，通过晕轮效应，进一步提升城市、园区和企业品牌。

表 7 – 2　　　　2013 年中国与印度服务外包产业发展对比

国家	国际业务（亿美元）	增长率（%）	占全球份额（%）	人均金额（万美元/年）	企业数量（万家）	业务分布
中国	454.1	35.0	32.7	1.2	2.5	中小企业为主
印度	760	10.1	54.7	3.6	1.6	大中型企业为主

资料来源：商务部；《NASSCOM 年报 2014》。

根据《世界投资报告 2011》，全球 10 大服务外包承接地中，印度有班加罗尔、孟买、德里、金奈、海得拉巴、浦那 6 个城市入选，中国只有上海入选；而在全球 10 大新兴服务外包城市中，中国有北京、大连、深圳 3 个城市入选。目前上海、北京、大连、深圳 4 个城市均已初步形成了特色化的产业发展。此外，武汉的地球空间信息服务外包、大庆的石油工程技术服务外包等也初步形成了独具特色的业务。详见表 7 – 3。

表 7 - 3   代表性示范城市服务外包产业发展特色

城市	发展特色
北京	服务外包企业的业务内容逐渐从单一化向多元化发展，部分企业以自有核心技术为客户提供高端服务，建立了全方位、专业化的高端服务体系
上海	重点推进八大行业：软件和信息技术服务外包、金融服务外包、供应链管理外包、人力资源外包、呼叫中心外包、医药研发外包、创意设计外包、数据处理外包
大连	重点发展面向电子信息制造业、现代装备制造业、造船业、石油工业等工业软件研发及嵌入式软件开发，强化面向政务、医疗、社保、教育、商务行业应用软件开发等
深圳	大力发展金融外包、物流供应链管理外包、产品技术研发、工业设计、动漫设计、中医药研发外包

资料来源：商务部。

（三）大国综合优势奠定自主发展基础

我国正快速迈向服务经济，同时作为全球经贸大国，应顺应服务外包产业化趋势，充分发挥大国综合优势，积极构建"中国外包"品牌，避免陷入"比较利益陷阱"（华桂宏、吕永刚，2007）。在我国服务外包产业快速发展过程中，发挥大国的规模与分工优势、差异性与互补性优势、异质性与适应性优势以及独立性与稳定性优势，走自主发展道路，使服务外包产业的发展建立在可靠的基础上，在国际竞争中赢得主动权（刘国光，2011；欧阳峣，2011）。

二、实施自主发展战略

（一）自主发展战略内涵

自主发展战略的内涵。打造"中国外包"品牌的自主发展战略的基本出发点就是，在我国服务外包产业快速发展过程中避免因过度依靠传统比较优势，导致对国际服务外包市场的路径依赖。从可持续发展角度讲，实施自主发展战略就是要在深化改革、扩大开放（特别是服务业开放）新时期，把握新一轮国际专业化分工带来的新机遇，以打造"中国外包"品牌为重要抓手，统筹国际国内两个市场、两种资源，在激烈的国际竞争不断提升并最终控制产业发展的主动权和对外合作中的主导权,构筑我国服务经济发展的重要支柱,推动实现经济社会转型发展。

(二)自主发展战略的基本内容

打造"中国外包"品牌的自主发展战略基本内容由培育服务外包产业发展的自主知识产权,构建城市、园区和企业服务外包自主品牌,建设服务外包自主渠道等构成。服务外包产业由成本导向逐步向规模制胜、价值驱动、创新驱动攀升过程中,对行业知识及能力的要求也越来越高,只有掌握了自主知识产权并在此基础上形成专属的系统解决方案才能在激烈的市场竞争中赢得客户。

打造"中国外包"品牌,就要依托我国服务外包城市、园区和企业,根据自身优势和基础,采取多种形式实现对品牌的自我拥有、自我控制和自我决策,并注重发挥城市、园区和企业品牌效应,相辅相成,相互促进,树立"中国外包"品牌整体形象。

当前,制约我国服务外包产业发展的重要因素之一就是营销能力欠缺,特别是营销渠道的欠缺。实现我国服务外包产业发展水平的提升,就必须加大投入力度,加强对海外市场特点的调查研究,提升市场细分和定位能力,在此基础上探索建立自主渠道,提高独立开拓国际市场的能力。

(三)自主发展战略的实施

运用自主发展战略,打造"中国外包"品牌,就要在立足自身实际、自主发展、开放包容基础上,根据我国服务外包产业发展的阶段性特征,制定细化落实的子战略和实施路径。

当前我国服务外包正处于由成本导向转向规模化经营阶段,实施自主发展战略应着力把握五大子战略。一是国际化战略。打造国际化人才供应链,形成国际化企业集群,发展国际化城市体系,保持与国际市场前沿接触,综合利用国际国内资源和市场提升自身创新能力。二是内外并举战略。统筹推进离岸在岸业务发展,逐步推动国内市场潜力释放,发挥国内市场效应。三是多元化战略。推动实现服务外包业务多元化、市场多元化、资本多元化和投资区域多元化,在互利共赢基础上,提升综合服务交付能力。四是差异化战略。推动形成以服务外包中心城市为核心的分工协作机制，促进区域互补协调发展。五是特色化战略。结合当地资源禀赋及产业基础，发展与特定行业（资源）相关的特色服务外包业务。

实施自主发展战略的路径选择。贯彻实施"中国外包"品牌自主发展战略，应着力构建品牌价值链、整合资源开展品牌传播。围绕自主发展战略的三个基本构成要件，形成由知识产权创造、解决方案开发、解决方案应用与推广、品牌设计、品牌推广、品牌维护、渠道开拓等组成的完整品牌价值增值体系，并针对各个链环节点，综合运用子战略，提升品牌价值。

整合"中国外包"品牌传播资源。打造产业的国家品牌，政府起着重要的引导作用。充分发挥政府公共服务职能，引导、调动市场和社会力量，对品牌传播载体、工具、时间、空间等进行整合，树立"中国外包"的整体形象。

第四节 新时期我国服务外包产业发展的重要举措

在扩大开放、深化改革的新时期，按照国发〔2014〕67号文件部署，切实采取多项重大战略举措，统筹协调服务外包离岸在岸业务发展，做大做强企业主体，改善产业发展环境，增强产业创新驱动发展能力，提升产业发展质量，推动我国服务外包产业再上新台阶，促进我国国民经济和社会可持续发展。

一、加强顶层设计

研究制订《中国国际服务外包产业发展"十三五"规划》，明确"十三五"服务外包产业的重点领域、主要任务和保障措施等。结合我国区域发展战略和主体功能区规划，强化实施差异化、特色化发展战略，推动服务外包产业集聚区优化布局，着力构建全球服务外包中心城市，发挥引领带动作用。将服务外包产业集聚区的教育资源，物联网、大数据、云计算和移动互联及新技术应用的基础设施，以及企业的技术、管理和商业模式创新项目等纳入

"十三五"相关规划。

二、深化国际交流合作

提升双边经贸合作质量，在现有机制框架下有序推进服务外包产业务实合作，营造有利于共同发展的国际环境。加大支持服务外包企业参加国际展会、项目洽谈等活动。结合实施"走出去"战略和对外援助，综合运用贸易、出口信贷、对外投资合作和对外援助等多种措施，支持有条件的服务外包企业"走出去"，开展研发外包、知识流程外包和业务流程外包等高附加值项目合作。鼓励企业和机构在国际市场购买技术含量高、业务模式新的高端服务，引进先进技术、先进经营方式和管理经验，加快推动国内服务外包产业转型升级。

三、财政支持力度加大

完善现有财政资金政策，优化资金安排和使用方向，改进支持方式，加大对国际服务外包业务的支持，鼓励开展国际服务外包研发、人才培训、资质认证、公共服务等。在承接国际服务外包业务发展资金、服务外包人才培训资金等优惠政策支持中，进一步放宽对离岸比例的要求。充分发挥财政资金的杠杆引导作用，通过设立国际服务外包产业引导基金等市场化支持方式，引导社会资金加大对承接国际服务外包业务企业的投入，促进扩大服务出口。

四、税收政策进一步完善

从区域和领域上扩大对技术先进型服务企业减按15%税率缴纳企业所得税和职工教育经费不超过工资薪金总额8%部分税前扣除的税收优惠政策实施范围。在技术先进型企业资格认定中，进一步降低对离岸业务比例的要求。统筹考虑东、中、西部城市，将中国服务外包示范城市数量从21个有序增加到31个。实行国际服务外包增值税零税率和免税政策。

五、金融服务进一步加强

拓宽服务外包企业投融资渠道。鼓励金融机构按照风险可控、商业可持续原则，创新符合监管政策、适应服务外包产业特点的金融产品和服务，推动开展应收账款质押、专利及版权等知识产权质押。支持政策性金融机构在有关部门和监管机构的指导下依法合规创新发展，加大对服务外包企业开拓国际市场、开展境外并购等业务的支持力度，加强服务外包重点项目建设。鼓励保险机构创新保险产品，提升保险服务，扩大出口信用保险规模和覆盖面，提高承保和理赔效率。利用现有资金政策，引导融资担保机构加强对服务外包中小企业的融资担保服务。支持符合条件的服务外包企业进入中小企业板、创业板、中小企业股份转让系统融资。支持符合条件的服务外包企业通过发行企业债券、公司债券、非金融企业债务融资工具等方式扩大融资，实现融资渠道多元化。

六、便利化水平进一步提升

深化境外投资审批制度改革，推进境外投资便利化，实行备案为主的管理方式，最大限度地缩小核准范围，简化审批手续。进一步提升通关便利化水平，创新服务外包海关监管模式。创新服务外包检验检疫监管模式，对承接国际服务外包业务所需样机、样本、试剂等简化审批程序，实施分类管理，提供通关便利。加快落实外汇管理便利化措施，具备条件的服务外包企业可申请参与服务外包境外投资外汇管理改革试点，根据试点情况及时研究推广。鼓励在跨境贸易和投资中使用人民币结算。为从事国际服务外包业务的外籍中高端管理和技术人员提供出入境和居留便利。提高国际通信服务水平，支持基础电信运营商为服务外包企业网络接入和国际线路租赁提供便利。

七、健全服务保障体系

一是建设法治化营商环境。研究完善服务外包产业的法律体系，促进产业发展和规范经营行为。切实保障国家安全，对故意或者过失泄露国家秘密、危害国家安全等违法行为，要依法追究法律责任。加大服务外包领域版权、专利、商标等知识产权的执法监管力度。建立服务外包企业信用记录和信用评价体系，完善服务外包企业诚信体系建设。鼓励条件成熟的地方开展地方性立法，适时出台有关服务外包产业的地方性法规和政府规章。

二是提高公共服务水平。驻外使（领）馆加大对服务外包企业境外开展合作的指导协调力度，主动加强与国内主管部门的沟通配合，及时提供有效信息和政策建议。发挥行业协会的作用，提高服务和促进水平，加强行业自律，研究制定服务和人才标准，树立"中国服务"品牌。充分利用现有服务外包交流合作平台，吸引跨国公司转移国际服务外包业务，鼓励研究机构、商协会、高校和企业开展多种形式的务实合作。加强对服务外包公共信息服务，及时发布国际国内市场动态和政策信息。

三是加强统计分析体系建设。科学界定服务外包产业内涵和外延，健全服务外包统计指标体系和统计制度。加强服务外包统计信息系统建设。强化统计监测功能，推动服务外包产业监测预警体系建设。建立健全部门间服务外包信息共享机制。加强与国际组织、研究机构和行业协会的数据信息交流与合作，按月度发布服务外包统计数据。

八、培育壮大市场主体

一是大力培育服务外包龙头企业。大力支持服务外包企业开展境内外并购，将服务外包企业境外并购审批制改为登记制，并简化购汇手续，鼓励服务外包企业通过联合、并购、重组等多种方式，打造领军型企业。积极采取措施，支持符合条件的服务外包企业境内外上市。简化服务外包产业相关审批程序，提高行政效率。积极拓展包括各类投资基金、创新信贷产品和发行企业债券等在内的多种投融资渠道，支持服务外包企业做大做强。

二是鼓励中小服务外包企业发展。国家和服务外包示范城市运用国际服务外包产业引导基金，支持一批"专、精、特、新"的中小型服务外包企业。通过开展应收账款，服务外包合同质押贷款，专业知识、技术和许可专利及版权等无形资产质押贷款等融资创新业务，鼓励中小企业发展。鼓励各类担保机构优先支持服务外包企业，大力推动多种信用增级形式，充分运用行业协会牵头、服务外包信用共同体和企业间联保互保等多层级的外部信用增级手段。建设系统完善的公共服务体系，为中小企业开展服务外包业务提供必要信息咨询等。

九、大力改善服务外包人才供给结构

完善引进和培养中高端人才鼓励政策，着力缓解中高端人才瓶颈制约，科学界定中高端人才标准。建立健全股权、业绩等分配及激励机制，探索构建高层次人才创业与创新支持体系，制定领军型人才梯队培养计划，开展领军型人才滚动培养等。深化校企合作，综合运用包括高等学校、社会培训机构和企业基地等多种资源，积极开拓海外人才培训渠道，逐步构建和完善社会化、开放式、多层级服务外包人才培养体系，重点支持一批办学规范、实力强、效果好的高等学校和社会培训机构。加快整合各方资源，通过建设服务外包人才网站、服务外包人才数据库，搭建服务外包人才供需信息服务平台，强化企业、院校、培训机构的沟通交流机制，形成服务外包人才供应链，保障人才供应的可持续发展。

十、全力打造"中国外包"品牌

一是组建"中国外包"品牌委员会。在服务外包部际联席会议机制下，全面规划、协调、组织实施"中国外包"品牌建设工作，制定"中国外包"品牌发展规划，指导与监督相关宣传、教育、培训工作。二是构建"中国外包"品牌支持政策体系。探索建立"中国外包"品牌评价体系，更好发挥政府政策对品牌建设的引导和激励作用。设立"中国外包"品牌发展基金，给予示范引领效果好、辐射带动作用强的品牌企业贴息或补助，支持服务外包品牌企业开展无形资产评估。将达到一定规模和影响的服务外包企业认定为技术先进型服务企业，享受相应的税收等优惠政策。对具有一定国际影响力且带有显著中国文化特色的自主品牌，给予研发、宣传和推广补贴。三是打造服务外包城市和企业品牌。按照目前业绩与发展潜力确定重点支持的具有全球供应链整合能力、具备形成全球服务外包中心城市基本条件的示范城市，将其列为第一梯队，原则上选择5个城市。培育具有特定服务区域（特定对象国）和特色领域（特定产业）供应链整合能力的示范城市，将其列为第二梯队，原则上考虑10个城市左右。志在发展服务外包的其他城市，这类城市主要是承接第一、第二梯队的分包业务。四是统筹推进"中国外包"品牌国际化。积极利用对外经济技术合作专项资金支持和出口信贷优惠利率等，支持有条件的服务外包企业开展境外并购建立营销和交付网络，加大国际市场开拓力度，加强海外整体营销，形成外资、外贸、外经的联动协调发展格局，树立"中国外包"品牌。

第八章　加快服务业对外直接投资

随着全球经济重心向服务业转移，无论在发达国家，还是在发展中国家，服务业在国民经济中的比重均快速上升。服务业国际直接投资也成为世界各国扩大和深化对外开放，参与国际分工的重要领域。近年来，服务业在全球外国直接投资中的比重也在不断增加。我国服务业发展整体水平低、对外开放相对滞后、国际竞争力较弱，但随着近年来我国制造业和采掘业对外直接投资的迅速发展，服务业国际直接投资也逐步跟上步伐，逐渐成为第一大对外直接投资的领域。加快服务业对外直接投资，正成为我国在更高水平上参与国际分工和国际竞争，提高我国对外开放水平的重要举措。

第一节　全球服务业国际投资发展现状

当前，全球国际直接投资的一个重要趋势是转向服务业，服务业已经取代制造业，成为国际直接投资的第一大行业。服务业对外直接投资开展跨国经营的能力不仅是服务企业自身优势的标志，也是一国服务经济发展水平、竞争实力强弱的重要标志。

一、世界服务业国际直接投资概况及主要特点

（一）服务业对外直接投资规模不断扩大

20 世纪 90 年代以来，全球对外直接投资（FDI）总额不断增加，而 FDI 总额一半以上都流向了服务业。截至目前，服务业 FDI 占全球 FDI 总存量超过 60%。从 20 世纪 70 年代开始，由外国直接投资产生的、通过外国商业存在所实现的国际服务贸易规模迅速扩大，在一些发达国家已经超过了跨境服务规模。例如美国，在进口方面境内的外国附属机构服务贸易规模在 1990 年起就已经开始超过跨境服务贸易规模；在出口方面，海外附属机构服务贸易规模从 1996 年开始超过跨境服务贸易规模。

全球服务业 FDI 所占比重在 20 世纪 50 年代不到 20%，70 年代也仅占 25%，至 80 年代中期，这一比重迅速增长到 40%，1985 年服务业 FDI 达到 42.8%，超过第二产业的 38.7%；到 1990 年，服务业 FDI 超过了第一、第二

产业的总和，达50.1%。已稳居世界FDI的半壁江山。2002~2006年每年都占60%左右。最近几年，受国际金融危机的影响，服务业FDI占比有所下降，但仍是第一大国际直接投资行业。根据UNCTAD统计，2013年，服务业占全球绿地投资的57%，占跨国并购的44%。

（二）服务业对外直接投资主要流向发达国家

在服务业FDI领域，从投资的地区流向看，发达国家利用在世界服务业中占据的绝对优势地位，大举对外直接投资，同时又以其完备的基础设施、先进的管理运营模式以及规范的市场运行机制，吸引大量服务业外资流入（见图8-1）。发达国家服务业对外直接投资相对频繁，以欧盟为例，20世纪90年代以来，服务业对外直接投资在其直接投资总流量中所占比重较大，尤其是欧盟内部投资所占比重相当大。

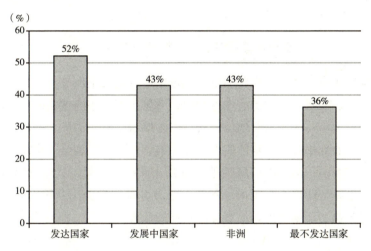

图8-1 2004~2013年不同类型国家服务业占国际直接投资的累积比例

资料来源：UNCTAD。

在发展中国家地区，第三产业FDI的比重由低于25%上升到高于30%。即与全球国际直接投资的产业结构变动趋势一致，发展中国家和地区第三产业的外国直接投资增长率大幅度高于第一产业和第二产业。

相对于服务业FDI的流出地区来说，其流入的地理分布则更为均衡。美国一直以来都是最大的引资国，但其在世界服务业对外直接投资流入存量中的比例却从未超过 30% 。另一方面，在发展中国家和地区，第一产业吸收的外资比重是 15% 左右，第二产业逐步下降，第三产业的比重则上升到 50% 以上。

（三）新兴知识技术密集型服务业对外直接投资占比迅速提高

除了传统的旅游、运输、金融等服务业国际直接投资稳步发展外，进入 20 世纪 80 年代以后，随着科技进步，尤其信息技术与互联网技术的兴起，高科技服务业国际投资迅速崛起，包括计算机和信息服务、服务外包、互联网服务、研发服务，以及传统的知识密集型的会计法律等专业服务投资的比例大大增加。另外，不同国家也有着不一样的情况。以美国、英国为首的发达经济体凭借其技术、资本等优势在生产线服务领域拥有强有力的竞争优势，在相关领域处于技术和资本输出的地位，而大多数发展中国家则处于技术和资本的输入地位。

（四）跨国公司主导全球服务业跨国投资与经营

跨国公司是全球直接投资的主要力量，服务业也不例外。在金融、电信、航运、物流、互联网、建筑、专业服务等领域，往往是少数发达国家的跨国公司形成了全球的相对垄断地位，自然也主导着全球相关领域的贸易和投资。例如，美国的专业服务业整体实力全球领先，如管理咨询公司全球前 50 强总部全部设在美国；美国的信息服务业引领全球产业发展，其中信息技术服务外包产业主导全球市场，雅虎、谷歌、亚马逊等一批美国互联网企业引领整个互联网产业，不断推出新的服务形式和商业模式。

二、主要国家服务业对外直接投资现状与特点

（一）美国

1. 总体规模。

美国是当今世界上经济实力最强的国家，在全球对外直接投资中占有重要的地位。根据美国经济分析局的数据，2007 年，美国对外直接投资存量为 2.99 万亿美元，到 2013 年达到了 4.66 万亿美元。其中，截至 2013 年，服务

业对外直接投资存量达到 3.61 万亿美元。

由服务业投资流量看，如图 8 - 2 所示，2007～2013 年，美国服务业的对外直接投资流量较为平稳，每年服务业对外直接投资流量均保持在 2000 亿美元以上，其中，2011 年接近 3000 亿美元。

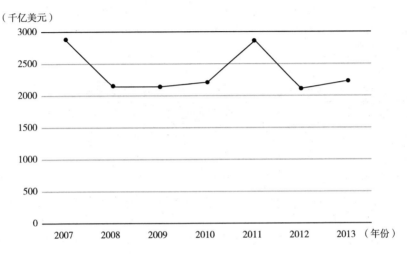

图 8 - 2 2007～2013 年美国服务业对外直接投资流量金额

资料来源：美国经济分析局。

同时，对于美国服务业对外直接投资占总对外直接投资的比例，从表 8 - 1 中可以看出，从 2007 年的 73.58% 上升到 2013 年的 68.04%。

表 8 - 1   2007～2013 年美国服务业对外直接投资占总对外直接投资比例

单位：百万美元

年　份	2007	2008	2009	2010	2011	2012	2013
服务业对外直接投资流量	289558	215682	214463	220654	286968	212139	223399
总对外直接投资流量	393518	308296	287901	277779	396569	311347	328343
服务业对外直接投资占总对外直接投资份额（%）	73.58	69.96	74.49	79.44	72.36	68.14	68.04

资料来源：美国经济分析局。

从表 8 - 1 中可以看出，2007～2009 年，美国服务业对外直接投资占总对外直接投资的比例以较快的速度上升，而 2009～2011 年，速度稍有放缓。

2011～2013 年，该比例略有下降。

2. 行业分布。

总的来说，美国的服务业对外直接投资主要分布在非银行业控股公司、金融与保险等行业中。其中，2013 年，非银行业控股公司和金融与保险行业所占比例较大，两者之和所占比例超过了 80%。而在所有行业中，非银行业控股公司所占比例最大，达到了 60%。其次是金融与保险行业，占到了 21%。详见表 8－2。

表 8－2　　　　2007～2013 年美国服务业对外直接投资的行业分布　　　单位：百万美元

服务业分类	2007 年	2008 年	2009 年	2010 年	2011 年	2012 年	2013 年
信息服务	116923	130985	135088	126063	133658	147705	157465
出版业	62121	77867	60029	56526	63399	69282	74563
电影、录音行业	13086	10818	14465	8517	8496	9534	9589
广播（除网络）和电信	22124	18942	31866	31263	35424	41276	43014
数据处理等信息服务	3924	6775	7423	6559	6540	6622	7673
存款机构银行业	123202	128301	124600	118585	101240	107712	105965
金融和保险	649773	686551	722537	734859	733469	764867	767181
除存款机构的金融行业	518359	564302	580122	597853	596566	607645	615910
保险行业	131415	122250	142415	137006	136903	157222	151270
专业技术服务	81344	77393	79548	81874	81503	91497	98841
非银行业控股公司	1039045	1198220	1444844	1584903	1808505	1983323	2153281
其他服务业	207466	218845	227491	235764	274178	297121	310849
农牧畜渔业	1111	945	2007	2175	3431	3867	5018
公用事业	9610	7375	5053	5661	8640	10754	11910
建筑行业	1625	2141	2508	2561	1892	2397	2967
零售业	32354	36991	42582	48449	62967	67128	64998
运输与仓储	21658	25371	31948	35550	37211	42089	46647
房地产和租赁服务	90066	98832	88663	86980	105123	108823	113946
行政、支持和废物管理	16061	12521	17579	16801	16984	17972	19927
废物管理和补救措施的服务	1177	1168	1389	1542	2238	1830	1318
医疗保健和社会援助	858	992	668	813	1273	1165	1213

续表

服务业分类	2007 年	2008 年	2009 年	2010 年	2011 年	2012 年	2013 年
住宿及膳食服务	23341	20408	24381	24772	23155	28534	28826
杂项服务	10784	13269	12105	12001	13503	14391	15397
教育服务	730	841	1493	1974	1954	2149	2438
娱乐服务	6879	8554	5876	5731	6547	7706	8399
其他服务	3175	3874	4735	4297	5003	4536	4560

资料来源：美国经济分析局。

（二）日本

20 世纪 50 年代以来，日本已然成为世界重要的对外直接投资大国之一。随着信息技术革命的深入，其对外直接投资的资本实力、技术水平、管理和营销能力都得到迅速的提升，因而对服务业的海外投资也异常活跃。

图 8 - 3 是 2005 ~ 2013 年日本服务业对外直接投资（流量）的情况。可以看出 2005 ~ 2006 年，日本服务业对外投资有所下降。而 2006 ~ 2008 年以非常快的速度上升，在两年时间内从大约 85 亿美元上升到 728 亿美元。但是 2008 ~ 2010 年，由于受到金融危机等多种原因的冲击，其服务业对外直接投

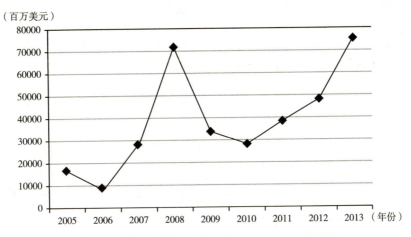

图 8 - 3　2005 ~ 2013 年日本服务业对外直接投资金额

资料来源：通过日本贸易振兴机构数据整理而得。

资又发生了大幅度的下降，两年之内从 2008 年的峰值 728 亿美元降到 2010 年的 282 亿美元。之后一直逐年上升，到 2013 年，日本服务业对外直接投资达到了 758 亿美元。

在行业分布方面，从图 8－4 中可以看出，2013 年日本的服务业对外直接投资集中于金融保险业和通信业上，其中金融保险业占到了总服务业对外直接投资的 35%，通信业占到了 31%。排在第三的是批发零售业，占到了总对外直接投资的 17%。这三个行业的对外直接投资占到了总的对外直接投资的 83%。

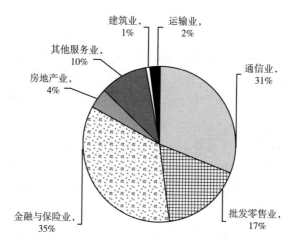

图 8－4　2013 年日本各服务业对外直接投资占服务业对外直接总投资比例
资料来源：通过日本贸易振兴机构数据整理而得。

（三）韩国

自 1997 年韩国的跨国企业进入全面自由化的对外投资时代以来，韩国的对外直接投资呈上升趋势，其中也有一些年份的投资额有些许波动。在总的对外直接投资中，服务业投资所占比例较高，并且也在波动中略有下降（见图 8－5）。

由图 8－6 可以看出，韩国的服务业对外直接投资占总对外直接投资的比例 2008～2011 年有所下降，从 54.7% 降到 36.6%。而 2012～2014 年又有所回升，2014 年韩国服务业对外直接投资占总对外直接投资比例达到 49.9%。

（百万美元）

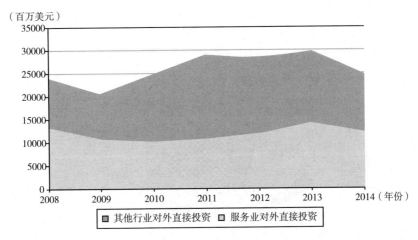

图 8 - 5　2008～2014 年韩国服务业和其他行业对外直接投资情况

资料来源：由韩国进出口银行数据整理而得。

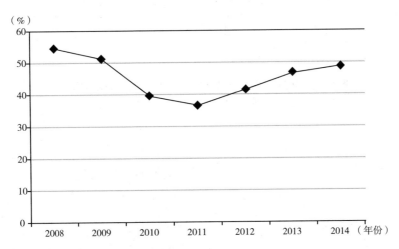

图 8 - 6　2008～2014 年韩国服务业对外直接投资占对外直接投资比例

资料来源：由韩国进出口银行数据整理而得。

　　从行业来看，2014 年韩国服务业对外直接投资主要集中于房地产行业和金融保险业。其中，金融与保险行业的对外直接投资占到总对外直接投资的 26.4%，金融与保险行业占到 25.1%。与此同时，批发与零售业及专业技术服务所占比例也较大，分别为 11.9% 和 10.3%。

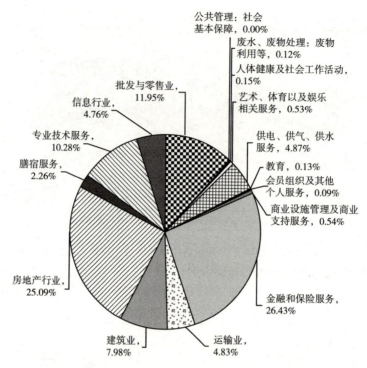

图 8 – 7 2014 年韩国各服务业 FDI 占对外直接投资的比例

资料来源：由韩国进出口银行数据整理而得。

第二节 中国服务业对外投资现状与问题

中国服务业对外直接投资起步较晚，但发展很快。目前，服务业已经成为我国对外直接投资的主要行业，成为我国大规模"走出去"的主要力量。

一、中国服务业对外直接投资主要特点

2011 ~ 2014 年，在全球直接投资流量年缩减 8% 的背景下，中国对外直接投资逆市上扬，年增长率达 16%。2015 年第一季度，国内企业境外直接投资继续保持较快增长，我国非金融类企业在全球 143 个国家和地区开展投资，

境外直接投资额257.9亿美元，同比增长29.6%。对外直接投资已经成为我国开放型经济发展的新亮点。其中，服务业对外直接投资多年以来一直是我国对外直接投资的主要行业。

（一）对外直接投资的规模

从整个对外投资来看，我国2007～2013年从规模上取得了质的飞跃。2007年我国的对外直接投资流量仅为265亿美元，2013年我国对外直接投资流量为1078亿美元，仅次于美国和日本排名世界第三。

而从2007～2013年的数据来看，中国服务业的对外直接投资也在波动中呈上升趋势（见图8-8）。从2007年的195.6亿美元上升到2013年的689.8亿美元。

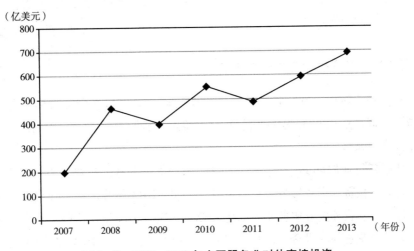

图8-8　2007～2013年中国服务业对外直接投资

资料来源：国家统计局。

多年以来，服务业在我国对外直接投资中占有重要地位。但由于近几年，我国在资源开发、制造业等领域的海外投资规模逐年扩大，服务业占中国总对外直接投资净额的比例有所下降（见图8-9）。2007年，服务业对外直接投资占中国总对外直接投资的73.8%，2013年下降到64.0%。

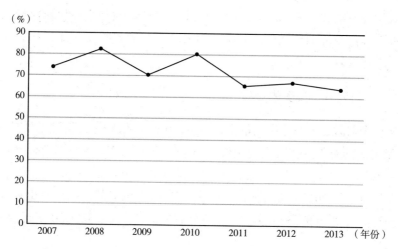

图 8 - 9 2007～2013 年中国服务业对外直接投资占总对外直接投资比例
资料来源：国家统计局。

（二）对外直接投资的行业分布

中国企业对外投资日趋成熟，从早期的倚重寻求自然资源转向全球战略布局。投资产业由早期集中在能源矿产类扩展到科技、地产、金融、农业、医疗等多个领域。

从服务行业内部分布看，一直以来，我国海外服务业投资主要集中于批发和零售业、租赁和商务服务业、投资平台公司。2013 年我国服务业对外直接投资流量中，租赁和商务服务业为 270 亿美元，约占 39.2%，这些不从事具体经营业务的企业总部的投资，以及总部下属单位的投资及下属单位的利润再投资，均包含在这一领域当中，因此其投资流量和存量非常高。近年来，中国对海外服务业的投资已拓展至金融、交通运输业、文化产业、信息技术和服务外包、研发等行业。2012 年，大连万达以 26 亿美元收购了美国第二大院线集团 AMC 娱乐公司。2013 年，金融服务业对外直接投资额为 151 亿美元，约占 21.9%；批发和零售业为 146 亿美元，约占 21.2%，其中主要是贸易类投资。这三个行业的对外直接投资约占总服务业对外直接投资的 82.3%。值得注意的是，我国对知识、技术和人力资本密集型行业的对外投资比较有限，科学研究等行业的对外直接投资所占比例非常小，2013 年只占到了 2.60%。

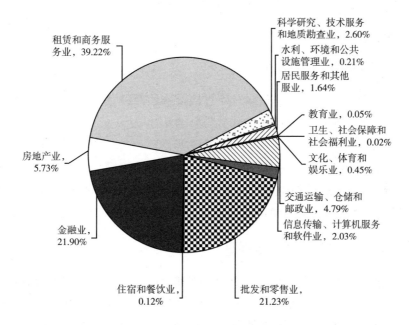

图 8 - 10 2013 年中国服务业各领域对外直接投资分布

资料来源：国家统计局。

（三）对外直接投资的主体

我国服务业的大规模投资多由国有企业特别是央企完成。从我国对外投资的境内主体和境外企业数量来看，2012 年，中央企业及单位仅占境内投资者登记注册的 2.9%；其设立境外企业数量仅占 11.6%，但其完成的非金融类投资却占到全部对外投资存量的 71.5%。可见我国的对外投资，包括服务业投资仍主要依托于国有企业的雄厚资本。同时，这种投资模式也容易被东道国误解为政府行为，对企业的并购和经营造成不良影响①。

随着中国民营企业实力的不断增强和政府对民企"走出去"支持力度的加大，中国对外直接投资由早期的国企主导模式逐渐演变为国企和民企并驾齐驱。报告认为，相比国企，民企经营体制灵活，投资领域更为多元化，同

---

① 武芳：《中国服务业"走出去"图景》，载《中国外资》2014 年第 4 期。

时较少受到东道国可能严苛的政治审查；但与此同时，民企出海面临比国企更多的阻力，比如融资难。

（四）对外直接投资的方式

绿地投资和跨境并购是我国对外直接投资的两种主要方式。据商务部统计，2004～2013 年，我国跨国并购交易金额从 30 亿美元增长到 529 亿美元。根据安永发布的《中国对外直接投资展望 2015》报告，我国服务业通过并购方式进行的直接投资比例也呈上升趋势。2014 年，中国公司能源矿产类并购交易金额所占比重由 2010 年的 61% 下降到 16%；而科技、媒体和通信（TMT）行业的比重则由 6% 增长到 21%。

（五）对外直接投资的国别地区

从我国服务业"走出去"投资的国别和地区分布来看，其主要对外直接投资国别地区包括中国香港、欧盟、东盟和欧盟等经济体。2012 年，我国对香港地区的服务业直接投资存量为 2672 亿美元，占我国服务业对外投资总额的 67.44%；对欧盟投资 203 亿美元，占 5.13%；对东盟投资为 125.2% 亿美元，占 3.16%；对美国投资 97.3 亿美元，占 2.46%[①]。

二、中国服务业对外直接投资存在的问题及原因

（一）服务业对外直接投资的规模偏小

总体看，与美国、日本等发达国家相比，中国服务业在海外投资的存量还是比较低的。截止到 2014 年，我国对外直接投资存量金额约为 6600 亿美元，约占世界国际直接投资存量的 2.5%，而美国海外直接投资存量约占世界的 25%。其中，服务业作为发达国家的投资主要领域，我们与发达国家在服务业领域的对外直接投资差距更大。

就服务业企业而言，我国投资海外的服务业企业数量不小，但平均投资额不到 110 万美元，大大低于发达国家平均 600 万美元的投资水平，并且也

---

① 武芳：《中国服务业"走出去"图景》，载《中国外资》2014 年第 4 期。

低于发展中国家平均 450 万美元的水平。

目前我国服务业境外投资规模较小，服务企业之所以还能从事跨国经营有两方面的原因：一方面，我国仍然具有相对廉价的劳动力，成本较低；另一方面，产品暂时能够满足国际市场需求。但是随着国内生产成本的升高以及其他更多成本较低的发展中国家的参与，我国的服务业企业竞争力将会被削弱。

（二）服务业对外投资与产业发展不匹配

服务业对外投资与产业发展水平不匹配。我国服务业对外投资在对外直接投资总额中所占比重非常高，存量占比在 75% 左右，而我国服务业在 GDP 中的比重却只有 48% 左右。从行业具体构成来看，中国服务业的对外直接投资仍然多集中于租赁和商务服务业、金融业和批发零售等行业，而技术和知识密集型服务业，如专业服务、技术研发、咨询等所占比重较低。例如，租赁与商务服务业增加值仅占 GDP 的 2% 和服务业增加值的 4.3%，但这一领域对外投资却占到对外投资流量的 34.3% 和服务业对外投资的 52.4%。这种投资格局的出现，一方面与我国制造业生产大国和商品出口大国的国情相匹配；另一方面，也说明我国企业对外直接投资的发展仍然处于国际化的初级阶段，在这个阶段中，大量的服务业投资都是以建立销售公司或办事处为形式，为促进商品进出口服务而形成的，而非成立真正的公司总部或者大型商贸中心。

事实上，我国服务业对外投资在全部对外投资流量中的占比也远高于世界平均水平。全球直接投资流入服务业的比例约在 40% ~ 50%。世界其他成熟市场经济国家的对外投资均与自身产业发展步伐一致。如美国，截至 2012 年，其服务业对外直接投资 33887.9 亿美元，占全部海外投资存量的 76.1%，与服务业在国内 GDP 当中的比例 75% 相当，服务业内部的信息产业、专业技术服务等领域的对外投资和自身发展程度也相吻合。相比较而言，我国服务业对外投资与产业发展的关联度并不大。企业在自身综合实力和竞争能力不足的情况下进行资本密集型的快速扩张，其投资的内在质量和效益仍有待验证。

（三）服务企业大多数为国有企业

现阶段，我国由于自身国情，我国服务业大规模投资多由国有企业，特别是央企完成。2012 年，中央企业及单位仅占境内投资者登记注册数量的 2.9%；其设立境外企业数量仅占 11.6%，但其完成的非金融类投资却占到全部对外投资存量的 71.5%，可见我国的对外投资，包括服务业投资仍主要依托于国有企业的雄厚资本，而较少涉及技术、人力资本投入。同时，这种投资模式也容易被东道国误解为政府行为，对企业的并购和经营造成不良影响。一方面，我国国有企业在结构上存在一定的缺陷，比如所有者和经营者在目标取向上存在扭曲，责权不对称等，对于企业经营者的激励机制不完善，使得国有服务企业在国外市场竞争中存在效率和竞争力低下等问题；另一方面，我国服务业在产品质量标准、技术管理等方面与国际上的水平存在明显差距，这使得我国的服务业企业在国外竞争中处于劣势地位。虽然近年来，中小企业和私营企业也开始慢慢走出国门，逐渐成为服务业对外直接投资的一股新生力量，但是从投资主体来看，现在仍以国有企业为主，中小型企业、民营企业较少，因此需要进一步促进投资主体的多元化发展。

第三节　跨国公司与中国服务业跨国公司培育

一、世界服务业跨国公司发展现状与特点

（一）服务业跨国公司发展迅速

自 20 世纪 60 年代以来，跨国公司在全球范围内发展迅猛。当前跨国公司的直接对外投资占全世界固定资本形成的 12% 以上，投资存量占全球 GDP 的 22% 以上，海外分支机构的价值增值约占全球 GDP 总额的 11%，跨国公司生产的产品总值达到世界 GDP 总额的 25% 以上。

2000 年以来，服务业跨国公司在全球 500 强企业的比例一直在半数以上，并且在以每 100 家企业为一个测度的五个层次的排名中，服务业在各层中所分布的比重比较均匀。随着世界经济服务业加速发展的趋势，制造业与

服务业的融合更加紧密，传统制造业跨国公司的服务业务占比越来越大，不少制造业企业都转型为服务型跨国公司。目前，排名世界前100强的跨国公司，服务业企业占绝大多数，主要涉及金融保险业、批发与零售服务业、运输仓储业等领域。对中国而言，2006～2012年，进入《财富》100强的中国企业数量由1家增加到12家，其中金融企业达6家，占一半。而值得一提的是，百度、腾讯两家高科技信息服务企业也已进入全球《财富》100强。

（二）服务业领域跨境并购成为重要投资方式

事实上，从20世纪90年代起，企业并购已然成为跨国公司广泛使用的进入国际市场并进行扩张的方式。到21世纪，它们极大程度上驱动了FDI的兴起。但是，绝大多数的企业并购都发生在服务业。它们在全球跨国并购中的份额从1990年的36%左右上升到2000年的63%的顶峰，在接下来的经济滑坡年份中保持较为稳定的水平。2008年金融危机导致全球并购交易骤降，2009年全球并购交易规模仅为6880亿美元。从2011年开始，全球并购交易开始复苏，在服务业领域的跨国并购也增多起来。例如，美国联邦快递于2015年4月宣布巨额收购荷兰的TNT快递公司。对于中国而言，2013年对外投资并购项目424起，涉及70个国家和地区，实际交易总额529亿美元，其中直接投资337.9亿美元，占当年中国对外直接投资总额的31.3%，2014年对外并购交易规模达到569亿美元，涉及的领域除采矿业和制造业外，还包括房地产、租赁和商务服务、信息传输、软件技术服务、批发和零售行业等服务业，占跨国并购交易总额约20%。

（三）非股权形式投资普遍

服务业的跨国公司的参与形式大多是非股权形式，这也是服务业与制造业跨国公司活动的突出差别之一。这些非股权形式包括特许经营、管理合同、承包、BOT及BTO工程项目。在一些服务业中，比如旅馆、饭店等专业服务中，非股权形式是重要的甚至是主要形式。这种情况的出现主要是因为服务业的竞争优势主要是以知识为基础的无形资产，并且跨国公司转移的关键知识是可编译的，在股权基础的经营中，它们可能平等地受到很好的保护并提高非股权基础的安排。

二、中国服务业跨国公司现状及存在的问题

(一) 中国服务业跨国公司发展现状

最近 10 多年来，随着我国企业"走出去"步伐加快，我国跨国公司数量和规模不断发展壮大。目前，中国跨国公司进入世界 500 强的数量达 25 家，在世界各国排名中居第五位（见表 8-3）。

表 8-3 　　　　2013 年《世界品牌 500 强》入选数最多的 10 个国家

名 次	国 家	数 量	曾入选《世界 500 强》数量
1	美国	232	164
2	法国	47	43
3	日本	41	78
4	英国	39	33
5	中国	25	109
6	德国	23	43
7	瑞士	21	18
8	意大利	18	13
9	荷兰	9	16
10	瑞典	7	6

资料来源：《财富》杂志。

从排名 100 强的企业名单来看，进入这个名单的主要是金融企业。2006~2012 年，进入《财富》100 强的中国企业数量由 1 家增加到 12 家，其中金融企业达 6 家，占一半。而值得一提的是，百度、腾讯两家高科技信息服务企业也已进入全球《财富》100 强（见图 8-11）。

按照 2013 年境外资产排名的 2014 年全球最大 100 家非金融类跨国公司，境外资产规模合计达 8.1 万亿美元，其境外资产平均值为 810 亿美元；入选的中国内地企业只有 3 家，分别为中信集团、中国远洋集团和中海油集团，其境外资产分别为 786 亿美元、434.5 亿美元和 342.7 亿美元，均低于全球的

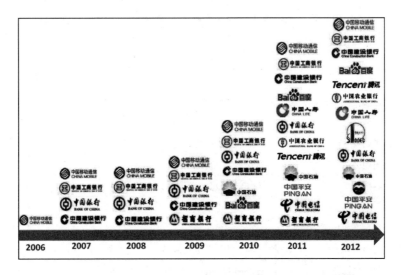

图 8 - 11　2006 ~ 2012 年全球最具价值品牌 100 强上榜中国品牌

资料来源:《财富》杂志。

810 亿美元的境外资产平均值，特别是后两家境外资产同全球平均值差距较大（见表 8 - 4）。

表 8 - 4　入选 2014 年全球排 100 名非金融类跨国公司中的中国内地企业

公司名称	行　业	海外资产排名	境外资产额（百万美元）
中信集团	多样化	36	78602
中国远洋运输（集团）总公司	交通、仓储	73	43452
中国海洋石油总公司	石油加工、提炼、分销	98	34276

资料来源：联合国贸发会议网站（www. unctad. org/wir）。

2014 年发展中和转型经济体排名前 100 位的非金融类跨国公司，其境外资产规模合计达 1.5 万亿美元；入选的中国内地企业有 12 家，中国铁建集团排名最后，其境外资产仅 37.61 亿美元。中国跨国公司海外资产规模虽然不高，但增长较快。以 2013 年、2014 年连续两年入选全球前 100 位的非金融类跨国公司的中信集团和中国远洋集团为例，其境外资产和上年度相比分别增长了 9.9% 和 7.5%（见表 8 - 5）。

表 8-5 发展中和转型经济体 100 强非金融类跨国公司中的中国内地企业

公司名称	行 业	海外资产排名	境外资产额（百万美元）
中信集团	多样化	2	78602
中国远洋运输（集团）总公司	交通、仓储	6	43452
中国海洋石油总公司	石油加工、提炼、分销	7	34276
中国石油天然气集团公司	石油加工、提炼、分销	24	19284
中国中化集团公司	石油加工、提炼、分销	35	14704
联想集团有限公司	电子及电子设备	44	11962
中国移动有限公司	电信	61	8349
中国电子信息产业集团公司	电子	68	7784
中粮集团有限公司	食品、饮品及烟草制品	77	5952
中国石油化工集团公司	石油加工、提炼、分销	85	5030
中国五矿集团公司	金属及金属产品	89	4885
中国铁道建筑总公司	建筑	100	3761

资料来源：联合国贸发会议网站（www.unctad.org/wir）。

从中国服务业跨国公司经营情况看，其经营业务多元化特征十分明显。中国服务业跨国公司的业务表现了明显的综合性特征。在位居中国非金融类境外企业销售收入前四十家公司中，各跨国企业的业务范围都比较广泛。例如，中粮集团有限公司是中国最大的粮油食品进出口公司和实力雄厚的食品生产商，在与大众生活息息相关的农产品贸易、生物质能源开发、食品生产加工、地产、物业、酒店经营以及金融服务等领域成绩卓著。中国海运（集团）总公司是以航运为主业的跨国经营、跨行业、跨地区、跨所有制的特大型综合性企业集团。中国海运主营业务设有集装箱、油运、货运、客运、特种运输等专业化船队；相关业务有码头经营、综合物流、船舶代理、环球空运、船舶修造、船员管理、集装箱制造、供应链贸易、金融投资、信息技术等产业体系。华润（集团）有限公司建基香港，主营业务与大众生活息息相关，主要包括零售、电力、饮品、地产、食品、医药、纺织、化工、水泥、微电子、燃气、压缩机等行业。从而我们可以看出，中国服务业跨国公司业务多元化趋势明显，这种多元化经营模式不仅涉及服务业各门类，也包括制造与服务在内的多元化。

（二）中国服务业跨国公司存在的问题

1. 国际化水平较低。

中国服务跨国公司总体国际化水平偏低。2014年全球排名前100位的非金融类跨国公司平均国际化指数为64.6%，而入围该名单的3家中国内地企业的平均国际化指数仅为28.2%，没有一家中国企业的国际化指数达到平均水平。2014年发展中国家和转型经济体排名前100位的非金融类跨国公司的平均国际化指数为54.2%，而入选该榜单的12家中国内地企业平均国际化指数仅为19.9%，只有中国远洋集团和联想集团接近上述水平。通过上述对比发现，中国跨国公司（包括服务业跨国公司）的国际化指数整体较低。实际上，对比中国远洋集团、中信集团2013年、2014年数据，这两家企业国际化指标还有所下降。

2. 缺乏高端核心竞争力。

我国企业长期以来的发展主要依赖低成本生产要素优势，开展国际品牌代工生产或外包生产，无法掌控核心技术，缺乏自己的品牌和渠道，自主创新刚刚起步，研发投入强度和创新能力均与美欧发达国家跨国公司存在明显差距。高素质、具有跨国管理经验的国际化人才更是匮乏。

3. 公司治理结构易招致误解。

我国跨国企业曾经长期在并不规范的市场环境中运营，当进入成熟的海外市场之后，规范运作能力不足就凸显出来。企业的治理结构问题已成为中国跨国公司在国际市场上发展的主要障碍。即使对于跨国运营比较成功的企业也存在这样的问题。尤其是一些企业属于国有企业，更加大了在跨国经营方面的障碍。现在，一些有影响力的投资和并购项目，相当一部分是由我国大型国有企业完成的，对于这些项目，更易成为在东道国进行政治攻击或文化抵制的目标，增大运营风险。

4. 中国跨国公司发展制度环境不够完善。

我国现有法律规定侧重于对涉外投资管理的居多，服务鼓励的偏少，而且多以鼓励加工贸易类、资源投资类为主，对并购海外知名品牌企业、研发型企业支持不够，对外投资审批程序繁琐，内容缺乏透明性，自由裁量权大，时间周期长，与跨国投资所需的快速反应不协调、不匹配；海外投资面临较大的政治和市场风险，以及法律风险，我国目前境外投资风险保障体系尚不健全。

5. 东道国企业社会责任的要求对中国跨国公司形成挑战。

当下东道国对跨国公司的要求日益苛刻，要求企业不再将利润作为唯一的目标，而将企业的社会责任放在重要的位置，强调对环境、对社会的贡献。而我国过去长期粗放增长模式下形成的"三高一低"的不良形象已成为开展跨国运营的隐形障碍。部分中国企业社会责任意识不够强，对当地政治、社会、环境关注不够，也亟须改变。

第四节　加快中国服务业对外直接投资的思路与建议

一、加强服务业对外直接投资的战略规划引导

服务业对外直接投资在我国对外直接投资总体战略中占有重要地位，它是反映我国海外直接投资发展阶段，促进海外直接投资可持续发展的重要力量，对国内产业结构调整、推动经济发展模式转型均具有重要意义。一方面，服务业海外直接投资对于能源资源、制造业对外直接投资起到重要支撑作用，能够在很大程度上改善我国整体海外直接投资能力与效益。另一方面，服务业作为一个独立的产业，随着服务业国际化深化发展，唯有开展海外直接投资，才能抢抓海外服务业市场，促进海外服务销售，扩大服务贸易出口。尤其是金融服务业的海外投资，对于我国海外投资与贸易都起到非常重要的支撑作用，它是衡量国家对外投资整体竞争力的重要指标。为此，政府应加强对服务业海外直接投资的规划引导，通过制定长期性、全局性和战略性的规划与方案，对服务业海外投资重点领域开展布局，研究制定促进政策与举措，这不仅有利于提升我国服务企业海外投资的整体水平，也有利于促进对外经济和国民经济的战略性调整与转型。

二、完善服务业对外直接投资的法律法规建设

对我国服务业对外直接投资实施有效的宏观管理，建立完整科学的体制

和配套的法律法规也是十分必要的。政府主管部门在服务业对外直接投资方面应当建立更为细致的相关管理体制。另一方面，我国对服务业境外投资的立法还比较落后，因此在法律法规方面，需要尽快与国际法和国际惯例接轨。尤其是要完善知识产权法等，保护知识产权，有利于知识产权在促进服务业对外直接投资中发挥积极作用。

与此同时，政府在服务业对外直接投资的风险保障方面也应当建立相应的有效制度。我国服务业企业在国际市场经营时，缺乏政府保障的对外投资保险制度，对于对外投资在国外可能遇到的政治风险等不能提供保护。随着越来越多的企业到世界各国投资，企业面临的例如政治风险等的非商业风险也会越来越多，为把企业的对外投资风险减少到最低程度，政府应当建立对外投资保险制度，从而推动我国服务业对外直接投资的进一步发展。

三、完善支持和促进服务业海外投资的政策体系

中国服务业企业在海外直接投资与运营离不开我国政府的鼓励与政策支持，应当在加强法律制度管理的同时，进一步完善支持和促进服务业海外投资的自由化、便利化和服务保障政策。

第一，应进一步提高服务业对外直接投资自由化和便利化水平。服务业海外直接投资是我国对外开放程度的重要指标，也是扩大我国服务贸易（服务业海外销售）的重要渠道。必须进一步简化服务业海外投资的备案与审批程序，为我国服务业扩大海外投资规模创造宽松自由环境。目前，我国对海外直接投资进行备案制度，仅对敏感地区和敏感行业的海外投资进行审批。针对服务业海外投资特点，应进一步改革简化在资本金汇出、营业收入与经营费用的外汇收支管理。

第二，进一步完善服务业海外直接投资的促进与服务体系。针对服务业的不同行业和领域，制定相应的投资促进与服务体系，积极鼓励服务企业建立海外分支机构，扩大商业存在形式的服务贸易。对于运输物流、信息技术和服务外包、专业服务、研发设计等生产性服务业，研究出台相应的鼓励与促进政策。针对服务业各行业特点，利用国家财政资金提供海外服务业市场的公共信息服务，为我国服务企业开拓海外市场创造条件。政府可以设立专

项扶持基金，为有对外投资需求却面临资金困难的中小型企业提供资金扶持，而对于投资于政府鼓励的重点领域、行业等服务业企业可提供财政补贴等。

第三，积极商签《避免双重征税协议》，为企业营造良好的国际税收政策环境。对外直接投资的服务业企业及其海外子公司一定的税收减免与优惠，并且在对外投资过程中所带动的出口设备等产品方面，应当免征关税或者实施出口退税政策。

四、优化海外投资产业结构

目前我国服务业对外直接投资的行业仍主要集中于租赁与商务服务、批发零售、建筑等行业，与全球投资的产业倾向趋势比较相似。因此我国应当在保持现有投资产业的基础上加大对现代服务业和新兴服务产业的投资力度，发展以现代服务业和新兴服务业为主的海外投资产业体系。

首先，对于传统的批发零售、租赁和商务服务、建筑服务等行业，应着力建设现代商业模式，通过收购当地零售企业、购物中心，新建专卖店等途径，占领东道国市场的销售终端。对于建筑服务业，应以工程承包与直接投资相结合，推动建营一体的商业模式，获取持续的商业利益。

其次，对于金融、物流运输、研发设计、会计法律等专业服务等现代服务业，应积极引导、加强海外投资与网点布局，为中国在能源资源、制造业领域的海外投资提供金融、物流运输和专业咨询服务支撑。会计法律事务所应通过设立分所、参加海外网络、建立业务联盟等途径，开拓海外市场，为中国"走出去"企业服务。

最后，对于信息技术、服务外包、互联网服务等我国具有优势的新兴服务产业，应加快"走出去"的步伐，通过并购或新设公司等途径，接近市场、获取最及时信息、加强与客户沟通，结合国内低成本的高技术工程师和研发团队优势，形成信息技术服务、服务外包和互联网服务的核心竞争力。

与此同时，服务业企业应当注重采取本土化战略，积极吸引东道国的员工和管理人才，树立为当地服务的意识。据相关数据显示，我国目前大多数企业，尤其是建筑业的企业，从普通员工到高管人员几乎都是

由国内派遣到东道国去的，这种方式不利于为当地服务和融入东道国的
经济发展进程。

五、增强我国服务业跨国企业竞争力

我国服务业跨国公司的发展尚处于起步阶段，之所以与世界顶尖的跨国
公司差距甚大，关键在于我国的服务业跨国企业缺乏核心竞争力。

一是培育国有跨国公司和民营跨国公司两股力量，相互协作、抱团式
"走出去"。从目前来看，世界经贸强国一般都以西方发达国家的私有经济为
主体。作为西方发达国家经贸强国的重要标志，跨国公司一般为非国有企业。
而我国作为社会主义国家，拥有大量的国有企业，包括中央国有企业和地方
国有企业。我国建设经贸强国的主体或建成经贸强国的重要标志，是形成一
批各行各业有全球竞争力的跨国公司，他们的所有制性质不仅仅是民营企业，
还包括我国的国有企业。不仅在装备制造、资源开发、生产加工等领域有一
批国有大中型企业，在金融、电信、航运、信息软件、旅游饭店、建筑服务
等领域，也有一批国有大中型企业，这些服务类企业也是我国服务业海外投
资的中坚力量。必须积极推进国有大中型服务企业积极开拓国际市场，在参
与国际竞争合作中提高核心竞争力。

二是中国服务业企业要以"一带一路"建设为重点，走"农村包围
城市"道路。亚非拉发展中国家是我国企业走出去的主战场，中国资本、
中国技术、中国装备、中国服务，以及中国方案的主要市场都集中在发
展中国家。因此，我国要充分利用相对于发展中国家的优势，以参与建
设"一带一路"为契机，输出中国制造、中国资本、中国装备和中国方案的
同时，积极输出中国技术、中国服务。要把中国服务打造成与中国制造齐名
的闪亮名片。

三是我国服务企业必须注重培育自主品牌，只有这样才能成功"走出
去"参与国际市场竞争。品牌对于增加企业竞争优势的作用体现在降低成
本、降低风险、增加附加值等方面，一旦某种服务形成了品牌，消费者就不
需要再进行多种购买前的比较就进行购买。然而我国服务企业长期以来并不
重视塑造服务品牌，这在很大程度上制约着我国服务企业的竞争力。中国公

司应当认识到，公司的成长离不开自主品牌和自主知识产权。而国外具有强大竞争力的服务产品无一例外地具有驰名世界的品牌或商标。因此中国服务企业必须拥有品牌意识，同时优化企业组织结构，增强企业实力，培育成一批多元投资主体的大公司或大集团。

第九章　服务业开放重点领域

本章分析的重点既包括运输、旅游等我国传统的服务产业的开放领域，也包括在新形势下制约我国经济发展的关键服务领域的开放状况，如金融、电信等，还包括新环境下我国重点突破的服务领域的开放，如文化等。

第一节　金融服务开放

加入 WTO 前，我国已逐步开放金融领域，1999 年底，已批准设立了各种经营性外资金融机构 191 家（不含保险业）。加入 WTO 后，我国金融服务业在跨境提供、境外消费、商业存在和自然人流动四种方式上作出了大范围的开放承诺，金融服务业对外开放进程明显加快。截至 2013 年 4 月底，来自 15 家国家和地区的银行在华设立 38 家外商独资银行（下设 271 家分行）、2 家合资银行（下设 3 家分行）、1 家外商独资财务公司，来自 25 个国家和地区的 72 家外国银行在华设立 93 家分行；共有外资人寿保险公司 26 家，占国内人寿保险公司总额的 38.2%，外资非人寿公司 21 家，占国内非人寿保险公司总额 33.3%。同时，截至 2012 年底，我国 32 家中资银行引进了 42 家外国战略投资者；我国共有 7 家外资参股的证券公司，主要以经纪业务的高端客户和投行业务为主。

一、开放的特点

从我国金融服务业对外的开放进程看，明显有以下几个特点。

（一）金融服务业的开放以多边承诺为基础

2001 年我国加入 WTO，对金融领域开放有大量承诺，包括：外资金融机构的进入需符合谨慎性的要求；允许外国非寿险公司设立外资独资公司，允许外国寿险公司设立外资占 50% 的合资公司；允许外国服务提供者设立合资公司，从事国内证券投资基金管理业务，外资股权不超过 49%，允许外国证券公司设立合资公司，外资拥有不超过 1/3 的少数股权。随后，我国签署了 9 个自由贸易协定，其中除了中国－瑞士的 FTA 外，在其他 8 个自贸协定中对金融开放的承诺与 WTO 保持一致。入世后，随着行业的发展，我国主动扩大对外资金融领域的开放：一是 2012 年证监会修改了《外资参股证券公司设立规则》，将证券公司外资股比从 33% 提高到 49%，这点在中国－瑞士 FTA 中有所体现；二是 2012 年修改了《机动车交通事故责任强制保险条例》，我国开始允许外资保险公司进入法定险种市场——交强险。此外，在中国内地与香港、澳门和台湾签署的 CEPA 和 ECFA 以及 2013 年成立的上海自贸区中，我国都进一步扩大和深化了金融服务的开放。但是应该看到，CEPA 和 CEFA 是在一国两制框架下签署的服务业开放承诺，代表的是我国国内不同地区的相互开放，尽管是协议开放，但性质更倾向于自主性开放，仅针对来自香港、澳门和台湾的金融服务者提供的特定开放。同时，上海自贸区仅允许在特定区域内对外资扩大金融开放。因此，CEPA、ECFA 以及上海自贸区是我国金融服务在局部范围内的进一步开放，并不影响金融业整体和全局的对外开放。因此，整体而言，我国金融服务的开放是以多边贸易体制下的开放为基础的，入世 10 多年来，并没有出现明显的扩大开放和深化开放。

（二）金融服务开放水平不高

1. 与经济发展的阶段相比，金融服务开放水平低。

加入 WTO 时，相比当时的经济发展水平，我国金融服务业开放水平较高。而目前，我国是世界第二大经济体、第一大货物贸易大国、第二大服务贸易大国，从吸收外资大国转变为吸收外资和对外投资双向大国，已经成为净资本输出国。同时，入世 10 多年以来，我国金融业国际竞争力不断提升，但是我国的金融开放水平总体上未突破入世阶段的承诺水平，对外资进入保留了较多限制，一方面影响了外资的进入，限制了良性竞争；另一方面也对我国服务贸易和对外直接投资发展产生明显的制约，不利于新时期经济发展方式的转变和经济结构的调整。

2. 与其他服务业相比，我国金融领域的开放水平明显偏低。

基于赫克曼（Hoekman）频度法对我国 WTO 的开放承诺进行度量的结果显示，在开放承诺的 9 大服务行业中，金融服务的开放水平仅高于教育服务，而低于其他 7 大行业。具体来看，金融服务的开放度仅为 0.63，低于我国服务业的整体开放水平（0.66），尤其是市场准入方面，金融服务的开放度仅为 0.31，是所有行业中对外资准入限制最严的，远低于 0.55 的平均开放水平。另外，从 OECD 发布的全球 40 个国家 18 个行业的服务贸易限制指数①来看，我国保险和商业银行的指标分别为高达 0.50 和 0.49，高于我国 18 个行业的平均贸易限制指数 0.45。

3. 与产业发展相比，金融服务开放水平也明显偏低。

2005～2013 年，金融业增加值在第三产业增加值中平均份额为 11.2%，并且产业发展能力不断提升，2013 年份额达到 12.8%，高于 2005 年 4.7 个百分点；与此同时，我国金融服务贸易在服务贸易总额中的平均比重仅为 5.4%，并且开放水平没有明显提升，一度还有所下降（见图 9 - 1）。因此，我国金融服务对外开放明显滞后于产业发展。主要原因在于，我国保留了较多限制金融开放的条件。以银行业为例，虽然不少外资银行已在华设立分支行，但大部分外资银行仍以代表处的形式在华开展业务，经营范围有限。外资银行在中国的市场份额仅占 1.93%。外资银行在华经营受到业务和地域限制，有持股比例限制②、开设分行的限制和数据要求③、业务种类限制④、许可程序与要求⑤以及资本和流动性限制（如外债配额限制）等。

4. 从国际比较看，我国金融服务对外开放程度较低。

相比发达国家甚至是其他发展中国家，我国在金融领域的开放度都是相对有限的。来自 OECD 的数据显示，我国保险和商业银行的贸易限制指数分别高于新兴国家（包括中国、巴西、印度、俄罗斯、印度尼西亚和南非六个

---

① 注明，服务贸易限制指数和赫克曼（Hoekman）的频度指数刚好相反，贸易限制指数越高说明，开放度越低；反之，开放度越高。

② 单一外国金融机构持有中国金融机构股份不得超过 20%；两家或以上外国金融机构联合持有某家中国金融机构的股份不得超过 25%。

③ 外资银行一次只允许设立一个新分行，获得批准的时间也无法预计。在中国境内设立代表处满两年，且总资产不少于 100 亿美元的外国商业银行，可以申请设立外商独资/合资银行（子行）；在中国境内设立代表处满两年，且总资产不少于 200 亿美元的外国商业银行，可以申请设立分行。

④ 如 2010 年 1 月之后，外国投资者允许设立独资的个人消费金融公司。之前，外资个人金融只限于汽车信贷。但个人消费金融公司不允许进入汽车信贷领域。再如，外资银行的分行不能发售银行卡，只能接受中国境内居民单笔不低于 100 万人民币的定期存款。欲开展本币业务的外资银行，须在中国境内开展业务三年以上，且在申请之前连续两年获利。

⑤ 如商业银行要从事特定服务，如金融衍生服务，离岸客户财富管理等，需要申领单独的许可证。

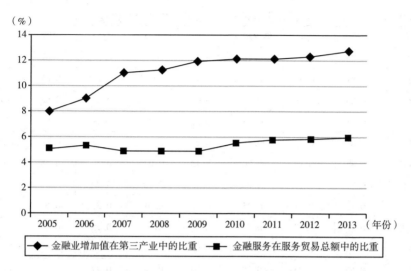

图9-1 金融对外贸易与产业发展对比

资料来源：根据相关年份《中国统计年鉴》和《2013年中国商务年鉴》的数据计算而来。

国家）平均水平0.06和0.05，更明显高于世界平均水平0.29和0.3。因此，我国金融服务业开放面临较大外界压力，尤其是来自发达国家的压力。

二、金融服务需要进一步谨慎开放

尽管相比国内其他服务业以及全球其他国家而言，我国金融服务的开放水平较低，但应该看到，产业的国际竞争力水平决定了我国金融服务的开放水平。2002～2013年，尽管我国包括保险在内的金融服务业的国际竞争力明显上升，从-0.86升为-0.56，但与其他国家相比，竞争劣势非常突出。从表9-1可以看到，与美国、德国、英国等金融服务贸易强国相比，我国明显处于弱势；而与金砖其他三国相比，我国金融的国际贸易竞争力水平也最低。金融在一国的重要性以及目前国际竞争力的弱小使得我国在金融领域的开放一直非常慎重。

表 9 - 1 我国与主要国家金融服务贸易竞争力比较

年份	中国	印度	俄罗斯	巴西	美国	德国	英国	日本
2002	-0.86	-0.43	-0.48	-0.35	-0.03	0.51	0.67	-0.16
2003	-0.81	-0.36	-0.54	-0.46	-0.01	0.29	0.65	-0.19
2004	-0.86	-0.36	-0.57	-0.37	0.04	0.00	0.68	-0.05
2005	-0.83	-0.21	-0.38	-0.38	0.07	-0.03	0.61	0.12
2006	-0.87	-0.14	-0.25	-0.21	0.03	0.18	0.65	0.01
2007	-0.82	-0.14	-0.20	-0.13	0.04	0.22	0.68	-0.01
2008	-0.77	-0.15	-0.26	-0.15	0.00	0.20	0.67	-0.17
2009	-0.72	-0.21	-0.25	-0.28	0.01	0.27	0.67	-0.18
2010	-0.70	-0.22	-0.30	-0.13	0.06	0.25	0.69	-0.34
2011	-0.68	-0.24	-0.35	-0.05	0.12	0.20	0.68	-0.28
2012	-0.62	-0.21	-0.30	-0.04	0.14	0.27	0.67	-0.43
2013	-0.56	-0.17	-0.28	0.01	0.18	0.25	0.65	-0.37

资料来源：根据 WTO 服务贸易数据库各国数据计算而来。

金融危机后，世界经济贸易格局和投资规则出现新调整，国内改革开放也进入了一个新的攻坚阶段，我国需要通过新一轮的开放尤其是服务业的开放在国际上获取更多的规则制定权，也需要通过新一轮的开放来倒逼国内改革和进一步发展。由于金融服务开放水平低下制约了新时期我国服务业的进一步开放，因此，在我国金融服务贸易在国际竞争力不断上升的前提下，应进一步扩大和深化开放。应该看到，为实现 2015 年人民币资本项下可自由兑换，我国已经在四个自贸试验区中加大了对金融服务业的开放力度。同时，国家加大对金融开放风险的管控，国务院新出的 2015 年版负面清单中明显增加金融领域的特别管理措施，这就表明未来我国金融领域的开放应是在管控风险基础上的开放。

第二节　电信服务开放

加入 WTO 时，我国依据承诺开始有步骤、有时序地推进电信服务业的对外开放。主要在四大领域对外资放开了限制，包括增值电信服务（WTO 分类中的 h～n 类）、基础电信中的寻呼服务、移动语音和数据服务以及国内和国际的基础电信服务。除了 CEPA 和 ECFA 之外，我国随后签署的 FTA 中，并没有进一步扩大电信服务业开放，依旧保持了对 WTO 的开放承诺。近年来，我国电信服务业对外开放步伐开始加大。2013 年 5 月工信部出台《移动通信转售业务试点方案》，鼓励民营资本进入基本电信领域。同年，上海自贸区试验区成立，进一步对外资开放增值电信业务，在我国界定的 8 项增值电信业务中有 7 项进行了开放试点。2014 年 1 月 6 日，工业和信息化部和上海市人民政府发布《关于中国（上海）自由贸易试验区进一步对外开放增值电信业务的意见》，明确：①对 WTO 承诺开放，但外资股比不超过 50% 的信息服务业务（含应用商店）、存储转发类业务两项业务外资股比不受限制；在线数据处理与交易处理业务（经营类电子商务）外资股比放宽到 55%。②新增试点开放四项业务：呼叫中心业务、国内多方通信服务业务、因特网接入服务业务（为上网用户提供因特网接入服务）、国内因特网虚拟专用网业务，其中，前三项外资股比不受限制，国内因特网虚拟专用网业务外资股比不超过 50%。

一、开放的特点

我国电信服务业的对外开放较好地引进了外部竞争，极大地促进了电信产业尤其是增值领域的市场化改革和创新，提升了行业的整体水平。目前，我国电信服务业对外开放主要有以下特点。

（一）开放是渐进式的推进

从我国加入 WTO 电信服务业的开放承诺看，一是开放的领域逐渐递进。先增值电信领域放开后逐渐开放基础电信。刚加入 WTO 时仅开放 GNS/W/120 电信服务项下 h～n 类的电信增值服务和基础电信中的无线寻呼服务；加入后一年逐渐开放移动语音和数据服务；加入 WTO 后 3 年，才允许外资进入众多国内和国际的基础电信业务，包括语音服务，分组交换数据传输服务，电路交换数据传输服务，传真服务，国内私有线路租赁服务和国际闭合用户群的语音和数据服务等。二是开放的区域渐进式扩大，由少数城市先行开放逐渐向二三线城市过渡，最后推及全国。首先在北京、上海、广州允许外资进入；其次允许外资进入成都、重庆、大连、福州、杭州、南京、宁波、青岛、沈阳、深圳、厦门、西安、太原、武汉14个城市；最后才在全国范围内放开。三是对外资股比的限制逐渐放开。如增值电信领域和寻呼领域最初外资股比不超过30%，逐渐放宽到不超过49%，最终不超过50%；移动语音和数据服务以及国内和国际基础电信服务中，外资股权占比从不超过25%，逐渐放宽为不超过35%，最后放宽为不超过49%。

（二）开放总体水平偏低

与其他服务业比，电信对外开放处于较低水平。基于赫尔曼（Hoekman）频度法对我国WTO服务业的开放承诺进行度量的结果显示，我国电信服务市场准入的开放度仅为0.44，低于9大行业的平均开放度0.55，仅高于金融和教育行业的开放度。从2014年OCED发布服务贸易限制指数①结果中可以看到，我国电信服务的贸易限制指数为0.53，高于在我国18个行业的平均限制指数0.45，仅次于速递、广播和航空运输的限制程度，处于倒数第四位（见图9-2）。

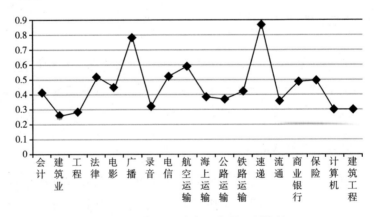

图9-2 我国18个行业贸易限制指数

资料来源：OECD服务贸易限制指数数据库。

---

① 该指数在0~1波动，指数越高，说明限制程度越高。

从国际比较看，我国电信服务开放水平较低。从 OECD 发布的服务贸易限制指数结果可以看出，在 34 个国家中，我国电信服务贸易限制指数为 0.53，仅低于印度尼西亚，高于 0.22 的平均水平（见图 9－3）。与美国、欧盟等发达国家相比，我国电信服务对外开放水平明显偏低，甚至在发展中国家，对外开放程度也较低。主要原因在于我国对外资进入电信服务领域的限制多及竞争障碍多。

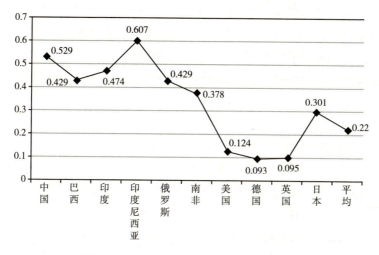

图 9－3　主要国家电信服务贸易限制指数

资料来源：OECD 服务贸易限制指数数据库。

（三）对外资市场准入限制多

电信服务作为一个基础性的战略性产业，其产业的自然垄断性和开放涉及国家信息和网络安全，因此，主权国家对电信服务的开放都是慎重的，我国也不例外，在对外开放中保持了较多限制。在协议开放中，现行开放的四大业务领域中，明确规定电信增值服务和寻呼服务有外资 50% 的上限；移动语音和数据服务以及国内和国际基础电信服务外资股比 49% 的上限。上海自贸区中尽管进一步开放了电信服务，但由于是基本处于充分竞争的增值业务领域，尽管这样，对外资不管是注册地、服务设施还是股权方面依旧保留较多限制。此外，外资企业面临的监管壁垒（如将产品安全凭证与知识产权来源地挂钩等）、有别于国际惯例的网络安全政策等，也构成了外资企业进入通信领域的事实壁垒，导致外资即使以组建合资企业的方式也无法进入大部分的服务市场。据统计，目前，电信服务领域的外资进入非常有限。如在增值电信领域，仅有 34 家合资公司获得了电信服务许可，而行业内发放的电信增值业务牌照近 3 万个，外资企业数占比不到2%，并且外资企业业务员都集中在跨区域电信增值服务的分市场。尽管合资公司可以进入基础电信领域，但由于基础电信业务投资成本高，风险大，且股权有49%的上限，外国投资者无法获得经营管理权，最终导致合资企业进入基础电信领域非常困难。外资进入基础电信领域的渠道主要通过三大巨头：中国电信、中国移动和中国联通的战略投资者引进，到2013 年 7 月[①]，三家企业外资股权占比分别达 19.53%、25.92% 和 23.72%。但可以看出，在基础电信领域，政府依旧占据主导地位，中国电信、中国移动和中国联通的国有股权份额分别达到70.89%、74.08% 和 63.3%。

二、电信服务进一步扩大开放的前景

提升国际竞争力需要进一步扩大电信服务业对外开放。由于我国没有单独统计电信服务贸易数据，比较中我们使用的是通信服务[②]贸易数据。总的来说，在法律法规和政府监管相对完善的条件下，电信服务对外开放有利于产业国际竞争力的提升，以发达国家的经验看，美国和欧盟国家在电信服务领域开放水平远高于日本，相应地，这些国家电信服务的国际竞争力也明显高于日本。纵向看，入世后，尽管我国电信行业快速发展，出口规模不断扩大，但由于电信服务对外开放管制过多，国际竞争力并没有得到明显提升（具体见表9－2）；横向看，2013 年，我国电信服务业竞争力不但远低丁美国、英国等发达国家，甚至还低于印度、巴西等发展中国家。在国家对电信服务的绝对垄断中，我国电信行业的发展与世界强国的差距越来越大。因此，我国需要在不断完善法律法规和政府监管的基础上，平衡协调好开放和监管的关系，进一步加快电信行业的市场化改革和对外开放，不断引进良性竞争，促进行业健康发展。

---

① 数据来源《第五次贸易政策审议报告》第 133 页。
② 根据 WTO 的分类，通信服务包括电信服务、速递服务和视听服务，电信服务是通信服务的组成部分。

表 9 - 2 主要国家通信服务贸易竞争力比较

年份	中国	巴西	印度	印度尼西亚	俄罗斯	南非	美国	德国	英国	日本
2002	0.078	0.053	-0.125	0.007	-0.044	0.135	-0.054	-0.311	0.042	-0.102
2003	0.198	0.102	0.227	0.307	-0.112	0.155	-0.001	-0.208	0.069	-0.090
2004	0.077	0.555	0.308	0.399	-0.190	0.123	-0.025	-0.178	0.093	-0.156
2005	-0.109	0.363	0.579	0.337	-0.063	0.069	-0.009	-0.187	0.072	-0.219
2006	-0.017	0.337	0.565	0.317	-0.066	0.138	0.033	-0.164	0.064	-0.254
2007	0.041	0.484	0.462	0.354	-0.010	0.006	0.044	-0.175	0.104	-0.300
2008	0.019	0.218	0.407	0.171	-0.115	-0.083	0.104	-0.152	0.073	-0.243
2009	-0.005	0.359	0.239	0.390	-0.174	-0.259	0.125	-0.161	0.039	-0.255
2010	0.035	0.232	0.141	0.346	-0.217	-0.283	0.143	-0.175	0.060	-0.165
2011	0.184	0.222	0.083	0.286	-0.264	-0.195	0.232	-0.145	0.069	-0.123
2012	0.042	0.100	0.231	0.207	-0.242	-0.239	0.260	0.019	0.145	-0.100
2013	0.018	0.034	0.319	0.092	-0.238	-0.032	0.266	0.037	0.239	-0.192

资料来源：根据 WTO 服务贸易数据库数据计算。

第三节 运输服务开放

WTO 的运输服务业开放包括海运服务、空运服务、内陆水道运输服务、铁路运输服务、公路运输服务和管道运输服务。按照我国加入世贸组织议定书的服务贸易承诺减让表，我国在除管道运输外的其他领域均作出开放承诺。在我国对外签署的双边 FTA，以及在入世之后的自主开放如 CEPA 和 ECFA 等当中，也多次放宽了对这一领域的开放度。

一、海洋运输

海运服务贸易通常可以分为国际海上运输服务、国际海运辅助服务和港口服务。国际海上运输服务包括客运和货运；辅助服务主要包括船舶代理服务、货运代理服务、船舶管理服务、报关服务、货物仓储服务、集装箱堆场服务等；港口服务即港口设施的运营和使用等。

（一）海洋运输服务开放的现状与特点

1. 国际海洋运输服务开放与发达国家居同等水平。

海运服务贸易是我国服务贸易的重要组成部分，我国在海洋运输服务，即跨境交付方面实行较高程度的开放政策，特别是在对外开放程度与发达国家相当，在"货载保留①"等政策方面的开放度还高于美欧等发达国家水平。

在 GATS 框架下，我国对班轮运输和散货、不定期和其他国际运输的跨境交付无限制；在商业存在方面，允许外国服务提供者在中国设立外资股比不超过49％的中外合资班轮运输公司。在国民待遇方面，1992 年，我国统一了中外籍船舶港口收费标准，除外籍船舶强制引航等具体措施外，外籍船舶在对外开放的港口可享受与国内船舶同等的码头服务。同时，外国海运服务提供者还可通过建立合营企业的方式从事我国未开放港口间的运输服务②。此外，我国基本取消了"货载保留"和"货载分配"等保护本国航运企业的政策③，而这些政策即使在美、欧、日等发达国家都执行得颇为严格（见表 9 – 3）。

表 9 – 3　　　　　我国与主要发达国家航运市场开放政策比较④

	中国	美国	欧盟	日本	韩国
货载保留	无	有	有	无	有
货载分配	无	无	无	无	无
沿海运输	外国航运服务提供者可与国内承运人成立合营企业从事沿海运输⑤	须由美国籍船舶（美国公民至少拥有75％船舶所有权）承担	只向成员国开放	不允许	不允许
班轮运输	须取得许可	无限制	无限制	须取得批准	须取得批准

① cargo reservation，一种单边保护措施，一国政府在立法中强制规定本国全部/部分进出口货物由本国船队承运或优先承运，这也是国际上通行的保护本国航运业发展的做法。

② 侯瑞青：《产业安全视角下海运服务贸易自由化研究》，中国海洋大学，2011 年 6 月。

③④ 黄庆波、王孟孟、李焱：《"国货国运"政策探究》，载《大连海事大学学报》2013 年 6 月。

⑤ 根据《中华人民共和国船舶登记管理条例》，中外合营企业所有的船舶有权在中国等级悬挂中国国旗，从法律上说，中外合营企业拥有的登记并悬挂中国国旗的船舶可以从事沿海运输。

2. 海运辅助服务开放力度不断加大。

（1）GATS 框架下对海运辅助服务的开放。

在 GATS 框架下，我国允许外国服务提供者在中国设立外资股比不超过 49％的中外合资船舶代理公司。在海运货物装卸服务、报关服务和集装箱堆场服务领域，允许设立外商拥有多数股权的中外合营企业。尽管我国在 GATS 和 FTA 当中，均未对带船员的船只租赁、船舶维修和保养服务，以及远洋运输支持性服务①做出承诺，但在实际当中对这些领域并无限制。对于船只的拖推服务，原则上是外资禁入的，但在实际当中，也有一些港口引入外资参与。

（2）CEPA 和 ECFA 框架下对海运辅助服务的进一步开放。

在我国内地与港澳地区签署的《关于建立更紧密经贸关系的安排》（CEPA）及之后签署的补充协议中，对海洋运输辅助服务部门承诺进行了扩展和深化，主要体现在放宽港澳在内地设立海运服务企业的股比限制和业务范围，允许该领域自然人流动，下放港澳服务提供者在广东省设立相关企业的业务登记权限等（见表 9 – 4）。

表 9 – 4 　　　 《内地向香港开放服务贸易的具体承诺的补充和修正》
项下海运服务开放政策

CEPA 补充协议	海运服务
10	1. 香港服务提供者投资建设港埠设施并经营港口装卸、堆场和仓储业务，其资本额和设立分公司的条件比照内地企业实行。 2. 将香港服务提供者在广东省内设立外商投资企业经营国际海运集装箱站和堆场业务、国际货物仓储业务登记下放至广东省地级以上市交通运输主管部门。 3. 将广东省内至香港普通货物运输，以及在航香港航线船舶变更船舶数据后继续从事香港航线运输的审批权下放至广东省交通运输主管部门。 4. 将香港服务提供者在广东省内设立外商投资企业经营国际船舶管理业务登记下放至广东省交通运输主管部门。 5. 允许香港服务提供者雇用的合同服务提供者以自然人流动的方式在内地提供本部门或分部门分类项下的服务。
6	允许香港服务提供者在内地设立独资船务公司，为该香港服务提供者租用的内地船舶经营香港至广东省二类港口之间的船舶运输，提供包括揽货、签发提单、结算运费、签订服务合同等日常业务服务。

---

① 包括导航、港口和水道管理、领航和停泊、船只救助和打捞、灭菌和消灭害虫等服务。

续表

CEPA 补充协议	海运服务
5	允许香港服务提供者在广东省试点设立独资企业及其分支机构，为广东省至港澳航线船舶经营人提供船舶代理服务。
4	允许香港服务提供者以合资形式在内地设立企业，提供第三方国际船舶代理服务，其中香港服务提供者的股权不超过51%。
1	1. 允许香港服务提供者在内地设立独资船务公司，为该香港服务提供者拥有或经营的船舶提供船舶代理服务，包括报关和报检；使用商业通用的提单或多式联运单证，开展多式联运服务。 2. 允许香港服务提供者在内地设立独资船务公司，为其经营香港与内地开放港口之间的驳运船舶提供揽货、签发提单、结算运费、签订服务合同等日常业务服务。 3. 允许香港服务提供者在内地设立独资公司，为该香港服务提供者拥有或管理的船舶提供除燃料及水以外的物料供应服务。 4. 允许香港服务提供者在内地设立独资公司，经营港口货物装卸业务。

资料来源：中国自由贸易区网站及商务部网站。

2013 年 6 月，大陆与台湾地区签署《海峡两岸服务贸易协议》（ECFA），根据协议的"服务贸易具体承诺表"，大陆在海运服务方面，将允许台湾服务提供者在福建省设立独资企业，经营港口装卸、堆场业务；允许台湾服务提供者投资建设港埠设施并经营港口装卸、堆场和仓储业务，其资本额和设立分公司的条件比照大陆企业实行。同年 7 月 10 日，交通运输部发布《关于进一步促进台湾海峡两岸海上直航发展政策措施的公告》，出台 11 项促进台湾海峡两岸海上直航的政策措施，包括两岸邮轮运输发展、干线班轮捎带中转货、客货滚装运输和车辆互通、推动海西对台先行先试等多个方面。根据该政策，经交通运输部批准，两岸资本并在两岸登记的企业可试行包租外籍邮轮多航次从事两岸运输；外籍邮轮在国际航线上可直接挂靠两岸港口，但不得作为两岸间旅客运输；经交通运输部批准，在华北至台湾航线上，两岸资本并在两岸登记的干线班轮可捎带两岸中转货，每航次装载量不得超过400 标箱，经特别许可两岸资本的方便旗干线班轮可捎带两岸自有中转货，每航次装载量不得超过 400 标箱；同时，交通运输部还将福建至金门、马祖、澎湖地区海上运输的审批和监督管理下放由福建省交通运输厅负责。

（3）国内相关立法与政策相继出台。

在《中华人民共和国国际海运条例》及其《实施细则》，《关于深化改革、扩大开放、加快交通发展的若干意见》（交办发〔1992〕596 号）、《外商投资国际海运业管理规定①》等相关国内文件中，对海运业的形式、范围和业务领域作出了规定。在上述 GATS 框架内开放的基础上，进一步拓宽了开放的领域、提升了开放水平，体现在以下几点。

第一，准入范围从运输和海运辅助服务，扩展至港口设施的建设运营方面。鼓励中外合资建设并经营公用码头泊位，允许中外合资租赁码头，允许中外合作经营码头装卸业务，允许外商独资建设货主专用码头和专用航道。外商投资开发经营成片土地时，可在地块范围内建设和经营专用港区和码头。

第二，在海运辅助性服务方面，除 GATS 框架下承诺的领域外，还允许设立外资股比不超过 49% 的中外合资、合作企业经营国际船舶管理业务；允许设立中外合资、中外合作、外商独资企业经营国际海运货物仓储业务；允许设立中外合资、中外合作、外商独资企业为投资者拥有或者经营的船舶提供日常业务服务，按照 2011 年交通运输部发布的《关于加强外商独资船务公司审批管理工作的通知》，外国航运公司可在其具有稳定货源或客源的对外开放口岸城市设立独资船务公司，经批准的独资船务公司或其分公司，可为该独资船务公司的母公司拥有或经营的船舶提供揽货、揽客、签发提单、出具客票、结算运费和签订服务合同等服务。

第三，在业已放开的海运领域进行调整与改革。例如，2011 年进行船舶吨税改革②，对船舶吨税的征税对象、税率、执照期限等均予以调整③。同年，《关于在"十二五"期间继续实施中资方便旗船舶特案免税登记政策的

---

① 2004 年 2 月 25 日交通部、商务部发布，根据 2014 年 4 月 23 日交通运输部、商务部《关于修改〈外商投资国际海运业管理规定〉的决定》修正。

② 当年颁布《中华人民共和国船舶吨税暂行条例》（2011 年国务院令第 610 号），替代之前《中华人民共和国海关船舶吨税暂行办法》。

③ 《中华人民共和国船舶吨税暂行条例》（2011 年国务院令第 610 号）（简称"条例"）与之前《中华人民共和国海关船舶吨税暂行办法》（简称"办法"）相比有 4 个变化：第一，征税对象："办法"的征税对象包括：(1)在中国港口行驶的外国籍船舶。(2)外商租用的中国籍船舶。(3)中外合营的海运企业自有或租用的中、外籍船舶。(4)中国租用（包括国外华商所有的和租用的）航行国外及兼营国内沿海贸易的外国籍船舶。而现行"条例"规定：自境外港口进入境内港口的船舶应缴纳船舶吨税，从而将原先不在应税范围的中国籍船舶也纳入其中。第二，税率：相比之前的"办法"，现行"条例"降低了小吨位船舶的征税税率，提高了大吨位船舶的吨税率；第三，将吨税起征点从 1 元提高至 50 元，即应纳税额在人民币 50 元以下的船舶免征吨税。第四，吨税执照期限在原先的 30 日、90 日的基础上，新增加了 1 年的执照期限。

公告》（交 2011 年第 99 号）规定，符合条件的中资"方便旗"船舶，在
2011 年 7 月 1 日至 2015 年 12 月 31 日期间报关进口的，免征关税和进口环节
增值税。2013 年，国务院修改《中华人民共和国国际海运条例》，取消了交
通运输部负责的国际船舶代理业务审批，经营国际船代业务的企业除外资股
比外，将不再受管理人员资质、经营场所等条件的限制等。

（4）国内航运开放的试点政策。

我国在上海自贸区、天津东疆保税港区等海关特殊监管区域，对航运业
实行了多项试点开放政策。

2011 年，国务院批复《天津北方国际航运中心核心功能区建设方案》，
赋予东疆保税港区 4 大类 22 项试点政策，并在国际船舶登记制度、国际航运
税收、航运金融和租赁业务创新等四大领域给予政策支持；2013 年 5 月，
《天津东疆保税港区国际船舶登记制度创新试点方案》获交通运输部批复同
意，与传统船舶登记制度相比，该方案在登记条件、船员配备、登记种类等
方面放宽了限制条件。

更多更开放的政策则体现在上海自贸区。据统计，从上海自贸区挂牌起，
经过两份负面清单和两批开放措施，航运领域已经有多项开放政策：一是允
许外商控股设立中外合资、合作企业经营国际船舶运输业务；二是允许外商
以合资、合作形式从事公共国际船舶代理业务，外方持股比例放宽至 51%；
三是允许设立外商独资国际船舶管理企业；四是允许中资公司拥有或控股拥
有的非五星旗船，先行先试外贸进出口集装箱在国内沿海港口和上海港之间
的沿海捎带业务；五是允许外商以独资形式从事国际航运货物装卸，国际海
上集装箱站和堆场业务等。截至 2014 年，已经有 5 家外资新设船舶管理企业
落户自贸区，中远集运方便旗船沿海捎带业务启航，中资方便旗船沿海捎带
政策得以实施①。

3. 中外合资参与港口建设运营方兴未艾。

在港口建设运营方面，目前，APM、和记黄埔、新加坡国际港务集团
（PSA）、迪拜环球港务集团等世界主要码头运营商均已在我国沿海地区投资
集装箱码头。其在我国的港口投资主要采取与当地港口企业合资的形式，外

---

① 《借助负面清单修订上海自贸区航运业迎更大开放》，http：//www. yicai. com/news/2014/12/
4056260. html。

资控股的较少，也没有独资运营商。投资重点主要集中于长三角、珠三角、环渤海湾和东南沿海地区排名靠前的集装箱港口，较少涉及中小型港口①。未来，随着我国"一带一路""长江经济带"等国家战略的实施，国际码头运营商也将进一步完善对我国沿海、内河集装箱码头的投资布局。

（二）我国海运服务对外开放存在的主要问题

目前，我国海运业对外开放还存在以下一些问题：一是海运企业竞争力不足；二是现代航运服务业发展滞后；三是国内有关法律法规和政策不够健全、规范；四是地方港口和海关的相关规定繁杂且隐形壁垒众多；五是中国内地没有如香港和新加坡一样运作的自由港，影响了全球供应链的效率，并挫伤了班轮公司利用内地港口转运国际贸易货物的积极性。

1. 企业竞争力不足，海运保障国家经济安全的能力弱。

由于在海运业对内开放不足、市场化不充分、企业竞争力未充分培育的情况下实行较大程度的对外开放，导致我国海运企业在发展质量和国际竞争力方面与发达国家逐渐拉开差距，海运市场份额急剧流失，贸易逆差不断扩大。自 2008 年全球金融危机以来，我国海运企业出现普遍亏损，部分中小企业的经营尤为困难。同时，由于海运企业与上下游货主企业之间缺乏有效和稳定的合作关系，造成我国海运货物出口多以 FOB 结算，而进口货物多以 CIF 结算，海运权益被外方掌控，给国家经济安全带来潜在威胁。

据交通运输部统计，截至 2014 年 8 月 26 日，共有 144 家中国和外国国际航运公司获得国际班轮运输的运营资质并开展国际班轮运输业务。其中，103 家是在海外（包括中国香港和台湾）注册的国际船公司，占总数的 71.5%。另据相关研究显示，我国海运企业承运我国进出口货运量的总体份额偏低，仅占进出口货物总量的 1/4。国轮承运比例低下，导致我国海运服务贸易的逆差迅速增大。据统计，2014 年，我国运输服务贸易出口额 383 亿美元，进口额 962 亿美元，逆差达 579 亿美元，其中绝大部分为海上运输所产生。

2. 现代航运服务业发展滞后。

近年来，我国现代航运服务业得到迅速发展，但其规模、能力和水平仍相

---

① 陈羽：《世界主要码头运营商在我国港口的投资现状及发展趋势》，载《水运管理》2011 年第 8 期。

对滞后，尤其是航运金融、保险、交易、法律、信息服务等行业发展不足。如在航运金融方面，受长期以来严格金融管制的影响，我国航运融资、保险、租赁等业务发展缓慢，金融产品类型单一，服务水平低。在航运信息方面，我国航运服务机构所发布的数据往往缺乏及时性、全面性、准确性和权威性，信息服务质量有待提高。

3. 外资进入海运辅助服务市场意愿不高。

在海运辅助服务方面，以船舶代理业务为例，目前我国的国际船舶代理业务被中国外轮代理公司、中国船务代理有限公司、中海船务代理公司等几家少数国内企业垄断。同时，市场上还有一些中小型国际船舶代理公司，凭借低廉的服务费用来参与竞争，服务能力较弱。在上海港，外轮代理、联合船代等5家大型国内船代企业占据80%以上的市场份额，船代公司间存在着较为复杂的服务分包关系，国际信誉低、服务非标准化特点明显[①]。鉴于这一市场的无序竞争状况，尽管上海自贸区放宽了外资船代公司的股比限制，但外资对组建合资船代公司的意愿并不高。同样，由于中国海员个税征收与国际惯例不符、代收代付所产生的税负问题、船供备件的报关便利化等现实障碍，外资进入国际船舶管理行业也多持谨慎观望的态度。

4. 地方港口和海关的相关规定繁杂且隐形壁垒众多。

目前，各海运企业与物流公司面临大量地方海关条例和作业流程，这些条例和流程因港口而异，地方海关官员对其有不同的解释。此外，一些海关区域已实施电子数据交换，而其他海关区域则在结合应用电子数据交换和传统纸质格式。再如班轮公司的航线须部署在哪个码头往往由地方港口集团决定。航运公司对航线挂靠码头的选择无能为力，这势必给航运公司优化服务网络，减少转运周期和控制燃油及其他成本增加难度。

5. 缺乏真正意义上的国际航运中心和自由港。

目前，内地没有如香港和新加坡一样运作的自由港，港口集疏运体系不完善、贸易和中转政策自由度不足、航运服务功能不健全、高端人才严重匮乏等因素，严重影响了全球供应链的效率，并挫伤了班轮公司利用大陆港口转运国际贸易货物的积极性。以上海港为例，在通关便利化方面，船舶、货物出入境

---

① 《国际船舶代理业务外资股比提高，但外资企业组建合资船代公司意愿度不高》，载《浦东航运》2014年8月，http：//www.shippingcenter.gov.cn。

涉及多个部门，审批程序复杂，各部门之间信息系统不能共享，通关效率很低。再加上临近地区的港航信息平台也不能共享，导致重复申报和审核的现象普遍存在，上述原因使得上海港的国际中转量一直偏低。据统计，2013 年上海港集装箱国际中转量仅为总集装箱吞吐量的 7%，远低于日、韩和新加坡港口的中转比例。

（三）海运业进一步开放的对策

我国海运业未来进一步开放应做相应的政策调整。

第一，提升海运企业竞争力和保障海运系统安全的能力。一方面，借鉴欧、美、日等发达国家经验，以立法形式对重点物资的本国承运份额做出明确规定，提高原油、铁矿石、液化天然气、煤炭、粮食等重点物资的承运保障能力并提高本国承运份额；引导企业进口使用 FOB、出口使用 CIF 方式计价，在此基础上，鼓励产业链间建立以资产为纽带的合作政策，形成钢铁、石化、电力、造船和海运企业间的互动机制，确保海运货源的长期稳定性。另一方面，通过进一步加强航运业的对内开放来增强航运企业的竞争力。在市场准入方面进一步降低门槛，积极发展国有资本、民营资本等交叉持股、融合发展的混合所有制海运企业。坚持规则平等、权利平等、机会平等，引导和鼓励符合条件的民营企业从事海运业务。此外，还可通过采用造船补贴、营运补贴、船舶加速折旧、进口船舶设备税收减免、企业科研支出补贴，以及船员个税、社保费减免和教育补贴等国际通行做法，增强企业的营运能力。

第二，进一步简政放权，下放理货、无船承运等审批权限，全面推进船舶管理、船舶代理等传统航运服务业的转型升级；加快发展航运金融、航运交易、信息服务、设计咨询、科技研发、海事仲裁等现代航运服务业。建立市场化运作的海运发展基金。创新航运保险，降低融资成本，分散风险。

第三，在航运、辅助性服务、港口设施的进入及利用方面，完善或制定全国统一的法规条例，如对外商进入国内航线及码头港口的经停、海关手续程序、市场准入条件、船舶登记、港口基础设施建设、投资股权及利益分享等进行统一的规定，从而改善航运行业的运营环境，提升企业竞争力。

第四，针对国外大型航运企业凭借其技术和规模优势长期占据行业垄断地位的情况，还应完善《反垄断法》的域外效力，借鉴欧美国家的做法，以实际结果为依据，只要某一企业的行为对国内市场产生影响，即可适用《反垄断法》，以维护公平竞争的市场环境。

第五，在中国建立与其他主要海运国家/地区相类似的国际航运中心和自由港。结合上海、天津、大连、厦门、武汉、重庆等航运中心和上海、天津、福建、广东等自贸区的建设，借鉴全球范围内的自由港最佳做法，在主要港口实施与国际相类似的自由港法规，引导要素和产业集聚，加快建设国际海运交易和定价中心，打造国际航运中心。

二、航空运输

航空运输服务主要包括空中运输服务、航空运输辅助性服务、航空港服务和其他航空运输服务。空中运输服务包括定期和不定期的航班客运服务、信件和包裹及其他航空货运服务；航空运输辅助性服务包括航空器的维修和维护、计算机订座系统和航空运输的销售等辅助活动；航空港服务是指航空客运港服务和机场地面服务。对以上领域的开放体现在双边航空运输协定、我国加入世贸组织议定书，以及对外签订 FTA 和国内相关法律文件当中。据 OECD 发布的 2014 年服务贸易限制指数[1]，各国在航空运输方面均存在较多的外资准入限制，我国的航空运输贸易限制指数得分为 0.59，基本与美国（得分为 0.581）一致。

（一）航空运输服务开放的特点

1. 航空运输自由化程度显著提高。

我国对航空运输服务的开放承诺主要体现在双边航空运输协定中。这一协定主要对签约双方航空运输企业的航权、空运企业指定、运价、运力、航线、班期等进行约定。截至 2013 年年底，我国与其他国家或地区签订双边航空运输协定 115 个。根据 WTO 对中国第五次贸易政策审议的结果，2006 年以来，我国对外签署的双边航空运输协定自由化程度明显提高，除与朝鲜的双边协定外，其他协定的自由化指数均在 10 以上，特别是与缅甸、美国、智利和东盟签署协

---

[1]　OECD 对 34 个经济合作组织成员国以及中国、巴西、印度、印度尼西亚、俄罗斯和南非 6 个新兴经济体共 40 个国家的服务贸易限制指数进行测评，服务贸易限制指数分值为 0 ~ 1，0 是指一国对于服务贸易和投资完全开放，1 则是完全不开放。

定在自由化程度最高。在这些协定中，第五航权大部分开放，对美国第七航权也已经开放；与多数协定伙伴国实现代码共享，且双方可指定多家航空公司参加运营。此外，部分协定实现了运费定价的"始发地国确定"和运力的"自由确定"。

表 9-5　　2006～2011 年签署/更新的双边航空运输协定自由化程度

伙伴国	签署/更新日期	第五航权	第七航权	代码共享	指定空运企业	运价	运力	航空自由化指数
阿富汗	2006	开放	不开放	不允许	多家	双批准	预先确定	10
阿尔及利亚	2006	开放	不开放	允许	多家	双批准	预先确定	13
缅甸	2006	开放	不开放	允许	多家	双批准	自由确定	21
沙特	2007	开放	不开放	允许	多家	双批准	预先确定	13
塔吉克斯坦	2007	不开放	不开放	不允许	多家	双批准	预先确定	4
赞比亚	2007	开放	不开放	允许	多家	双批准	预先确定	13
美国	2007	开放	开放	允许	多家	双不批准	预先确定	25
安哥拉	2008	开放	不开放	允许	多家	双批准	预先确定	13
坦桑尼亚	2008	开放	不开放	允许	多家	双批准	预先确定	13
朝鲜	2008	不开放	不开放	不允许	一家	双批准	预先确定	0
苏丹	2009	开放	不开放	允许	多家	双批准	预先确定	13
智利	2009	开放	不开放	允许	多家	始发地	自由确定	24
克罗地亚	2009	开放	不开放	允许	多家	双批准	预先确定	13
俄罗斯	2010	开放	不开放	允许	多家	双批准	预先确定	13
东盟	2010	开放	不开放	允许	多家	始发地	自由确定	24/26
瑞士	2010	开放	不开放	不允许	多家	始发地	预先确定	17
喀麦隆	2010	不开放	不开放	允许	多家	始发地	预先确定	10
格鲁吉亚	2011	不开放	不开放	允许	多家	始发地	预先确定	10

资料来源：WTO 对中国第 5 次贸易政策审议报告。

以中美航空运输协定为例。1980 年 9 月，中美首次签署航空运输协定，根据协定，双方可各有两家空运企业在规定航线上经营协议航班。企业可经营混合航班、全货运航班，或同时经营这两类航班。之后，每隔两三年，双方就通过重新谈判，在航班数量、航线、通航城市等方面进行变更和修订。1999 年，中美再次达成协定，于三年内将来往于中美间的航班增加至每周 54 个，其中

20 个分给货运公司。2002 年 4 月 1 日之后，美国再增加 20 个中国通航地点，中国增加 30 个在美通航地点，美国航空公司始发城市不再受限制。2004 年 7 月，中美签署《扩展航空服务协议》，依据该协议，双方可在 2010 年各自将经营两国间航线的指定航空公司数量由 4 家增至 9 家，各方每周航班数量由 54 班增至 249 班。其中 111 个为货运航班，84 个为客运航班。同时，中美指定航空公司将被允许飞往对方的任何城市。中美各方指定的航空企业可在对方境内设立货运枢纽，并在航权上给予相当宽松的安排。

2007 年 5 月，在第二次中美战略经济对话期间宣布，中美双方就修改 2004 年中美民用航空运输协定议定书、扩大两国航空运输市场准入达成协议。根据新协议，2011 年两国航空货运市场将过渡到全面开放，2007~2012 年美国至中国东部地区的客运运力将在 2004 年协议的基础上逐年增加各方共 70 班/周，中国中部地区（安徽、湖南、湖北、江西、河南、山西）至美国的直达航空运输市场完全开放。此外，双方还将从 2010 年开始就两国航空运输市场完全开放协定和时间表进行磋商，以最终实现中美航空运输市场的全面开放①。

2. 航空辅助性服务的开放力度不断加大。

（1）GATS 框架下我国航空运输服务的开放承诺。

我国在航空运输服务贸易承诺减让表中，主要对于航空器的维修服务和计算机订座系统（CRS）服务作出承诺。我国承诺不限制航空器维修保养的境外消费，并允许在这一领域成立中国拥有多数股权的合资企业。在计算机订座系统市场，跨境交付服务允许采取三种方式准入②；境外消费没有限制；商业存在不作承诺（见表 9-6）。

（2）CEPA 和 ECFA 当中的开放承诺。

目前，中国对外签署的多数 FTA 协定中，运输业开放承诺均以 GATS 为基础，开放的范围和程度并没有明显突破。但在 CEPA 及之后签署的补充协议中，对航空运输部门的开放承诺进行了扩展和深化，主要体现在放宽港澳

---

① 《中国空运企业可不受限制进入美市场》，载《中国青年报》2007 年 5 月 25 日，http://zqb. cyol. com。

② 三种市场准入方式是指：A. 外国计算机订座系统，可通过与中国计算机订座系统连接，向中国空运企业和中国航空代理人提供服务。B. 外国计算机订座系统可向根据双边航空协定有权从事经营的外国空运企业在中国通航城市设立的代表处或营业所提供服务。C. 中国空运企业和外国空运企业的代理直接进入和使用外国计算机订座系统须经中国民航总局批准。

在内地设立航空运输销售企业的股比限制和业务范围，允许港澳服务提供者以跨境交付方式为内地提供国际（含港澳台）机票销售代理，允许该领域自然人流动，允许其提供航空运输地面服务、机场管理培训咨询服务、中小机场的委托管理服务等，并简化港澳服务提供者设立航空运输销售代理企业的手续等（见表9-6）。

表9-6　历次《内地向香港开放服务贸易的具体承诺的补充和修正》
项下航空运输服务开放政策

CEPA 补充协议	C. 航空运输服务
	机场管理服务（不包括货物装卸）（CPC74610） 其他空运支持性服务（CPC74690） 计算机订座系统（CRS）服务 空运服务的销售和营销服务
10	1. 允许香港服务提供者以跨境交付的方式为内地提供国际航线或香港、澳门、台湾地区航线机票销售代理服务。 2. 允许香港服务提供者雇用的合同服务提供者在内地提供本部门或分部门分类项下的服务，但不符合经营主体资格的不得从事此类服务活动。
7	1. 允许香港服务提供者在内地设立的独资、合资、合作航空运输销售代理企业销售国内航线的机票。 2. 允许香港服务提供者以独资或拥有控制性股权形式，在内地经营航空器维修和保养业务。
6	允许香港服务提供者在内地设立独资、合资或合作航空运输销售代理企业时，出具内地的法人银行或中国航空运输协会推荐的担保公司提供的经济担保；也可由香港银行作担保*，待申请获内地批准后，在规定时限内再补回内地的法人银行或中国航空运输协会推荐的担保公司提供的经济担保。
5	允许香港服务提供者在内地申请设立独资、合资或合作航空运输销售代理企业时，出具由内地的法人银行或中国航空运输协会推荐的担保公司提供的经济担保。
4	1. 允许香港服务提供者在内地申请设立独资、合资或合作航空运输销售代理企业时，出具由内地的中资银行或中国航空运输协会推荐的担保公司提供的经济担保。 2. 香港服务提供者在内地申请设立独资、合资或合作或航空运输销售代理企业时，无须经过中国航空运输协会地区代表处的实质性初审，直接将申请材料报中国航空运输协会审核。 3. 允许香港服务提供者在内地与内地的计算机订座系统（CRS）服务提供者成立合资企业。内地应在合资企业中控股。设立合资企业的营业许可须进行经济需求测试。
3	允许香港航空销售代理企业在内地设立独资航空运输销售代理企业，注册资本要求与内地企业相同。

续表

1	1. 允许香港服务提供者以跨境交付、合作、合资或独资形式提供中小机场委托管理服务,合同有效期不超过 20 年。 2. 允许香港服务提供者以跨境交付、境外消费、合作、合资或独资形式提供机场管理培训、咨询服务。 3. 允许香港服务提供者以合资或独资形式在内地提供代理服务、装卸控制和通信联络及离港控制系统服务、集装设备管理服务、旅客与行李服务、货物与邮件服务、机坪服务、飞机服务等七项航空运输地面服务。

注: *须符合内地与香港监管部门签订的关于设立航空运输销售代理企业有关经济担保的规定。

资料来源: 中国自由贸易区网站及商务部网站。

在大陆与台湾地区签署的《海峡两岸服务贸易协议》服务贸易具体承诺表中,允许台湾服务提供者在大陆以合资、合作或独资形式设立航空运输销售代理企业,最低注册资本要求比照大陆企业实行。

(3) 有关航空服务业开放的国内政策。

2002 年,国家民航局发布《外商投资民用航空业规定》(民航总局、外经贸部、国家计委令第 110 号),鼓励和允许外商投资民用机场、公共航空运输企业、通用航空企业和航空运输相关项目(航空油料、飞机维修、货运仓储、地面服务、航空食品、停车场和其他经批准的项目)。禁止外商投资和管理空中交通管制系统;并对外资持股比例进行了限定。其中,外商投资民用机场、公共航空运输企业,公务飞行、空中游览、为工业服务的通用航空企业,以及飞机维修和航空油料项目,应当由中方相对控股;投资公共航空运输企业时,一家外商(包括其关联企业)投资比例不得超过 25%;投资从事农、林、渔业作业的通用航空企业,以及投资货运仓储、地面服务、航空食品、停车场等项目,外商投资比例由中外双方商定。

之后,国家民航局又相继发布了《外商投资民用航空业规定》的五个补充规定,主要是配合 CEPA 和 ECFA 的签署而对港澳台服务提供者进一步开放市场的举措。除上表列出的措施外,还包括允许香港、澳门和台湾的服务提供者以独资或拥有控制性股权形式,在内地经营航空器维修和保养业务等。

在航空货运方面,2004 年 4 月,民航总局出台《关于加快中国航空货运若干政策措施的意见》,明确提出放宽国内航空货运市场准入,积极开放航权,支持中外合资企业建立全货运航空公司。

在航空订座系统服务方面,2012 年,民航局发布《外国航空运输企业在中国境内指定的销售代理直接进入和使用外国计算机订座系统许可管理暂行规定》（CCAR-315，以下简称"暂行规定"），进一步规范和细化了有关业务办理的程序。2014 年初，民航局批准俄罗斯航空、德国汉莎航空、荷兰皇家航空、法航、芬兰航空 5 家外国航空公司的申请，准予 11 家国内机票代理企业使用 Abacus 和 Amadeus（艾玛迪斯）两家外国计算机订座系统（CRS）销售机票。由于目前在中国注册的计算机订座系统服务提供商仅有中国民航信息网络股份有限公司一家，因此此举有望打破中航信的独家垄断地位，引入竞争机制。

（二）航空运输业对外开放存在的主要问题

目前，我国民航运输业的对外开放存在的问题主要集中在几个方面，一是国际客货运市场被外航大量蚕食；二是缺乏真正意义上的国际中转枢纽机场；三是航空信息系统存在独家垄断。

1. 国际客货运市场被外航大量蚕食。

我国航空运输业在企业竞争力弱的情况下过度开放，导致我国国际客货运市场被外航大量蚕食。在这种情况下，我们对外签署双边协议中名义上的对等开放，易沦为对实力强大的外国航空企业的单方面开放。根据梅新育[①]等人的研究，在 2004 年中美签署《扩展航空服务协议》后的不到两年时间内，美方航空运输企业已将协议中规定到 2010 年的所有新增加航班数量用完，而国内航空企业却还有一大半航权没有使用。我国国际航空客运和货运市场份额大半被外航蚕食的局面也充分说明了这一情况。

据国家民航总局统计，2013 年，共有 113 家外国航空公司在我国开展国际航空运输业务。根据 OAG 数据，在我国主要航空运输市场，外航占据的市场份额几乎都超过一半。在北京首都国际机场、上海浦东国际机场与广州白云国际机场，外航提供的周航班数量分别占总体市场的 55.1%、50.2% 和 44.4%，提供的周座位数则分别为 58.3%、57.6% 和 49%。以中美航线为例，2014 年，中美各有 4 家航空公司经营客运业务，班次最多的为美联航、中国国航、东方航空和达美航空公司。中美之间航班数量约为 20811 个，其

---

① 梅新育：《中国应确保与西方国家关键服务业市场对等开放——评新〈中美民用航空运输协定〉》，载《21 世纪经济报道》2007 年 7 月 13 日。

中，美方航班占54%，中方占46%，由于美国航空企业的飞机规模略小于中国，因此从航班座位数来看，美方占52%，中方占48%。

在国际航空货运方面，DHL、TNT、UPS 和 FEDEX 四大国际快递物流公司已经占据了我国国际航空货运市场70%以上的份额。国外航空公司运营国际货运多以快件、电子电器、生物医药等高附加值货物为主，而国内航空公司则以纺织制品、玩具、工业制成品等普通货为主，同质化竞争严重，主要依靠价格竞争，导致其业务基本处于亏损状态。2012年，受国际市场不景气影响，中外运空运发展股份有限公司下属的银河货运航空有限公司和翡翠国际货运航空公司两家大型航空公司货运航空业务接连停航与清算，国内航空货运公司生存空间进一步被压缩。

2. 缺乏真正意义上的国际中转枢纽机场。

由于我国在空域使用、通关和中转政策、航线航班总量及结构、机场服务能力以及综合交通运输体系建设等方面的欠缺，导致国内缺乏真正意义上的国际中转枢纽机场（空港自由区），从而使大量客货运资源通过邻近国家的仁川机场、新加坡樟宜机场等空港中转，降低了我国航运业在国际市场的份额。仍以中美航线为例，尽管目前中美之间客运直达航班多达382次/周，但仍有相当数量的旅客选择从韩国中转赴美。如2013年韩亚航空214号班机空难当中，约一半的乘客为中国籍，即乘坐韩亚航空362号班机从上海浦东国际机场起飞，在仁川国际机场转乘韩亚航空214号前往旧金山的旅途中发生的。

3. 计算机订座系统市场仍由中航信独家垄断。

在计算机订座系统的市场准入方面，根据欧盟中国商会《欧盟企业在中国建议书2014/2015》，中国民用航空局仍未开始执行"暂行规定"。同时，目前关于计算机订座系统行程单打印系统的认证和授权制度①，以及中航信与国内旅行社签订的长期排他性协议的做法，实际上阻止了外国计算机订座系统提供商进入中国民航业计算机订座系统市场从事外航航段预订业务。而且，中航信本身就参与协助了中国民航局对旅行社就计算机订座系统法规执行的合规性，以及对计算机订座系统市场的监督。因此，这

---

① 目前，中国旅行社仅能使用中航信的行程单打印系统（其要求通过中国航信进行座位预定），因为这是唯一经中国民航局认证和许可的计算机订座系统。

一市场基本仍被中航信独家垄断。

（三）航空运输业进一步开放的对策

鉴此，提出以下政策建议：一是有序开放，对于国内航空运输企业在特殊情况下的业务优先权，应坚决予以保留；二是借鉴全球范围内的主要空港如荷兰史基浦机场、韩国仁川机场的运作经验，在北京、上海、广州、成都等机场，由当地政府、航空公司、机场管理部门、交通部门、专业研发机构及其协作机构共同打造空港自由区和真正意义上的中转枢纽；三是加快整理国内有关航空运输业的法律法规和政策文件规范，消除不合理的规定，解决立法冲突问题，并在未来立法中注意与国际规则的衔接。此外，还要增加空域使用率，增加空域的入口点和出口点，并通过民用空域和军用空域的灵活共用，扩大民用航空的可用航路网络。

三、其他领域

（一）内河运输

内河运输不开放是世界各国的通行做法。我国在 GATS 框架下，对商业存在模式下的内河运输不作承诺。对于跨境交付模式承诺"允许在内河对外开放口岸开展国际运输"，原则上内河运输（国内两个内河口岸或内河口岸与海港之间的运输）只能由悬挂中国国旗的 100% 的国内企业来经营。但在实际操作中，外国货代公司（如 TNT、APL 美集物流、OOCL 物流等）和船公司则可以通过包租国内船只等方式实现这一目的。上海自贸试验区允许中资公司拥有或控股拥有的非五星旗船，先行先试外贸进出口集装箱在国内沿海港口和上海港之间的沿海捎带业务。

（二）铁路运输

1. 铁路运输服务开放的相关承诺。

我国在 GATS 框架下对铁路货运市场的开放做出承诺。主要是：在跨境交付和境外消费方面无限制，在商业存在方式下，入世时即允许外资股比不超过 49% 合资企业形式。加入 3 年内，将允许外资拥有多数股权，加入后 6

年内，允许设立外商独资子公司。除上述关于铁路货运的承诺，在铁路运输的其他领域，如旅客运输、铁路运输的推送和牵引服务、铁路设备的维修与保养服务以及铁路运输支持性服务方面作出承诺。

此外，在铁路的建筑设计方面（属于 GATS 的"商业服务"类）允许入世后 5 年成立外商独资企业；在建筑工程方面（属于 GATS 的"建筑服务"类）允许入世后 3 年成立外商独资的企业，但外商独资企业只能承揽下列 4 种类型的建筑项目：一是全部由外国投资和/或赠款资助的建设项目；二是由国际金融机构资助并通过根据贷款条款进行的国际招标授予的建设项目；三是外资等于或超过 50% 的中外联合建设项目及外资少于 50%、但因技术困难而不能由中国建筑企业独立实施的中外联合建设项目；四是由中国投资但中国建筑企业难以独立实施的建设项目，经省政府批准，可由中外建筑企业联合承揽。

在 CEPA 及其后的补充协议当中，内地承诺允许港澳服务提供者在广东省以控股形式投资、建设、运营城际轨道交通项目；允许港澳服务提供者在深圳市以独资形式建设、运营和管理深圳市轨道交通 4 号线工程项目。

2. 铁路运输开放的实际状况。

目前我国铁路运输业仍由中国铁路总公司垄断经营，市场准入限制仍然是中国铁路行业中外资企业面临的重大问题。根据欧盟中国商会《欧盟企业在中国建议书 2014/2015》，在铁路干线方面，目前不允许任何外资企业直接竞标轨道交通车辆或信号领域的项目。在部分开放的市场，比如信号系统，外资企业通常只有按照竞标的强制要求，转让技术才能赢得项目，例如，公开招标仅针对本地企业或外资股份在 50% 以下的合资企业。在城市轨道交通方面，现行的监管制度也对外资企业直接竞标轨道交通车辆和信号系统的资格作出了限制，这导致一些中外合资企业无法获得竞标许可证或资格，在修理设施方面，受各方面限制，中国中车集团一般能够获得控股权。

（三）公路运输

我国在 GATS 框架下对公路货运市场的开放作出承诺。主要是：在公路货运方面，对跨境交付和境外消费无限制，在商业存在方面，加入后 6 年内允许设立外商独资子公司；在汽车保养维修服务方面，对跨境交付和境外消费无限制，且允许设立外商独资子公司；在公路客运方面，对跨境交付和境外消费不作承诺，商业存在仅限于合资企业形式，外资股比不超过49%，且需进行经济需求测试。

在 CEPA 及其后的补充协议当中，大陆在公路货运、公路客运、道路货物运输站（场）和机动车维修几个方面做出进一步的承诺，主要是放宽港澳服务提供者在内地设立企业的准入限制，下放相关企业设立及变更审核/审批的权限，以及允许港澳服务提供者雇用的合同服务提供者以自然人流动的方式在内地提供服务等。

第四节　旅游服务开放

一、旅游服务开放的现状与特点

（一）在 GATS 框架下对饭店和旅行社方面开放力度较大

我国在旅游业，包括饭店及旅行社方面的开放力度较大。在 GATS 框架下，我国对旅游服务的跨境交付和境外消费没有限制；商业存在方面，允许设立外商控股或独资的旅游饭店（高档饭店属于外商投资产业指导目录的限制类），入世后4年即取消允许设立外资独资子公司，且允许与在中国的合资饭店和餐馆签订合同的外国经理、专家包括厨师和高级管理人员在中国提供服务。入世后6年即取消了旅行社的地域限制，允许成立外商独资子公司，合资或独资旅行社和旅游经营者不允许从事中国公民出境及赴中国香港、中国澳门和中国台湾的旅游业务，除此之外没有限制。对于导游服务领域，我国一直没有放开。

（二）在 CEPA 和 ECFA 框架下做出更多开放承诺

在 CEPA 及其补充协议当中，对港澳旅游服务提供商在内地设立旅行社的准入要求，以及自然人流动等方面均做出更为开放的承诺。主要为：一是允许在内地设立的香港独资或合资旅行社，申请经营具有本省、自治区、直辖市正式户籍的居民前往港澳的团队旅游业务；二是香港服务提供者在内地投资设立旅行社，无年旅游经营总额的限制；三是允许香港服务提供者雇用的合同服务提供者以自然人流动的方式在内地提供旅游服务（见表 9 – 7）。在海峡两岸服务贸易协议大陆方面的具体承诺表中，也承诺"台湾服务提供者在大陆投资设立旅行社，无年旅游经营总额的限制"。

表 9 – 7　　　　CEPA 历次补充协议中内地对香港旅游服务开放的承诺

CEPA 补充协议	9. 旅游和与旅游相关的服务
	A. 饭店（包括公寓楼）和餐馆（CPC641 – 643） B. 旅行社和旅游经营者（CPC7471） C. 导游（CPC7472） 其他
10	1. 香港服务提供者在内地投资设立旅行社，无年旅游经营总额的限制。 2. 对香港服务提供者在内地设立旅行社的经营场所要求、营业设施要求和最低注册资本要求，比照内地企业实行。 3. 允许香港服务提供者雇用的合同服务提供者以自然人流动的方式在内地提供本部门或分部门分类项下的服务。
9	1. 允许在内地设立的香港独资或合资旅行社，申请经营具有本省、自治区、直辖市正式户籍的居民前往香港、澳门的团队旅游业务。 2. 允许符合条件的 1 家内地与香港合资旅行社试点经营内地居民前往香港及澳门以外目的地（不含台湾）的团队出境游业务。
8	优化现有的广东省"144 小时便利签证"政策，放宽预报出境口岸的规定，适时研究调整成团人数规定要求。
7	允许在北京市和上海市设立的香港独资或合资旅行社，申请试点经营北京市和上海市居民（具有北京市和上海市正式户籍的居民）前往香港、澳门的团队旅游业务。
6	1. 允许香港永久性居民中的中国公民取得内地出境旅游领队证，并可受雇于内地具有出境旅游业务经营权的国际旅行社和获准经营赴港澳团队旅游业务的香港、澳门旅行社。 2. 经营赴台旅游的内地组团社可组织持有效《大陆居民往来台湾通行证》及旅游签注（签注字头为 L）的游客以过境方式在香港停留，以便利内地及香港旅游业界推出"一程多站"式旅游产品。
5	1. 委托广东省审批香港服务提供者在广东设立独资、合资或合作旅行社。 2. 允许香港永久性居民中的中国公民参加内地导游人员资格考试。考试合格者依照有关规定领取导游人员资格证书。
4	1. 香港旅行社在内地设立合资旅行社，年旅游经营总额不低于 800 万美元。 2. 香港旅行社在内地设立独资旅行社，年旅游经营总额不低于 1500 万美元。 3. 允许在广西、湖南、海南、福建、江西、云南、贵州和四川等省、自治区的香港独资或合资旅行社，申请试点经营具有该省、自治区正式户籍的居民前往香港、澳门的团队旅游业务。

3	允许在广东省的香港独资或合资旅行社，申请试点经营广东省居民（具有广东省正式户籍的居民）前往香港、澳门的团队旅游业务。

资料来源：中国自由贸易区网站及商务部网站。

（三）国内自主开放进程加快

在上述承诺的基础上，我国还不断完善相关国内政策，降低外资旅行社在注册资本、设立地域、投资方资质和投资比例等方面的准入门槛，扩大其允许经营的业务范围，并逐步简化行政许可程序。

在降低外资旅行社准入门槛方面，2009 年 2 月国务院颁布的《旅行社条例》（国务院令 550 号）不再禁止外商投资旅行社设立分社。当年 9 月，国家旅游局发布《关于启动外商投资旅行社的设立申请工作的公告》明确规定，外资在华申办旅行社的条件为：有固定的经营场所；有必要的营业设施；有不少于 30 万元的注册资本。而审批期限为 30 个工作日。这三条已经和国内资本申办旅行社待遇同等。

在扩大外资旅行社业务范围方面，2010 年 8 月，国家旅游局和商务部出台《中外合资经营旅行社试点经营出境旅游业务监管暂行办法》，允许取得试点资格的中外合资经营旅行社，从事招徕、组织、接待中国内地居民出国旅游和赴香港、澳门特别行政区旅游的经营活动（大陆居民赴台湾地区旅游的除外）。并将在试点的基础上，逐步对外商投资旅行社开放经营中国内地居民出境旅游业务[①]。上海自由贸易试验区允许在试验区内注册的符合条件的中外合资旅行社，从事除台湾地区以外的出境旅游业务，并取消了两年的经营限制。

在简化行政许可程序方面，2012 年 9 月，商务部将对外商投资旅行社的批准下放到省级商务部门。2014 年，国务院发布《关于取消和调整一批行政审批项目等事项的决定》（国发〔2014〕27 号），将外商投资旅行社业务许可下放至省级人民政府旅游行政主管部门，并将其审批方式改为后置审批。

---

① 国家旅游局，http：//www.cnta.gov.cn/html/2010 - 9/2010 - 9 - 6 - 11 - 7 - 32955.html。

二、旅游服务贸易发展存在的问题

（一）旅游服务贸易①存在巨额逆差

我国是旅游服务贸易大国。根据 WTO 统计，以旅游消费金额计，我国是全球第三大入境游目的地（仅次于欧盟和美国）和仅次于欧盟的第二大出境游市场。但旅游大国不等于旅游强国。事实上，从 2009 年开始，我国旅游服务贸易在总额迅速增长的同时，就开始呈现逆差不断扩大的趋势（见图 9-4）。2014 年，旅游服务逆差达到 1136 亿美元，占到旅游服务贸易额的 52.6%，我国已经成为世界上旅游服务贸易逆差最大的国家。

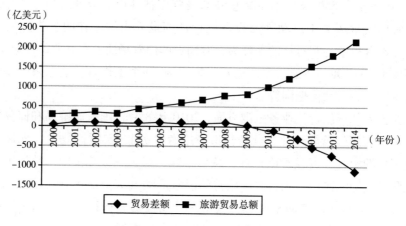

图 9-4　2000~2014 年我国旅游服务贸易发展情况
资料来源：根据 WTO 服务贸易统计数据生成。

巨额旅游贸易逆差的形成，根本原因是外国入境游客消费意愿的降低和我国游客出境消费水平的提高。根据国家旅游局历年数据的计算结果显示，2009~2013 年，我国入境游人数的增长速度远超出境游。其中，出境游人数年均增长 19.8%，入境游客人数年均增长 55.7%；但从消费额来看，出境消费额年均增长 31%，人均消费水平从 917 美元增至 1310 美元，增加了 393 美

---

① 旅游服务贸易，主要是指服务贸易四种交付模式当中的"境外消费"一项，涵盖游客在境外消费的餐饮、住宿、当地长途交通、旅游景点、旅游购物和娱乐等内容。

元；而同期旅游外汇收入年均增长率仅为 6.8%；入境游人均消费水平从 1807 美元降至 400 美元，反而大幅缩减了 1407 美元（见表 9-8）。考虑到五年当中人民币对美元升值 9.3% 的事实，这种消费金额的下降趋势就更加明显。

表 9-8　　　　　　　　2009 年和 2013 年旅游服务贸易情况比较

年份	出境游			入境游		
	人数（万人次）	消费总额（亿美元）	人均消费额（美元）	人数（万人次）	消费总额（亿美元）	人均消费额（美元）
2009	4766	437	917	2193.75	397	1807
2013	9818	1286	1310	12907.78	517	400
年均增长率/增加值	19.8%	31%	+393	55.7%	6.8%	-1407

资料来源：根据国家旅游局统计数据计算而得。

造成出境消费快速提高和入境消费乏力的主要原因，一是国内税收与物流成本过高①，国内外商品价差明显，导致大量购买力外流。二是国内旅游产品缺乏核心竞争力，入境游满意度降低，与周边的日、韩及东南亚国家相比，我国既缺乏具有鲜明特色的旅游产品和纪念品，旅游服务水平也较为滞后。三是我国入境游客当中的绝大部分来自于港澳台地区。这些游客前往大陆主要集中在广东省，旅游时间一般都很短，消费链条过短。

（二）高端外资饭店占据较大市场份额

根据国家旅游局发布的《2013 年中国旅游业统计公报》，截至 2013 年底，我国共有外商和港澳台投资兴建的星级饭店 485 家，实现营业收入 258.47 亿元，分别占全国星级饭店总数和营业额的 4.15% 和 11.27%。在高档酒店方面，外资企业占据优势地位。有数据显示，外资酒店分别占我国五星级和四星级酒店市场份额的 60% 和 25% 左右②。

---

① 据相关分析，我国关税、增值税和消费税等流转税占到进口商品国内售价的一半以上；再加上代理商凭借垄断渠道索取高额加价，从而形成国内售价过高的局面。运输物流方面，据国家统计局数据显示，2013 年，我国社会物流总费用 10.2 万亿元，占到 GDP 的 18.0%，几乎是发达国家的两倍之多。

② 参见《中国加入世贸组织第四次贸易政策审议报告》。

（三）外资旅行社所占份额较小

据国家旅游局统计，截至2013年8月，我国共有外商投资旅行社81家，仅占全国旅行社总数的0.31%，其中外商独资56家，中方控股合资12家、外方控股合资13家。2013年全年，外商投资旅行社旅游业务营业收入28.51亿元，旅游业务利润2.09亿元，仅占全国旅行社总量的0.79%和1.29%。

三、进一步开放的对策

针对上述情况，提出以下政策建议：

第一，针对出境消费过高的局面，从税收制度改革、流通体制改革等入手，理顺国内外产品价格机制，吸引大量境外消费回流。

第二，在入境游方面，大力提升我国旅游产品竞争力。首先要尽快制定《国际旅游促进法》，通过宣传具有全局意义的旅游产品，形成综合的国际旅游区和国际旅游线路，为外国家庭和个人游提供良好氛围和便利条件，促进外国旅游者的来访和提高对外国旅游者的接待水平。其次，整合利用旅游资源，加强地区之间旅游开发的协调与管理，优化旅游产品结构，提升景区管理和旅游企业的服务水平。同时，还要立足本地资源优势，发展特色产业，打造特色旅游产品和纪念品。

第三，逐步开放导游服务。目前，除对港澳服务商开放外，我国对旅游服务贸易当中的导游服务，也就是外国导游入境这一块尚未放开。事实上，随着我国入境游市场的扩大，越来越多的外国游客希望得到精通本国语言和生活习惯，同时又了解我国旅游资源的本国导游服务；国际上，在韩国、日本、阿联酋、卡塔尔，以及法国、比利时等欧洲国家，也有很多中国籍的导游和导购为中国游客提供服务。因此，对旅游服务提供者的限制实际上已影响到我国国际旅游事业的发展。建议适当放宽市场准入的限制，允许拥有外国国籍的人参加导游考试，并经培训后成为正式导游。

第四，给予外国旅游者国民待遇，简化外国旅游者的出入境手续和外国旅游者旅行住宿手续，加强国际交流，与具备条件的国家达成互免签证协议。

第五节　文化服务开放

党的十八大和十八届三中全会从全面建成小康社会，从实现中华民族伟大复兴中国梦的全局出发，把提高文化开放水平作为全面深化改革开放的重大任务，做出一系列战略部署。《中共中央关于全面深化改革若干重大问题的决定》从战略全局上指明了新形势下文化开放的目标方向，深刻揭示了提高文化开放水平的重大意义。新时期提高文化开放水平是推动文化大发展大繁荣、建设社会主义文化强国的必然要求，是增强我国文化软实力、在综合国力竞争中赢得主动的迫切需要，是推动中华文化走向世界、扩大我国文化国际影响力的战略选择。

一、我国文化服务贸易发展概述

近年来，为促进我国文化产品与服务走出国门，政府出台了一系列鼓励和支持文化产品和服务进出口的优惠政策，重点扶持具有民族特色的文化艺术、展览、电影、电视剧、动画片、网络游戏、出版物、民族音乐舞蹈和杂技等产品和服务的出口。相关主管机构在市场开拓、技术创新、海关通关等方面都对文化出口企业给予了一定支持。如商务部、文化部等十部委联合制定了《国家文化出口重点企业和项目目录》，形成鼓励、支持文化产品和服务出口的长效机制。商务部、文化部、新闻出版广电总局、中国进出口银行相继出台了关于金融支持文化出口的指导意见，支持文化企业参加境外图书展、影视展、艺术节等国际大型展会和文化活动，同时鼓励文化企业通过独资、合资、控股、参股等多种形式，在国外兴办文化实体，建立文化产品营销网点。2014年国务院颁布了《关于加快发展对外文化贸易的意见》，出台了一系列支持文化服务出口等营业税的优惠政策。

在政府的大力支持和文化企业的共同努力下，我国文化贸易取得了长足发展。2003～2013年，我国文化产品进出口额从60.9亿美元攀升至274.1亿美元，年均增长16.2%；文化服务进出口从10.5亿美元增长到95.6亿美元，年均增长 24.7%。在看到成绩的同时，也应注意到我国文化产品与文化服务出口还存在着一些不容忽视的问题。

首先，我国文化产品与服务出口和对外投资的总体规模仍然偏小。据统计，2013 年我国文化产品和服务进出口总额合计 369.7 亿美元，占我国对外贸易总额的比重不足 1%。同期我国文化、体育和娱乐业对外直接投资为 1.8 亿美元，仅占我国同期对外直接投资总额的 0.1%，与美国、欧盟等发达国家存在相当大的差距。

其次，我国文化产品与服务出口结构不平衡。主要表现在文化出口以产品的形式为主，文化服务出口所占份额不足 1/5。2013 年我国文化产品出口 251.3 亿美元，占文化出口总额的 83%，文化产品出口以视觉艺术品（工艺品等）、新型媒介（游戏机等）、印刷品、乐器为主，增幅都较为明显。其中，以加工贸易形式存在的文化产品出口仍占据 40% 左右的份额，真正体现中国原创文化内容的出口产品占比不足 15%，我国文化企业在全球产业链中的地位没有得到明显提升。同期我国文化服务出口 51.3 亿美元，仅占文化出口总额的 17%。文化服务出口形式也较为单一，长期以来广告宣传服务在文化服务出口中的占比超过 90%，存在较大顺差，而电影、音像服务和版权以及稿费等服务出口占比很少，而在发达国家，版权和许可贸易在文化服务出口中所占的份额高达 80% 以上。与此同时，我国在电影、音像服务和版权等文化服务领域对美国、欧盟等发达国家存在较大的逆差，且逆差逐年扩大。

最后，我国文化出口企业的国际竞争力较为薄弱。目前我国文化企业在国际文化市场所占的份额仍很小，以广电音像产业为例，根据 WTO 的统计，2012 年我国音乐产品出口仅占全球音乐产品出口的 4%，而欧盟和美国音乐产品出口分别占全球的 67% 和 14%，同期我国电影音像服务出口不足美国电影音像服务出口额的 1%。我国文化出口企业的整体竞争力仍然较弱，尽管已经涌现了一批颇具规模的大型文化出口企业，如国图、完美世界、华谊兄弟等，但无论是从数量还是规模方面都和发达国家的跨国文化集团存在巨大差距，具有强大国际影响力的本土文化品牌屈指可数。中国文化企业，尤其是中小企业在开拓国际市场方面遇到了多重困难，如缺乏对国外受众消费习惯、审美情趣等文化需求的了解；缺乏对目标市场运营规则和模式的了解；海外市场营销渠道有限，难以进入海外主流市场；通晓海外文化的创意人才与业务拓展人才匮乏等。

此外，由于文化产品与服务涉及行业为数较多，与之相关的业务主管部门与政策也相对复杂。因此在与文化出口相关的支持政策的执行过程中，主管部门或多或少存在着管理分工不明晰，政策落实不到位，职责重复交叉等问题，企业对政府支持政策也缺乏必要的了解，对支持资金和优惠政策的申请程序也不清楚，使得文化产业发展政策与贸易政策在实际实施中没有收到预期的效果。

二、促进中国文化服务贸易发展的对策

（一）多管齐下，大力促进文化服务与产品"走出去"

1. 规划建设文化产品与服务出口产业园区。

文化产业链条不仅包括作品的创作、策划、制作和市场营销，还可延伸到艺术衍生品和旅游等相关产业。而我国的文化企业还未形成集群式发展，文化企业在创作、生产与营销等环节上缺乏密切的协同与合作，本土企业的产品与服务更难以融入全球文化产业的价值链运行当中。因此未来应依托自由贸易园（港）区和海关特殊监管区建设，积极打造一批文化产品和服务出口园区，在融资、税收、海关通关、资格审验、人才培养、境外投资等方面给予文化出口企业更多便利和优惠措施，发挥文化产业的聚集效应，延伸文化出口产业链条，推动文化服务的跨境交付和商业存在，促进文化服务出口的多样化。

2. 加快落实对文化出口企业的政策支持措施。

《国务院关于加快发展对外文化贸易的意见》已明确提出，未来要加大文化产业发展专项资金等支持力度，对国家重点鼓励的文化服务出口实行营业税免税。将文化服务行业更多纳入"营改增"试点范围，对纳入增值税征收范围的文化服务出口实行增值税零税率或免税。相关主管部门应尽快出台与之相配套的操作细则与具体政策，开展针对文化出口领域的融资、信贷、保险和担保服务业务，同时推进文化对外贸易与投资的外汇管理与海关便利化措施，使对文化出口企业的支持政策落到实处，激励更多文化企业开拓海外市场。

3. 构建国际化的文化产业营销网络与平台。

以文化演艺类企业为例，只有加强对海外受众的审美偏好与欣赏习惯的研究，加强与国外知名演艺院团的合作，才能创作出符合国际观众审美标准的优异作品，避免出现海外演出依靠"赠票"吸引观众的尴尬局面。政府层面应搭建国际性演艺交流平台，多为国内演艺企业提供与海外同行交流合作的机会，同时向国内企业提供开展境外合作的渠道和跨境咨询服务方式，为本土企业创作符合海外消费者需求的作品提供题材和参考依据。

4. 积极探索文化企业海外运营模式与渠道。

以我国的影视文化企业走出去为例，既可与当地广播影视内容提供商和技术服务提供商合作，也可通过收购境外广播电视台、租买频道时段、并购国际知名院线、开展技术交流与合作等方式，取得境外主管部门颁发的牌照，直接为当地观众提供影视节目内容与服务。图书出版企业也可加强同国际成熟完善的数字出版物运营平台的合作，依托互联网对外发布优秀的数字出版内容。

5. 加强对海外投资环境的研究与引导。

目前商务部已定期发布《对外投资合作国别（地区）指南》，对中国企业开拓境外市场提供了切实有用的指导与帮助。但对于本土文化产品与服务企业来说，目前还缺乏与文化领域相关的境外投资环境与市场准入的指导，文化企业对于走出去的机遇、障碍与风险都缺乏系统的了解，有些企业甚至为此交了昂贵的学费。因此未来应进一步完善《对外投资合作国别（地区）指南》中涉及文化领域的内容，对全球主要文化消费国家或地区的相关法律法规与投资环境进行介绍，并开展对境外投资文化企业的成功案例的研究与总结。

（二）遵循审慎开放的原则，加强文化服务贸易体制改革

文化服务不同于其他领域的服务，文化内容属于精神生产领域，具有鲜明的意识形态属性。因此，文化服务的对外开放，必须旗帜鲜明地坚持有中国特色的社会主义方向、坚持马克思主义的指导、坚持中国共产党的领导，必须有利于中国文化的传承创新。当前，在扩大文化对外开放水平的同时，也应牢固树立文化安全观念，积极应对和有效化解文化开放可能带来的风险和冲击，更好地维护国家文化安全。

1. 我国加入 WTO 对文化领域开放的承诺。

根据我国加入世界贸易组织的承诺书，我国政府只承诺在音像的分销方面（音像制品的批发、零售、出租），遵守《音像制品管理条例》的有关规定，所设立的合资企业需经中国政府批准，合资企业中外方的股份不能超过49%，所经营的音像制品必须是中国政府审查批准的音像制品；在影院的改造和建设上，在遵守《电影管理条例》的前提下，在中方拥有管理控制权的情况下，外方股份不超过49%，允许外方参与经营管理。见表9－9。

表9－9　　　　　　　上海自贸试验区文化领域扩大开放措施

部门或分部门	市场准入限制	其他承诺
D. 视听服务 —录像的分销服务，包括娱乐软件及（CPC 83202） —录音制品分销服务	（1）没有限制； （2）没有限制； （3）自加入时起，在不损害中国审查音像制品内容的权利的情况下，允许外国服务提供者与中国合资伙伴设立合作企业，从事除电影外的音像制品的分销； （4）除水平承诺中内容外，不作承诺	在不损害与中国关于电影管理的法规的一致性的情况下，自加入时起，中国将允许以分账形式进口电影用于影院放映，此类进口的数量应为每年20部
—电影院服务	（1）没有限制； （2）没有限制； （3）自加入时起，将允许外国服务提供者建设和/或改造电影院，外资不得超过49%； （4）除水平承诺中的内容外，不作承诺	

2. 双边协定与自贸试验区进一步扩大文化开放领域。

目前我国已签署 12 个 FTA 协定，与在 GATS 中的承诺相比，8 个 FTA（中国－东盟 FTA、中国－巴基斯坦 FTA、中国－智利 FTA、中国－新加坡FTA、中国－新西兰 FTA、中国－秘鲁 FTA、中国－哥斯达黎加 FTA、中国－瑞士 FTA）都在文化领域的"体育和其他娱乐服务"方面有一定的新增承诺。8 个 FTA 都在"笔译和口译服务"方面高于 GATS 承诺水平。

为促进内地和港澳地区的共同繁荣与发展，2003 年内地与香港、澳门特区政府分别签署了《关于建立更紧密经贸关系的安排》（CEPA），之后，在

2004～2013 年期间，又连续签订了 10 个补充协议。根据 CEPA 协议、协议附件和其后签订的 10 个补充协议，内地在通信（包括视听）、文化娱乐等领域均对港澳地区的服务及服务提供者提供了更加广泛和深入的市场准入条件，在图书馆、档案馆、博物馆和其他文化服务 3 个新领域增加开放措施。

　　为扩大服务业领域的自主开放，我国先后设立了上海、广东、福建、天津四个自由贸易试验区，其中上海自贸区服务业扩大开放措施中，对演出经纪和娱乐场所的经营做出了有限度的对外资开放（见表 9 - 10）。

表 9 - 10　　　　　　　　上海自贸试验区文化领域扩大开放措施

15. 演出经纪（国民经济行业分类：R 文化、体育和娱乐业—8941 文化娱乐经纪人）	
开放措施	取消外资演出经纪机构的股比限制，允许设立外商独资演出经纪机构，为上海市提供服务。
16. 娱乐场所（国民经济行业分类：R 文化、体育和娱乐业—8911 歌舞厅娱乐活动）	
开放措施	允许设立外商独资的娱乐场所，在试验区内提供服务。

　　当前，世界各国在谋求增强自身文化对外影响力的同时，也越来越重视维护本国文化安全。一些西方国家在国际自由贸易中也提出了"文化例外"原则，对本国文化实施特殊保护政策和制度。未来我国对于文化服务的开放也应遵循审慎原则与适度保护政策，在文化服务开放的内容上，有选择性地渐进地放开，例如对文化产业的制作业、硬件和技术服务优先放开；在开放的策略上，选取特定的行业或地区试点，在试点的基础上总结经验和不足，进而改进方案和政策，最后在更广的范围内实施和推广。

第十章　服务业开放国际经验借鉴

当今世界已经进入服务经济时代，尤其是发达国家业已形成了以服务业为主导的经济格局。我国作为服务业发展和服务业开放度较低的发展中国家，应充分借鉴发达国家以及一些发展中国家在服务业发展和开放中取得的经验和教训，促进我国服务业发展和进一步开放。

第一节　美国服务业开放国际经验借鉴

美国服务业开放进程在第二次世界大战后明显加快，从以传统服务为主向新兴服务转变，服务产业结构不断优化。

一、开放历程

1. 第二次世界大战后至 20 世纪 70 年代，传统服务部门开放为主，服务贸易竞争力体现在旅游、运输等传统服务行业。

1946～1950 年，战后全球贸易恢复期，美国的服务出口一度不断下降，50 年代后期，服务贸易增长速度加快。到 1963 年，出口出现迅速增长的势头，1963～1970 年的贸易年均增速超过 10%。70 年代以后，服务贸易出口年均增速进一步上升到 14%。在服务贸易结构方面，运输、旅游、其他服务三大行业的出口量一直在逐年递增。其中，运输行业在 1946～1970 年一直居于绝对主导的地位，但比重却逐渐下降，这反映出当时的服务贸易对货物的依赖，运输作为典型的生产性服务业地位十分重要。旅游业的比重一直呈现稳步上升态势，其他服务业也呈现基本上升的态势。在进口方面，1946～1970 年，旅游业和运输业的进口量都呈现线性增长，在进口总额中的比重不断上升；与此同时，其他服务业的进口量尽管规模不断扩大，但份额不断下降。因此，这一时期美国服务业开放的重点是交通运输和旅游业。

2. 20 世纪 70～90 年代，资本和技术密集型服务产业增长显著，开放进程加速。

20 世纪 80 年代，美国服务业的年均增长率为 3.1%，占 GDP 的 63.3%，美国服务经济发展进入快车道。1980～1989 年，美国旅游贸易发展迅速，但作为传统服务行业整体占比下降。在这时期，美国服务贸易是以运输、旅游、专利、其他商业性服务、金融保险和政府服务这六大行业为主。20 世纪 80 年代，美国资本和技术密集型的新兴业尤其是金融和专利对外贸易增长迅速。

3. 20 世纪 90 年代以来，人力资本密集型服务部门迅速发展，国际竞争力显著提高。

经济全球化的进程引领服务经济全球化不断向深度和广度扩展，随着信息技术的发展，新兴服务业态不断出现，美国以新技术革命为突破口，实现了服务业的跨越式发展。首先，美国的服务贸易出口额 2000 年达 2959.65 亿美元，是 1990 年的 2 倍；2014 年的进一步上升为 7103 亿美元，是 1990 年的 4.9 倍。从具体行业看，运输和旅游几乎相同，都呈现曲线上升的趋势；其他商业性服务和专利一直呈现直线上升趋势，增幅均超过 200%。而金融业在 1991～2006 年的增长速度高达 484%；文化休闲服务增幅 380%。在服务贸易结构方面，运输和政府服务在出口结构中出现不断下降的趋势；金融业、保险业则和通讯业出现不断上升的趋势。从进口来看，金融和其他商业性服务和专利都呈现平缓上升的趋势，占比也不断提高。因此，这一阶段美国服务贸易整体发展水平较高，贸易结构不断改善，专利、金融和其他商业性服务大幅度增长。90 年代，美国通过结构调整将产业发展的重点从制造业转移到服务业，从而带动了技术专利使用权转让和金融服务业的输出。

二、重点保护部门

在服务业方面，美国着重保护的行业包括：商业服务业、能源服务业、航空和海运服务业、海关代理服务业、广播电视业、专利服务业和社会服务业。对上述行业的保护主要体现在美澳、美韩、美新、美智（智利）、美巴（巴林）等双边 FTA 中（见表 10-1）。其中，对商业服务业的保护方式通过反垄断和反不正当竞争条款限制贸易开放。对能源服务业的保护只针对核能供电，保护方式是提供此项服务需向美国核能管理委员会申请，禁止任何国外政府、企业和个人申请。对航空运输业的保护方式是规定只有美国公民可以提供国内领空范围内的航空运输服务，其服务资格还受到美国运输部严格的技术限制。而对海运服务的保护方式是对悬挂美国国旗的船只提供海运服

务设定严格的规定，包括所有权、船只条件、船员比例等。对广播电视业的
保护方式是通过股权限制和牌照所有权限制。对专利服务业的保护方式是需
要在美国专利技术办公室登记。对海关代理服务业的保护方式则是本国公民
要求和公司合伙人限制。对包括社会福利、教育和医疗在内的社会服务业的
保护方式是保留根据国内相关法律限制外资进入的权利。

表 10 – 1　　　　　美国双边 FTA 协定中负面清单主要保护的行业

行业	美国–澳大利亚 FTA 协定	美国–巴林 FTA 协定	美国–新加坡 FTA 协定	美国–智利 FTA 协定	美国–韩国 FTA 协定
能源服务业	禁止	禁止	禁止	禁止	禁止
商业服务业	准入，但对于合作方式有要求，每个行业有自己的标准	准入，但国外企业必须要通过资格申请，成为受到保护的成员	准入，但国外企业必须要通过资格申请，成为受到保护的成员	准入，但国外企业必须要通过资格申请，成为受到保护的成员	准入，但国外企业必须要通过资格申请，成为受到保护的成员
航空运输业	仅美国公民可以运营国内航空业务，非美国公民要向美国航空运输部门提出申请，得到航空运输部门的批准方可运营	准入，但非美国公民要向美国航空运输部门提出申请，得到批准方可运营	准入，但非美国公民要向美国航空运输部门提出申请，得到批准方可运营	准入，但非美国公民要向美国航空运输部门提出申请，得到批准方可运营	准入，但非美国公民要向美国航空运输部门提出申请，得到批准方可运营
海运服务业	准入，但美国拥有保留对本国国内海洋运输服务及悬挂美国国旗的船只采取措施的权利	准入，但美国拥有保留对本国国内海洋运输服务及悬挂美国国旗的船只采取措施的权利	准入，但美国拥有保留对本国国内海洋运输服务及悬挂美国国旗的船只采取措施的权利	准入，但美国拥有保留对本国国内海洋运输服务及悬挂美国国旗的船只采取措施的权利	准入，但美国拥有保留对本国国内海洋运输服务及悬挂美国国旗的船只采取措施的权利
海关代理服务业	只有取得执照的美国公民才可以从事该项服务	只有取得执照的美国公民才可以从事该项服务	只有取得执照的美国公民才可以从事该项服务	只有取得执照的美国公民才可以从事该项服务	只有取得执照的美国公民才可以从事该项服务

续表

行业	美国-澳大利亚 FTA 协定	美国-巴林 FTA 协定	美国-新加坡 FTA 协定	美国-智利 FTA 协定	美国-韩国 FTA 协定
广播电视业	准入，但美国有权对执照的所有权进行限制	准入，但美国有权对执照的所有权进行限制	准入，但美国有权对执照的所有权进行限制	准入，但美国有权对执照的所有权进行限制	准入，但美国有权对执照的所有权进行限制
专利服务业	准入，但必须要获得美国专利商标局的许可	准入，但必须要获得美国专利商标局的许可	准入，但必须要获得美国专利商标局的许可	准入，但必须要获得美国专利商标局的许可	准入，但必须要获得美国专利商标局的许可
社会服务业	准入，但是必须遵守美国国内的部门法律	准入，但是必须遵守美国国内的部门法律	准入，但是必须遵守美国国内的部门法律	准入，但是必须遵守美国国内的部门法律	准入，但是必须遵守美国国内的部门法律

资料来源：根据美国签署的双边协定整理。

由此可见，美国对服务业保护的原则首先是涉及国防安全的敏感行业禁止开放，比如核能和航空运输；其次是涉及意识形态的服务行业谨慎开放，比如广播电视业；再次是对其国际竞争力发展产生长期影响的战略性行业有限开放，比如专利服务业；最后是对涉及国计民生的重要行业虽然开放，但保留采取限制开放措施的权利，实则是有限开放，比如社会服务业。此外，在一些需要限制开放的行业，美国通过设置技术条件、登记制度和反垄断审查等措施加以间接限制，这种隐性保护手段既可以避免负面清单过长，又构建了比较完整的风险防御体系，比如广播电视业和商业服务业。

三、启示

（一）开放与监管并重

金融危机后，世界经济贸易格局出现重大调整，我国必须加快转变外贸增长方式，创新利用外资方式，从而在保持经济又好又快发展的基础上，释放国际影响力，提高国际竞争力。如何在不断深化开放的过程中处理好监管问题是服务业进一步开放面临的首要难题，近期建立的上海自贸区提出了"一线放开，二线管住"的解决方案。从这一方案的内容来看，"一线放开"

是为了通过对外开放倒逼改革。"二线管住"是对于需要将物理围网转化为电子围网管理模式的服务业，必须将任何危及"国家安全、金融稳定、社会安宁"威胁牢牢地挡在国门之外。美国在服务业，特别是金融行业上的事后监管方法和制度是我国未来可以借鉴学习的。

（二）着力构建公平透明的服务业竞争平台

目前，越来越多的国家倾向于采取"准入后国民待遇"和"负面清单"方式来推进服务贸易自由化。我国也原则上同意在中美 BIT 谈判中采用上述方式。考虑到我国服务业发展阶段和发展水平，在未来的很长一段时间内，我们需要花大力气准确理解"准入前国民待遇"。服务业制度改革的关键在于理顺"准入前国民待遇"所涉及的工作重点，为内外资竞争搭建公平和透明的平台。目前，国内外对国民待遇的理解并不相同，国内一个普遍的观点是"准入前国民待遇"就是减少外资审批手续，这与国际标准相差甚远。"准入前国民待遇"的关键点在于企业建立和运营之前就以本国投资者来对待，而"本国投资者"在发达国家进入一个服务行业的壁垒要小于我国，也就是说，我国目前对内还没有实现有效开放，私人资本投资服务业的自由化和便利化远低于发达国家。

（三）构建知识密集型行业技术外溢平台

随着 FDI 的不断流入，服务产业增长与贸易发展的相关性提高，相应产业政策与贸易政策效果的不确定性也会降低，对于政府调控的有效性具有重大意义。当然，完全被动的从事服务外包业务会使本国外包产业陷入孤立，无法实现与整体服务业的有效融合与互动发展，导致后发国家服务业成长路径被锁定。其次，外资政策的选择应充分考虑与产业政策和贸易政策的配合，在引进外商直接投资时要分析其所具有的外溢性，以及对产业和贸易发展可能造成的影响。我国目前倡导在服务业方面提高引进外资的技术水平，具有更大外溢性的 FDI 会在短期内造成产业发展快于贸易发展的情况，相应产业与贸易政策的力度就需要提前调整。

（四）进一步放宽自然人流动限制，重视人力资本密集型行业的开放

在加入世贸组织的承诺中，我国对于四种服务贸易提供模式的承诺存在差异，在市场准入方面，境外消费承诺最高；跨境交付其次；而对于商业存在和自然人流动均有严格的限制和管理。在国民待遇也一样，只是境外消费和跨境支付承诺情况高于市场准入；同时商业存在方面也比市场准入要放宽很多；但是对自然人流动依旧保留了严格限制。近期建立的上海自贸区从某种意义上来说，是打破商业存在限制的一种尝试和努力，相应的配套措施中非常关键的一条是进一步放宽自然人流动的限制。主要发达国家服务业的发展经验表明，自然人流动不断有利于服务业发展，更有利于整体经济的活力。比如，目前有超过 120 个国家的各个层次的居民在迪拜生活和工作，他们为迪拜服务经济发展做出了重要贡献。

第二节　德国服务业开放国际经验借鉴

德国是欧盟人口最多的国家，也是欧洲第一经济强国，经济总量位居全球第四，对外贸易额位居全球第三。德国是高度发达的工业化国家，服务业在其国民经济中也占有重要地位，尤以贸易、金融、保险、旅游和会展业等最为发达，2012 年德国服务业约占其国内生产总值的 2/3。

一、服务贸易现状

德国是继美国和英国之后第三大服务出口国。在建筑、海运、通信、邮递、技术服务、金融服务、EDV 服务和环境服务领域，德国具有较强国际竞争力。过去几年间，德国服务出口约占其总出口额的 14%，低于美、英的30%。为挖掘服务出口潜力，德国致力于在世贸组织和双边贸易协定框架内进一步削减贸易壁垒，尤其是想进一步促进新兴经济体开放金融服务、计算机服务、电信、海运、物流、邮递、环境服务、工程承包、自由职业（比如建筑师、工程师、律师、企业咨询师）服务和旅游等的开放。

德国服务出口的一半针对欧盟 27 国，低于货物出口占比。欧盟服务条例的执行，为欧盟范围内服务跨境贸易提供了便利，有效地促成了欧盟统一内部市场。德国对中国的货物贸易保持逆差，但在服务贸易方面呈现顺差态势。

二、开放的重点行业

(一) 商业与贸易

德国服务业对外开放最早的是商业与贸易，外国企业在德国从事外贸进出口业务不需要审批。外资企业若要在德国进行投资，首先要到当地法院进行商业注册，再到当地工商局注册，满足常设办公地点、资本金等基本条件后，公司便可开始从事相关经营业务。在商业和贸易方面，除行业法律法规及特殊领域的有关规定外，德国并没有针对外国投资者的限制性措施。

个别领域投资须经过部门审批。外国投资者若要在药品、武器、动力燃油、危险品及某些有毒物品等领域开展投资，则须通过相关主管部门审批。

受到建筑法律法规约束。外国投资者在德国设立零售批发企业，需要遵循当地建筑法的相关规定。当地建筑局需对包括建筑计划、开发费用、对环境的影响等在内的建筑方案进行审批。同时，按照相关规定，新设立市场不得对已有零售企业形成排他性竞争。

保障公平竞争。德国通过实施《反不正当竞争法》《折扣法》《赠品法》等一系列法律，对变相压价的无序竞争进行限制。

外国公司进入较为困难。在商业和贸易领域，外国公司在德国成立的企业以生产型为主，专业外贸公司较少。一方面，德国已经形成完整的批发零售等市场体系，且封闭性较强；另一方面，鉴于营业时间限制，人工和税收等成本较高，外资企业在商业和贸易方面的投资都比较谨慎。

(二) 电信业

德国电信市场开放经历了以下三个阶段：第一阶段，1989 年 7 月，互联网增值服务开放，大量网络接入服务公司进入；第二阶段，1990 年 2 月，移动电话业务开放，E – Plus、Vodafon 等公司进入该领域；第三阶段，1998 年 1 月，普通电话市场开放。

1996 年德国制定并颁布新的电信法，这成为电信市场自由化的标志。1998 年 1 月，德国加入在欧盟范围内实现全方位电信市场开放的进程。但是从实际开放看，德国是将电信业视为涉及国家安全的产业，市场基本上只对欧盟国家的电信企业开放。原有的德国垄断电信企业仍占据市场统治地位。

电信业的开放提升了行业服务水平。电信市场开放后，随着新的电信运营企业的加入，市场竞争日趋激烈，电信服务价格也大幅下降。1998年固定电话长途业务市场开放后，长途电话价格第一年便下降了41%，次年又下降13%。尽管德国电信通过降低价格、改进服务水平、裁减多余人员、引入专业管理人员等措施，以应对新的竞争者，市场份额仍然大幅缩减。激烈的竞争促使电信行业企业不断调整策略，提供更好的服务、更低的价格、更有针对性的产品组合来争取市场份额。

（三）保险业

德国保险业发达，形成了较为完善的保险体制。德国对外资进入保险有明确规定，需要满足几个条件，包括对高层管理人员的要求、母公司的资本条件等。同时，德国联邦保监局一般会对外资企业提出对等原则，也就是如果外国保险公司要在德国设立分支机构，也需允许德国保险公司在该国设立分支机构。

（四）银行业

按照德国《银行法》规定，外国金融企业分支机构归类为信贷机构和金融服务机构，其在德国境内多个分支机构被视为一个机构。外国金融企业要进入相关领域，需要符合德国《银行法》的相关规定。

外资银行分行应拥有足够的资本金，其金额按《银行法》第33条第1款规定执行，投资信贷机构至少500万欧元；

聘任至少2名居住在德国的自然人为分支机构或分行领导人，其人必须符合专业要求且诚信可靠；在金融信贷机构从事3年以上领导工作及1年以上与《银行法》规定的金融业相关的银行业务。其中1人必须掌握德语，其他领导人必须掌握德语或英语等其他国际通用语言。

无论是以子公司、分支机关或分行、代表处，还是以跨境服务形式在德国境内从事银行或金融服务业务，外国机构必须按相关设立条件和程序向金融监管局申请书面许可并在注册地进行商业登记后方可经营经许可批准的银行或金融服务业务。

银行业重点的行业规制：

1. 设立机构规制。

非欧盟银行在欧盟的分行只是其总行的附属机构，不具备法人资格，不能享受欧盟相关银行法律规定的优惠政策。非欧盟银行在欧盟国家设立分行要向东道国金融监管局申请银行执照，不能享受《第二号银行指令》所倡导的单一银行执照所带来的优惠政策。

2. 业务经营规制。

一是资本充足率必须达到 8%，业务经营规模受到限制。德国要求外资银行无论是分行或子行均应保持 8% 的资本充足率，并且各项信贷业务都与资本规模挂钩；二是"公司间的债项结余"对资本金有单方的递减影响；三是欧盟成员国银行在德设立分行，在母行出具安慰函的前提下，分行可在移动程度上享有放松业务规模限制的优惠。但非欧盟成员国不在此列，无法享受其优惠待遇；四是外派人员来德手续复杂，等候时间较长。

（五）自由职业服务

专业服务分为不受法律限制的自由职业服务（如建筑设计、翻译）和受法律限制的自由职业服务（如律师、审计、会计、税务顾问）。按照德国相关法律规定，外国人或企业要想在德国提供相应服务需要有相应的资质。随着欧盟一体化进程加快，该领域已逐步对欧盟成员国开放，但准入条件同样相当严格。

以律师为例，德国《联邦律师条例》严格规定了从事律师职业、提供法律咨询服务的条件。《联邦律师条例》第 206 条针对外国公司或个人成立事务所作了如下限定：一是来自欧盟成员国者需向事务所拟在地律师协会递交申请，同时出具在原籍国从事相应职业的证明，由律师协会转呈所在州财政主管部门审批；二是获得开业许可后，必须在规定的时间三个月内设立公司或事务所；三是经营业务应有严格的限定。

（六）旅游业

德国自 1990 年 11 月开始取消了外资企业来德国从事旅游业的各种限制，旅游市场对外企开放，并给予其国民待遇。

（七）运输与货运代理

德国在运输与货运代理领域执行欧盟共同法规。原则上，非欧盟国家的运输与货运企业享受和欧盟企业同等的经营自由。

三、启示

（一）以开放促发展

借鉴德国服务业开放的经验，以开放促进服务业发展，特别是垄断行业的发展。如德国电信业通过开放，打破了行业垄断。激烈的竞争推动行业企业不断在技术能力、市场开拓、业务创新、产品组合等多方面加大投入，持续提高服务水平，提升市场竞争力。原有国内垄断企业一方面要充分利用自身已有的技术积累、营销网络等优势；另一方面也要洞察市场发展潜力，重新在市场中找准定位，采取针对性措施，提高自身核心竞争力。

（二）加强法律法规建设

德国的服务业牵涉范围大、行业广，但都有法可依，不仅要遵守联邦和州一级法律，还要遵守本行业法规。如银行业有《银行法》，保险业有《保险法》。每一部法律和法规都对行业运作和行为作出了严格规定，是企业经营活动的指导原则和行为规范。

目前，我国服务业准入机制仍不完善，在企业资质、从业人员资质中均存在标准不统一、诚信体系缺失等问题，阻碍了我国服务业的发展，也成为我国服务业有序开放、规范化发展的严重障碍。应借鉴德国服务业发展和开放的经验，加强相关行业法律法规建设，充分发挥行业协会作用，完善各类服务准入标准及条件，加快建立高标准、与国际接轨的市场准入制度。

（三）强化监管

德国对外资企业进入相关服务业领域后，按照相关法律法规及行业标准，监管非常严格。外资企业在获得许可后，必须在规定的期限内开展相关业务。同时，外资企业在所进入行业必须严格在许可的业务范围内开展经营。如扩大经营范围，必须先期提出申请，并在批准后才能按相关规定扩展业务。

第三节　日本服务业开放国际经验借鉴

一、现状

（一）日本服务贸易发展状况

近年来，日本服务业占实际 GDP 的比重一直保持在 70% 左右，雇用劳动力也保持在 70% 左右，其实际 GDP 增长部分的 90% 由服务业提供。自 20 世纪 80 年代以来，日本一直居于世界服务贸易出口的前五位，尤其是亚洲金融危机后，日本服务贸易走上蓬勃发展之路，但近年来被中国、印度等发展中大国超越（见表 10 - 2）。

表 10 - 2　　　　　金融危机以来日本服务贸易进出口统计　　　单位：百万美元

年份	出口	增长率%	进口	增长率%	差额
2007	129104	10.1	150279	11.0	-21175
2008	148668	15.2	169481	12.8	-20813
2009	128261	-13.7	148639	-12.3	-20378
2010	141826	10.6	157905	6.2	-16079
2011	145222	2.4	167444	6.0	-22222
2012	145558	0.2	176809	5.6	-31251

资料来源：日本贸易振兴机构（www.jetro.go.jp）。

日本服务业的大多数部门进口大于出口，贸易盈余的服务部门主要是建筑业、金融业、版税和许可费用，除此之外的所有服务部门均为逆差，逆差最大的部门是运输业，达 151.95 亿美元，其次是旅游服务，逆差达 133.27 亿美元（见表 10 - 3）。

表 10 – 3　　　　　　　　　2012 年日本服务贸易行业统计　　　　　　单位：百万美元

行业	出口	增长率%	进口	增长率%	差额
总额	145558	0.2	176809	5.6	–31251
运输	40166	4.8	55361	12.0	–15195
旅游	14588	32.8	27915	2.5	–13327
通信	965	27.3	1179	21.2	–214
建筑	11575	5.6	7749	0.6	3826
金融	4649	13.4	3222	–3.6	1427
计算机服务	1352	13.0	4494	6.8	–3142
特许权使用费	31816	9.8	19927	4.1	11889
其他商业服务	37551	–16.9	46512	1.6	–8961
个人文化娱乐	182	15.2	1201	23.1	–1019

资料来源：日本贸易振兴机构（www.jetro.go.jp）。

（二）WTO 日本服务业开放的承诺

日本作为发达国家，其服务业发展水平位居世界前列，具有较强的国际竞争力和比较优势，因此在 WTO 服务贸易谈判中给予了较多的减让承诺。在承诺的平均数方面，根据日本向 WTO 提交的服务贸易减让表，日本对 123 个部门作出了减让承诺，所占比重为 79.5%，而中国仅对 82 个部门作出了减让承诺，所占比重为 53.1%（见表 10 – 4）。

表 10 – 4　　　　　　中国和日本 WTO 服务贸易承诺情况对比

	承诺情况	中国	日本
市场准入	无限制	118	230
	不作承诺	288	47
	有保留的承诺	214	215
国民待遇	无限制	209	267
	不作承诺	306	116
	有保留的承诺	105	341

资料来源：根据《中国服务贸易具体承诺减让表》和《日本服务贸易具体承诺减让表》整理而得。

在关于自然人流动的承诺中，日本除对较少的服务部门做出了限制性承诺外，大部分的部门都以水平承诺为主。在减让表中，对相关部门自然人流动不作承诺意味着成员国对自然人流动不承担任何义务，保留充分的自由，这就使得其部门承诺的灵活性受到了较大程度的限制，而日本对于自然人流动有着较为严格的限制。

在分部门的承诺方面，日本在"商务服务"部门中的专业服务（比如会计、税收、法律、工程服务等）、计算机及相关服务、房地产服务、广告服务等其他商业服务作出承诺。对其他商务服务下的广告、市场调研、管理咨询等大部分子部门，日本除了在自然人流动下"除水平承诺中的内容外，不作承诺"外，其他的承诺均为"无限制承诺"。除"建筑服务"外，日本在"分销服务"和"旅游服务"两个部门均作出了"无限制承诺"，在"环境服务"所有子部门的市场准入和国民待遇项下的四种提供方式均作出了承诺。在"健康服务"和"娱乐服务"部门，日本对健康社会服务以及娱乐、文化和体育服务两大类部门均作出了承诺。

而对于"通信服务""金融服务"等敏感部门，日本做出了中等水平的承诺。在"通信服务"部门，按照 SSC 部门分类，日本在电子邮件子部门的通信服务没有作出任何承诺。除了市场准入下自然人流动为"除水平承诺中的内容外，不作承诺"外，其他的承诺均为"无限制承诺"。"教育服务"部门方面，日本只在成人教育服务这个分部门作出了承诺。在初、高、中等教育服务领域没有做出承诺。日本在"运输服务"部门的承诺水平在所有服务部门中处于较低的位置，货运、海运服务和内水运输方面设定了外国投资比例上限。

二、特点

（一）承诺水平高但隐性壁垒多

日本在提倡服务业对外开放的背后，往往通过间接性的、隐蔽性强的各种措施加强对本国服务业的保护，如行业规范、价格标准、技术标准、法规和认证制度、垄断行为规范、卫生标准、业务管理标准及其经营状况评估体系等一系列监管措施。

在金融服务行业，日本仍然存在诸多的限制与贸易壁垒，日本政府在信托管理服务领域存在非审慎性措施，如外资银行分支机构吸收的存款不能纳入日本存款保险的范围、规定投资信托管理服务必须由在日本注册的法人机构提供等。另外，在通信服务、专业服务领域，日本也一直实行较为严格的管理政策。

在分销服务行业，日本作出了对零售业服务市场全面放开的承诺，但同时政府对于本国零售市场仍进行了保护。首先，通过行业协会将个体零售企业联合起来，实行规模经营，以增强其竞争力。其次是对外国投资进行隐性的限制。1997年，日本废止了《大店法》，建立了以"城镇建设三法"为体系的新型零售业政策。"城镇建设三法"即《大店选址法》《城市规划法》《搞活中心商业街法》，三者互为平行，互相补充。其中，《城市规划法》从城市规划的角度对大型商业设施的开店或开发进行限制和引导。《搞活中心商业街法》以促进市中心繁荣为目标，建立市中心繁荣化制度，为市中心内的商业设施及商业活动、停车场、活动场地等提供补贴或低息贷款，推动中小零售业的信息化和系统化，支持中小零售业的人才培养。《大店选址法》从维护居民生活环境的角度出发对大型零售店进行限制。通过上述法规，日本成功限制了外国投资对本国零售业市场的冲击，对国内零售业企业进行了实质性的保护。

在建筑服务业，日本也存在不少不透明的外资准入限制，如大型建筑项目实行国内招标制度，仅将园林、土建使馆和企业建筑等极少数项目开放进行国际招标，但也对国外投标者在施工时间、技术水平及人员资质等方面提出更加严格的要求。外资企业实际上并不能独自承包工程并大量进口使用本国建材，因此业务范围局限于建筑设计等相关产业。所谓外资建筑企业是指持有日本政府颁发的建设业许可、外资比例超过50%的外国企业。另外《日本移民控制和难民法》对外国建筑或公共工程技术雇员的从业经验也提出了严格要求，该雇员的薪酬必须与日本国内从事同种类型工作的工人一致。外国建筑企业进入日本建筑市场还仅限于民间范围的建筑设计等方面，基本没有参与承包工程的。

（二）建立了较为完善的政府监管体系

为了促进服务业的发展，日本政府建立了一套较为完善的由政府部门和行业协会构成的监管体系。

首先在政府层面，日本政府设立了服务产业发展推进部，实行有效针对性的监管；其次，建立了服务业各行业协会，在行业内部进行重要的协调工作。另外，成立官产学三方组成的推进服务业发展的高级别专门机构，如"联席会"以及服务业专门研究机构，发挥调查研究、协调各方关系、吸收各方意见建议、制定政策措施、推进贯彻落实政策措施的作用。如为扶持通信信息业的发展，日本政府在20世纪70年代初就在通商产业省新设"信息处理振兴课"，并成立了日本电子机械工业协会、信息服务产业协会、信息处理振兴事业协会、计算机应用协会等一批信息产业行业协会。90年代，为重振进入低谷的信息产业，日本内阁在设置了由首相担任"本部"部长的"高度信息通讯社会推进对策本部"，并召集各方面专家研究日本信息化发展战略。为促进服务业的发展，增强本国服务业企业的国际竞争力，2006年6月日本政府制定并公布了《新经济成长战略》，2008年发布了《制造业、信息业、服务业产业政策》以及今后10年发展服务业的部分政策措施评估报告。

（三）积极参与服务业国际新规则的制定

日本在大力培育本国服务业企业国际竞争力的同时，还积极参与国际服务业与服务贸易自由化谈判与新规则的制定。由于WTO服务贸易多边谈判一直以来停滞不前，2012年以美国、欧盟、日本等发达国家为主导启动了《国际服务贸易协定》（TISA）的谈判。日本成为TISA谈判的发起国和坚定支持者之一，试图与其他发达国家通过诸边谈判的方式，构建一个更高水准的服务贸易协定框架，并为日后该协定的多边化铺平道路。

《国际服务贸易协定》（TISA）的基本框架由规范文本、减让表以及个别成员豁免、新规则与纪律三大部分组成。在对服务业分类标准和提供方式的界定上，TISA采纳了GATS的核心范畴，但在减让表的承诺方式上采用了混合列表模式，即在国民待遇条款采用否定式列表，而在市场准入部分采用肯定式列表，增加了操作的灵活性和可控性，为日后吸引更多发展中国家的参与奠定了基础。在规则制定方面，《国际服务贸易协定》沿用了GATS中的绝大部分规则，如最惠国待遇、透明度原则、一般例外等，同时将一些"21世纪的新问题"纳入谈判范围内。如国有企业（SOE）竞争中性条款、跨境数据流准则、强制地方化条款等。

《国际服务贸易协定》原定于 2013 年末在各方达成一致的基础上结束谈判，但在实际谈判中，由于各方分歧较多，谈判很难在年底前结束。发展中成员对国有企业竞争中性条款等新规则方面存在担忧，美国与欧盟在 SOE 规则是水平适用还是部门适用上还未达成一致，欧盟内部的不同国家也流露出对 TISA 必要性的怀疑，新加坡更是在磋商过程中一度宣布退出。同时，《国际服务贸易协定》（TISA）由于缺乏谈判过程的透明性、谈判内容的包容性，且某些条款具有较强的针对性，引发了协定之外包括 BRICS 成员在内的多数发展中国家的担忧。

（四）双边层面建立了国内规制改革对话制度

从 1989 年开始，日本与美国就先后达成了"日美结构问题协议""日美综合经济协议""日美规制缓和协议"等一系列协议，涉及开放市场、提高市场准入等一系列领域。2001 年布什与小泉签署了《日美经济增长伙伴协议》，其中包括了电信、信息、能源、金融等主要服务行业的改革。

近年来，日本与美国、欧盟分别建立了规制改革对话制度，这一制度下设四个工作组，分别是医疗设备及药品、电信、IT 和跨部门问题小组，就各领域内存在的障碍与改进措施保持沟通，如提出竞争政策、透明度、私有化、法律体系完善等建议，对现存的阻碍货物和服务进入对方市场的法律、法规、管理方针以及其他措施进行改革，对相关商法进行修改等等。通过上述双边对话机制，日本有效地传递了政府进一步放开国内服务业市场、增加透明度的信息，从而缓解了来自其他国家的要求进一步开放日本服务市场的压力。

三、启示

（一）完善服务行业规制建设

日本国内已经建立了较为完善的服务业行业规范以及法规与认证制度，服务行业限制开放的措施一般并不是直接针对外国服务提供者或其服务产品而设置，比如开业权限制、资格限制、经营范围限制等，但实际上由于日本本国大多数服务企业已经达到这些标准和规定，所以最终受限的还是企图进入其市场的外国服务提供商（主要指发展中国家）。

而我国目前服务业开放仍以直接性的限制措施为主，主要局限在对外商投资企业的资质审查以及地域、业务范围的限制，涉及相关服务行业的法律法规相对落后，有的已经不符合开放和发展的需求，有的则不能起到有效监督外国服务提供商的目的，因此应根据服务业开放和发展的新形势重新梳理制定有利于服务业监管的法律法规，在规范和简化服务业准入受理和审批流程的基础上，完善服务行业规制建设。

（二）加强政府的监管能力

近年来，为促进服务业的快速发展，日本政府对服务业监管体系进行了较大调整，出台了服务业监管新政，改变了之前服务业行业监管政策由各主管部门制定的体系，形成了跨越行业、部门界限的统筹服务业发展全局的协调与监管体系，提高了监管效率与实效。同时，政府还进一步完善了服务业动态统计调查系统，在原有的统计系统的基础上，充实了服务业全产业的结构统计与动态统计工作，并对新兴的电子商务服务进行了追踪统计。同时借鉴 NAPCS（北美产品分类系统），研发应用了适应日本服务业特点的产品分类体系，对服务行业进行了进一步的细分，为有效监管服务业企业的经营状况奠定了坚实基础。

而我国目前缺乏统一权威的服务业开放协调机制，一方面服务行业准入审批程序繁琐且缺乏透明度，另一方面政府的事后监管能力与手段严重缺失。同时，行业商协会市场化发展不完善，导致政府监管和行业自律界限不清，在一定程度上阻碍了服务业进一步扩大开放。因此，未来应加强政府监管能力与监管手段，完善服务业和服务贸易统计，为调控政策提供依据和参考。

（三）参与服务业国际新规则的制定

当前，国际经贸形势正在发生深刻变化，国际服务贸易自由化谈判方向已从多边向诸边、区域层次转变。我国应加强对国际服务贸易新规则的研究，并适时制定应对之策。此前，我国在中美投资协定谈判中已做出"准入前国民待遇"和"负面清单"模式的开放承诺。同时，我国已正式宣布将加入《国际服务贸易协定》（TISA）的谈判，在实际谈判过程中应坚持开放性和平等性原则，针对协定谈判具体内容尽快制定减让表和出价依据，并联合其他发展中成员在国有企业、政府采购等不利条款上坚持立场，避免利益受损。此外，还应积极参与其他区域经贸合作协定和双边投资协定谈判，提升新一轮国际服务贸易规则制定的话语权与参与度，迎接服务业更高开放标准的挑战。

第四节　印度服务业开放国际经验借鉴

一、现状

20 世纪 50 年代初至 90 年代初，独立不久的印度曾一度推行对内重点发展工业和基础工业，对外实行贸易保护主义的政策，经济发展较为缓慢。90 年代之后，印度政府开始推行市场化和自由化改革，不断扩大对外开放，印度经济步入良性发展阶段。由于农业生产技术落后、工业基础相对薄弱，印度主要依靠服务业的开放来推动经济增长。

（一）服务业和服务贸易快速发展

近年来，印度服务贸易进出口保持快速增长态势。如表 10 - 5 所示，2006~2010 年，印度服务出口金额从 521.94 亿美元增至 1243.09 亿美元，年均增长 24.2%；进口金额从 403.9 亿美元增至 826.94 亿美元，年均增长 19.6%。2010 年，印度服务进口和出口分别占到世界服务贸易进、出口总额的 3.4% 和 2.4%。而其龙头产业——计算机及信息服务业的出口占到全球的近 1/5，成为世界第一大外包服务接包国。见表 10 - 6。

表 10 - 5　　　　2006~2010 年印度服务贸易进出口统计　　　单位：亿美元,%

年份	出口	增长率	进口	增长率	差额
2006	521.94	—	403.9	—	118.04
2007	869.27	66.55	477.82	18.30	391.45
2008	1072.3	23.36	561.73	17.56	510.57
2009	930.36	-13.24	537.32	-4.35	393.04
2010	1243.09	33.61	826.94	53.90	416.15

资料来源：联合国服务贸易统计，http://unstats.un.org/unsd/servicetrade。

表 10 - 6 　　　　　　　2010 年印度服务贸易分行业统计 　　　　　单位：亿美元，%

	出口	占比	进口	占比
总计	1243. 09	100. 00	826. 94	100. 00
运输	132. 48	10. 66	142. 12	17. 19
旅游	141. 6	11. 39	106. 36	12. 86
通信	14. 12	1. 14	11. 94	1. 44
建筑	5. 25	0. 42	9. 91	1. 20
保险	17. 82	1. 43	14. 25	1. 72
金融	58. 34	4. 69	67. 87	8. 21
计算机及信息服务	568. 78	45. 76	25. 31	3. 06
特许权使用费	1. 28	0. 10	24. 38	2. 95
其他商业服务	216. 67	17. 43	264. 9	32. 03
个人文化娱乐	3. 35	0. 27	4. 67	0. 56
政府服务	4. 85	0. 39	7. 03	0. 85

资料来源：联合国服务贸易统计，http：//unstats. un. org/unsd/servicetrade。

　　印度对服务贸易开放的政策极大地推动了其服务产业的发展。20 世纪 90 年代以来，印度服务业的增长普遍快于第一产业和第二产业。世界银行的数据显示，1990～2000 年，印度第三产业的年均增长率为 7.7%，高于同期第一产业（3.2%）和第二产业（6.1%）的增速；2000～2008 年，第三产业的年均增长率进一步提升至 9.5%，远超出第一产业（3.2%）和第二产业（8.4%）的增速。从 2001 年开始，印度服务业产值比重已超过一半，成为其第一大经济部门。2011/2012 年度，印度服务业占 GDP 比重达 59%；预计 2012/2013 年度，服务业将增长 6.5%，占 GDP 的比重将上升至 64.8%。

　　印度服务业的国际竞争力大幅提升。2006～2010 年，印度服务出口额占世界服务出口额的比重从 2.41% 增至 3.24%，提高了 0.83 个百分点。从显性比较优势指数（RCA）来看，印度服务业一直保持较明显的竞争力。从显性竞争优势指数①（CA）来看，2003 年以后，印度的 CA 指数都大于零，且保持较快上升态势（见表 10 - 7）。

表 10 - 7　　　　　　　　2006 ~ 2010 年印度服务业竞争力相关指数

年　份	2006	2007	2008	2009	2010
服务出口额占世界服务出口总额的比重（%）	2.41	2.5	2.74	2.68	3.24
显性比较优势指数（RCA）	2.0	2.0	1.9	1.8	1.8
显性竞争优势指数（CA）	0.53	0.52	0.6	0.61	0.63

资料来源：根据 International Trade Statistics 整理。转引自王婷：《中印服务业国际竞争力的比较》，《现代商业》2012 年 6 月。

（二）电信和软件服务产业具有较强的竞争力

印度服务业竞争力的提高，源于其国内市场对外资开放程度的不断加深，同时，资本市场的有序开放也发挥了资源配置和市场优化作用，提升了产业发展层次；与之形成鲜明对比的是邮政、铁路运输和零售等部门，由于市场开放进程滞后，这些行业的发展颇为缓慢。

电信服务领域的开放，促进了国内电信市场的快速发展，同时，市场的激烈竞争还提升了本土企业的经营管理水平和竞争能力。截至 2011 年年底，印度共有 9 亿 2655 万电话用户，其中手机用户 8 亿 9386 万②。印度的电信网络已成为仅次于中国的全球第二大电信网络。因特网和宽带的普及率也在提高。而早在 2002 年，印度电信运营商就进入了阿富汗等其他国家市场。

高度开放的电信业和软件服务业，成为印度计算机服务业快速发展的源泉。近年来，印度在全球外包市场上的份额始终名列前茅，并被称为承接离岸服务外包业务规模最大的国家。目前，软件业已成为印度支柱产业，其产

---

① 显性竞争优势指数（Competitive advantage，CA）是在显性比较优势指数的基础上，结合进出口因素来评价某项产业或产品的竞争力，即从出口的比较优势中减去该产业进口的比较优势，从而得到一国某产业的真正竞争优势。显性竞争优势同样适用于服务业，有三种取值：如果一国（地区）CA 指数大于 0，说明该国（地区）服务业具有比较优势；若 CA 指数小于 0，则说明不具有比较优势；若 CA 指数等于 0，则说明该国（地区）服务业自我平衡。CA 指数越高，该国（地区）服务业国际竞争力越强。反之，该国（地区）服务业国际竞争力越弱。

② 《对外投资合作国别地区指南（印度）》，2012 年版。

值约占国内生产总值的 8% ，出口额占出口总额的 1/4 左右①。2012 年，印度在全球软件外包市场中的份额达到 58% 。

二、特点

（一）开放承诺基数较低

在世贸组织《服务贸易总协议》之下，印度主要以"正面清单"的方式列出开放的领域和部门，其承诺开放的基数低，除对商业存在模式承诺较多外，跨境交付、境外消费和自然人流动等模式的承诺均很少。印度在 GATS 项下做出开放承诺的服务业部门主要包括通信、金融、交通、旅游、商业服务、建筑及相关服务、卫生与社会服务等。可以说，印度是在 GATS 项下承诺最少的国家之一。但在开放过程中，印度的外资政策管理部门（财政部、商务部等）会定期对外资政策作出评估，判断利用外资的利弊，不断修正其承诺和政策。

（二）不同部门之间开放差异大

目前，除博彩业外，印度在服务业各领域均有不同程度的开放，但各部门间开放速度和程度差异很大。

印度开放程度最高的领域是软件服务和电信服务领域。一直以来，印度政府出台了一系列政策措施，包括开放国内市场（允许外商独资设立软件企业）、完善信息基础设施和实施优惠的税收以及各种便利化措施（政府提供一站式服务）等鼓励软件行业的发展。

（三）灵活运用多种限制措施

印度在金融服务、建筑服务、保健服务、分销服务和航空运输服务等领域保持一定程度开放的同时，也设立了各类准入壁垒，包括外商投资持股比例的限制、本地采购比例规定和程序、标准等技术性贸易壁垒等。

---

① 《印度软件业期待转型欲靠研发突破发展瓶颈》，《人民日报》2013 年 6 月 26 日。

表 10－8	部分领域外商投资持股上限	单位:%
行业领域		持股上限
私有银行、卫星制造		74
多品牌产品零售		51
空运服务、资产重整公司、电视、基础设施建设		49
新闻电视频道、保险、新闻报纸		26
调频广播		20

资料来源:《对外投资合作国别地区指南（印度）》,2012 年版。

1. 电信业。

如前所述,电信业已经是印度高度开放的领域。即便如此,这一领域仍存在诸多准入壁垒。如外资可以参与固定电话国内长途和国际长途服务,但是,要对每项服务收取约 50 万美元的许可证费用。外商进入印度卫星服务市场也受到一定限制,例如印度规定外国卫星的系统容量必须要通过印度空间研究组织（ISRO）才能销售给印度当地消费者。这不仅增加了消费者的使用成本,也导致印度的卫星服务市场完全被印度空间研究组织所控制。到目前为止,印度政府还未打算进一步开放其卫星服务市场。

2011 年 5 月,印度颁布了新的电信安全政策,尽管该政策取消了此前电信安全政策的许多贸易扭曲要求,但一些规定仍然引起担忧。这些规定包括:要求电信设备供应商在印度实验室测试所有进口的信息和通信技术设备;要求允许电信服务提供商和政府机构在供应设备合同持续期间检查供应商的制造设施和供应链,以及进行安全检查;强制的严格责任和采取"不充足的"预先安全措施供应商的可能黑名单,不具有上诉和其他适当程序担保的权利。

2. 金融服务领域。

外资银行进入印度受到严格限制。外国银行只能以以下三种形式在印度开展业务:直接分支机构、全资子银行或者是在印度私人银行中持股的方式。根据在印度的分行授权政策,外资银行必须按年度提交其内部的分行扩展计划,但是由于印度对分行扩展配额的不透明,导致外资分行的扩展能力严重受限。

同一家印度私人银行内所有外国股份的总和不得超过 74%。印度公共银行所允许的外资股份是 20%,包括外商直接投资和证券投资,并且要通过政府许可。由于印度储备银行和财政部之间的协调问题，关于 2005 年印度储备银行提出的给予外国银行国民待遇的计划至今未得到实施。

3. 会计审计服务。

在会计服务领域，任何人只有成为印度特许会计师协会（ICAI）的成员，方有资格作为职业会计师在印度从业。而此前必须学习印度特许会计师协会的指定课程，在特许会计师协会认可的机构实习，并通过相关考试，才能成为印度特许会计师协会的一员。外国会计公司只有在其母国给予印度会计公司同等互惠待遇的条件下，方可在印度从事相关会计业务。

审计服务方面，只有以合伙人形式成立的公司才能提供金融审计服务，而且持有外国证照的会计师不能成为印度的会计师公司里的股份合伙人。目前，印度修订的《公司法》正在印度议会财政委员会审议，该法案一旦通过，会强制要求审计公司每 5 年进行客户"轮转"并增加审计公司的第三方责任，严重影响企业的业务连续性，同时也背离了大部分 G20 成员国的习惯做法。

4. 法律服务。

外国律师事务所不得在印度开设办事处。外国法律服务人员可以在印度本地的律师事务所受聘为雇员或担任顾问，但不能签署文件，不能代理客户，更不能成为律师事务所合伙人。

印度现行的《诉讼法》对外国律师在印度的诉讼活动规定了诸多限制，例如不得在法庭上进行口头辩论，也不得对外国法律提交书面意见和提供咨询服务。

5. 销售服务。

零售业是印度国内最重要和最大的服务业部门，也是该国仅次于农业的第二大经济领域。由于零售业对于解决劳动力就业的意义重大，因而一直以来，其市场开放都受到严格限制。一直到 2006 年，印度政府才开始允许外国直接投资单一品牌零售店，但外资持股比率不得高于 51%。2012 年，印度发布通知，允许外国投资者投资单一品牌零售业比例超过 51%，条件是销售产品价值的 30% 必须采购自印度工厂和机器资本少于 100 万美元的小实业。

6. 教育。

外国高等教育服务的供应商面临印度的一系列市场准入壁垒，其中包括：

要求各邦在大学管理委员会中派驻代表；配额限制招生；学费上限；存在潜在双重征税的政策；难以将工资和研究收入汇出国外。

（四）对外开放的同时重视对内开放

以电信业为例，早在 1991 年，印度政府就向私人企业开放了国内的增值业务市场。1994 年《国家电信法》的实施明确允许私有资本进入电信市场，并鼓励与外资联营的民营企业向其他地区的电信产业投资。由于内外开放的同时进行，目前，印度电信市场已形成国有、私营和外资各类企业充分竞争的局面，避免了一企独大、垄断市场的后果，使电信资费大大降低，电信传输的质量和速度大幅提升。这不仅有利于提高电信业自身的运行效率，也有利于其他以电信为基础的行业的健康、持续、快速发展。

金融业领域，自 1991 年开始，印度开始了金融部门的改革和开放。在银行业开放方面，撤除严厉的金融压制措施；增加银行的经营自主权；允许私人资本和外资银行进入本国银行市场；通过利率市场化机制实现价格发现功能；建立以风险监测为基础的监管体系；采纳国际监管标准（巴塞尔体系）。在保险业开放方面，允许私人资本和外资进入本国保险市场，设立保险机构，增强本国市场的竞争性；放松管制，给予保险企业更多的自主权；采用审慎的监管标准和理念；建立独立的保险业监管机构。在资本市场改革上，则采取了一揽子举措，主要包括：建立以注册制为基础的自由融资体制；企业可以自主通过发行 ADR 或 GDR 的方式实现海外上市；以信息公开制取代实质审查的监管制度等。通过上述改革措施，印度资本市场获得了长足发展。

（五）在 WTO 服务贸易谈判中维护自身利益

总体上看，印度在乌拉圭回合谈判中做出的服务贸易承诺较为有限，难以体现其开放的实际水平，与其他国家对其市场开放的期望值也相距甚远。因此，近年来，印度面临着大量来自美、欧、日、韩等国家和地区对其服务业开放的强烈诉求。这些诉求主要集中于金融、分销、交通、商业服务业和职业教育等领域的市场准入方面。鉴此，在多哈回合谈判中，印度分别于 2004 年 1 月和 2005 年 8 月两次出价，不仅涉及服务贸易领域的所有 11 大行业，而且涉及的子行业也大大增加。

印度作为全球第二大 IT 服务和 BPO 出口国以及最大的软件技术人才输出国，对外部市场准入极为关注。因此，印度政府在跨境交付（模式 1）、境外消费（模式 2）和自然人移动（模式 4）这三种服务提供模式上的要价非常主动。尤其是在自然人流动方面，主要原因在于印度计算机、信息服务产业的发展需要一般技术人员的频繁流动。因此，印度认为，在自然人移动方面，应取消对专业技术人员流动在商业存在方面的限制，削减目前各成员方在自然人移动方面的诸多限制（包括烦琐的签证手续、数量限制、资格限制和技术标准等）。

三、启示

作为发展中大国的印度，其在服务业开放方面既有成功的经验，也存在一些失误，带给我们许多启示。

（一）灵活机动地调整开放政策

渐进性、持续性和灵活性是印度服务业开放的三条重要经验。印度在 1995 年加入 WTO 之后，多次对其入世承诺做出修正，其外资立法和政策基本上每年做出微调，总体的趋势是逐步放宽外资进入的限制。与之相比，我国的服务业市场开放则有一定被动性，也缺乏前瞻性和持续性。建议未来建立根据市场发展和我国具体情况灵活调整外资政策的机制；在确定对外开放程度和调整对外开放比例的问题上，建立专门的研究和评估机构，在此基础上灵活运用适度的保护措施，动态调整对外开放政策。

（二）重点选择本国具有比较优势的领域率先开放

与印度相比，我国服务业在吸收 FDI 的总量上具有绝对优势，但相对而言领域较为分散；印度吸引 FDI 主要集中在软件业这一本国具备比较优势的领域。目前，我国的经济发展重心已由原来的扩大生产能力转为提高有效供给能力，因此，吸引外商投资的产业政策逐渐转变为能够提高经济增长效益的外商投资，即关联效应强的服务领域。因此，我国有必要采用有效的分析工具，对我国服务业各领域的竞争力、比较优势等进行分析，将 FDI 积极引入服务业的特定行业中来。

（三）对内对外同步开放

印度服务业在对外开放的同时，非常注重对国内私营部门的开放；而我国服务业对内开放则是比较薄弱的环节，也是应重点突破的方向。对内开放的核心就是要贯彻十八届三中全会中提到的"建设统一开放、竞争有序的市场体系，是使市场在资源配置中起决定性作用的基础"。对于服务业而言，应放宽市场准入，放开非基本公共服务领域，鼓励地区间服务要素自由流动，尽可能取消所有制限制，为民营企业创造公平竞争的环境。

（四）妥善处理对外开放和培育本国市场、提升核心竞争力的关系

印度在这一方面既有需要警惕的教训，也有可资借鉴的经验。以软件外包为例，多年来，印度软件业虽然取得高速发展，为国家换回大量外汇收入，但始终局限于为美国等发达国家的跨国公司提供服务，没有自己的软件品牌，缺乏自主知识产权的核心技术产品和创新能力。所以，虽然印度软件业产值居世界第二，但与第一位的美国相差较大，难以成为真正的软件强国；而且，由于印度国内制造业相对比较落后，本土市场狭小，难以支撑强大的软件产业与信息技术企业的迅速成长，很多软件园区属于"孤岛"，因此，在面临世界经济不确定性、贸易保护主义盛行和海外市场萎缩的时候，印度软件业的发展存在不少风险。据有关部门统计，2013 年第一季度，印度外包服务增速下降，外包技术合同的总值下降了30%，充分体现了不注重培育国内市场的负面效应。就我国的情况而言，不具备印度的语言优势、和西方亲近的国家关系，以及发展服务外包的历史机遇，因此，就更加不能重复印度的老路子，单纯发展服务外包。结合我国国内市场巨大、制造业基础雄厚的特点，应在发展服务外包的同时，注重内部市场培育和核心竞争力的培养，鼓励国内制造企业剥离服务业，大力发展在岸外包；培育具有自主知识产权和自有品牌的企业。

（五）对外开放与国内政策的协调

如前所述，印度政府为服务外包发展制定了完备的政策体系和多项支持

鼓励政策。如在全国各地建立了多个具有国际先进水平的软件技术园区，对入区企业，特别是中小企业给予各种税收、信贷、投资优惠政策；同时加强对企业运作的规范和监管。此外，印度还特别重视知识产权保护和信息安全。

我国在服务业对外开放的同时，也要注意同国内产业政策相结合。要与国际服务贸易谈判更高标准的规则和要求接轨，理顺服务行业的管理体制，识别、消除各种与国际通行规则以及相关承诺不符的国内规制，提升公共服务水平与政府监管能力，为吸引高水平的服务业投资创造良好环境。

第五节　中国香港服务业开放国际经验借鉴

一、现状

服务业是香港经济体系的最大支柱和唯一支柱，服务业贡献了 GDP 中 90% 以上的份额。20 世纪 50 年代之前，香港经济还是以制造业为主，占比很小的服务业则主要集中于转口贸易；70 年代初，香港推行经济多元化方针，金融、地产、通信、旅游业迅速发展。1978 年后，内地的改革开放为香港服务业的发展提供了机遇，大批港企内迁发展制造业，带动大量与制造业相关的服务业发展，包括法律、会计、金融、物流等。目前，金融、贸易及物流、旅游、工商及专业服务是香港服务业的四大支柱行业。2010 年，这四类产业占到香港 GDP 总值的 58%[①]。

香港服务贸易的发展在全球居于领先地位。根据联合国贸发会议的统计，2012 年，香港服务贸易出口额为 1234.61 亿美元，是世界上第十大服务出口地[②]。同时，香港的高端生产性服务业还具有很强的国际竞争力，在设计、研发、采购物流以及推广、销售渠道等方面具有较强优势，不仅确立了香港的国际金融中心、国际航空航运物流中心地位，而且还带动了香港资讯科技、文化创业产业有国际竞争力的提升。2012 年 3 月发布的《全球金融中心指数》显示，香港保持全球第三大金融中心的位置，仅次于伦敦和纽约。世界

---

① 《对外投资合作国别地区指南（中国香港）》，2012 年版。
② 联合国贸发会议网站，http://unctadstat.unctad.org。

经济论坛《2011～2012 年全球竞争力报告》显示，香港在全球最具竞争力的 142 个经济体中排名第 11 位①。

但是，由于过度依赖服务业和服务贸易，香港经济也出现了某种程度的失衡，导致香港经济易受外部市场冲击。如前所述，伴随着大陆的改革开放，香港附加值低的制造业开始转移到内地南部。这一过程带来两个结果。第一，香港企业将附加值较低的生产工序向外转移，自身则专注于管理及相关生产支持性服务，从而在贸易、航运、融资和其他专业服务方面创造了大量需求，提升了香港的服务业层次、专业化程度和竞争力。第二，由于制造业的转移，使香港产业出现空洞化现象；同时，内地市场巨大潜力和丰厚利润也使企业创新动力不足，导致香港产业结构调整缓慢。最终，1997 年亚洲金融危机使得香港经济受到了极大冲击。此后，香港政府改变了过分重视发展服务业和服务贸易的方针，在继续保持服务业发展势头的同时，一方面调整服务产业结构，提升服务业竞争力；另一方面强调以高科技产业为主的工业重建，实行服务业和高科技产业并举的政策。

二、特点

（一）服务业高度开放

香港一直以来实行最全面、彻底的贸易自由、金融自由、投资自由和运输自由，连续 18 年被美国传统基金会评为全球最自由的经济体。就服务贸易的行业准入来说，除博彩业受政府严格管制外，其他行业均向私人和外国投资者开放，无须审批。外商投资企业可以不同形式在香港从事商业活动，如有限公司、分公司、代表处、合伙制、独资公司和联营公司等。外资企业进入后，与本地投资者享受同等待遇，只要遵守当地法律法规，政府对其经营活动、资金流动调配等不进行任何干预。

在高度开放的同时，香港对一些行业有牌照和执业资格的限定。如在电信、广播、交通、酒制品销售、餐厅、医药和金融等行业，除商业登记外，需要向有关政府部门申请牌照。对于银行和保险业，取得牌照有资金等方面

---

① 《对外投资合作国别地区指南（中国香港）》，2012 年版。

的限定；其他行业，如电信业，则只需要对相关技术条件进行说明即可。此外，香港对于一些行业的执业者资格也有限定，主要包括医生、律师、会计师和工程师。

（二）注重结合自身比较优势

香港注重根据国际宏观经济局势和国际分工结构的变动，因势利导，培育自身的比较优势和新增长点。例如，商贸服务是香港第一大服务贸易部门，这一部门的发展最先是基于香港港口、区位等独特的自然优势，在香港政府有意识地引导和培育之下，由转口贸易和离岸贸易等传统服务业部门逐步发展和细化，最终形成了运输仓储、货运代理、国际金融和会计审计等门类齐全、分工专业的商贸服务体系。

在20世纪50年代之前，香港主要是通过低税率的自由贸易政策和投资政策，大力发展转口贸易。随着集装箱运输业在全球的大规模兴起，香港也不断完善环岛各港口的基础设施，加强海陆联运建设，从而形成香港运输业在国际分工中的比较优势。之后，转口贸易的蓬勃发展带动了离岸贸易以及运输、仓储、货代等商贸服务业的发展，使香港成为亚太地区的主要采购中心之一。商贸服务业的发展带来了对金融、信息、通信等相关行业的需求。70年代初，香港在经济多元化方针指导下，积极发展金融、通信、地产、旅游等服务业。在此基础上，20世纪八九十年代，跨国公司的全球化扩张极大地拓展了东亚和东南亚以及内地对香港金融服务业的需求；同时也加速了资本和技术的国际流动，从而促使香港服务业内部各种优势要素加速整合，大大加速了香港金融、商业、咨询等服务业的发展。

（三）依托于高度国际化的运作管理模式和社会文化环境

香港经济的高度开放性和自由度，是建立在其高效透明廉洁的政府服务、与国际接轨的法律制度与企业规范、高素质的人力资源和国际化的社会环境基础之上的，多种因素密切配合。

香港政府一贯致力于为企业营造公平、公正的市场环境，并辅以适当的监管制度。政府提供足够和有效的基建设施（机场、港口、隧道、桥梁、公路、通信等）；在教育方面投入大量资源以配合社会发展（过去十年教育开支平均占政府开支20%，为最大的开支项目）；维持社会稳定（提供足够的社会保障）；确保环境可持续发展等。

从社会文化环境看，香港是中西经济文化交融之处，具有浓厚的国际化特色，沿用了普通法和其他国际认可的规则，金融、法律、司法等制度以及公司规范与运作模式等均实现了与国际惯例的接轨。此外，由于香港与西方国家语言相通、价值观相近，有利于相互投资，也有利于国际投资过程中的文化融合。

香港在注重教育投入的同时，也注重引进外来优秀人才。目前，香港聚集了大量高级服务业人才，包括律师、建造师、测绘师等。这些专业人才以经验及技术专长，且很多在香港获得的资格证书都可获得英、美、澳、加等国家的承认，非常有利于其开展国际业务。

（四）开放的同时注重政府扶持

在高度开放的同时，香港政府也积极引导和支持服务业发展，在招商引资、机构资助、行业资助等方面实施了一系列政策和计划。

在招商引资方面，2000年成立的香港投资推广署专门负责促进外来直接投资。该署的办事处遍布世界各地28个主要商业城市，并有专门团队为香港各重点行业的投资者提供筹备、开业、发展等各阶段的全面支持，这些行业包括：商业及专业服务、消费产品、创意产业、金融服务、信息科技及通信、创新科技、旅游及酒店，以及运输及工业。截至2013年9月2日，投资推广署已成功完成3000个投资项目①。

香港政府对于重点行业的发展机构进行资助。香港先后成立了贸易发展局、生产力促进局、旅游发展局、物流发展局等半官方的非营利性机构，政府对这些机构进行部分资助，这些机构对香港服务业发展起了重要的推动作用。其中，成立于1966年的香港贸发局旨在向全世界推广香港产品和服务业，促进香港成为亚洲的营商中心。目前该局在世界各地设有40多个办事处，其中13个在内地（包括于2013年内在重庆及南京增设的办事处），每年在全世界举办超过300余项推广活动②。

---

① 香港投资推广署，http：//www. investhk. gov. hk。
② 香港贸易发展局，http：//www. hktdc. com/sc/。

三、启示

（一）确立具有比较优势的服务部门

如前所述，香港之所以能够形成门类齐全、具有高附加值的商贸服务业，主要是基于其区位优势，依托转口贸易的发展和成熟，在跨国公司生产环节转移和内地市场庞大需求的背景下，大力发展离岸贸易，并通过将离岸贸易中的增值服务做大做强，最终奠定其国际商贸物流中心的地位。对于我国而言，也应根据产业发展的基础和潜力，着力培育品牌和竞争力的现代服务业。在路径选择上，可利用我国雄厚的制造业基础，从生产性服务业如金融保险、现代物流、会展经济、信息技术等入手，扩大其开放水平，借助于外资的技术和管理经验，优化服务业内部产业结构，并因势利导，培育这些服务业发展的新增长点。

（二）加强服务业的法律规范

香港政府非常注重建立和完善规范化的、高透明度的以及符合国际标准的法律制度和公司规范，从而为外国投资者创造优质的营商环境。香港政府部门不断加强证券市场的公开透明和管理制度。从我国目前情况看，虽然近年来先后颁布了《海商法》《商业银行法》《保险法》《广告法》等一批涉及服务贸易领域的法律法规，但其中不少领域还无法与国际完全接轨。在已经颁布的有关法律法规中，不少内容仍然比较抽象，缺乏可操作性。此外，我国对国际服务贸易的管理和协调主要由中央相关部委负责，在体制管理上偏向于计划经济管理。此外，我国对服务业的统计范畴以及分类标准与国际惯例不完全一致，这都会阻碍服务贸易的开放和发展。

（三）加大对服务业的引导和支持力度

香港政府一般不通过经济或行政手段直接干预服务贸易市场，主要通过贸发局等半官方和非官方的组织、行业协会等，推动和支持服务业的发展，同时引导服务业进行自我管理。

目前，我国服务业和服务贸易的管理体制和机制不够合理。建议政府加快改进服务业管理方式，进一步优化政策环境，健全促进现代服务业发展的政策体系，在市场准入、融资担保、项目审批、税收优惠、重点行业支持等方面有所突破；同时简化办事程序，提高效率，增加政策透明度。另外，还要注意培养和发挥行业协会和非政府组织在维护市场秩序、加强行业自律、制定行业标准、交流行业信息、沟通政企关系等方面的作用。

第十一章　新时期我国服务业开放的战略举措

新时期，我国应从战略高度认识扩大和深化服务业开放的重要性，在国家层面确立服务业和服务贸易在国民经济发展中的战略地位。为适应新阶段服务业开放的新要求，我国应不断完善服务业开放的法律法规，创新体制机制，完善服务出口促进体系和统计体系，强化服务业开放监管体系，保障国家安全。

第一节　进一步完善与服务业有关的法律法规体系

法律法规的完善是我国服务业实现进一步开放的基础，也是保障我国服务业安全开放的核心之一，因此相关法律法规的完善是真正实现服务业进一步开放的先决条件。

一、出台统一的规范管理外资的基本法

修订改革开放初期颁布的《中外合资经营企业法》《外资企业法》和《中外合作经营企业法》（简称"外资三法"），制定统一的《外国投资法》。通过法律明确对外商投资实行准入前国民待遇加负面清单的管理模式，扩大我国对外开放尤其是服务业的进一步开放，强化政府投资促进职能和完善对外商投资的事中事后监管手段。在实施国民待遇、扩大市场准入、促进公平竞争的同时，通过基本法律保障国际经济安全和核心利益。

二、出台促进服务贸易法规

依据《对外贸易法》，尽快出台《服务贸易促进条例》以及《重点服务出口领域指导目录》。根据 2015 年国务院新出台的《关于加快发展服务贸易的若干意见》，出台具体的实施办法，研究制定出扩大服务出口的政策措施，通过服务进口更好地促进服务出口，提高产业国际竞争力，从而进一步提升我国服务业在全球价值链中的地位。

三、完善服务业走出去的法规

根据新修订的《境外投资管理办法》出台《境外投资促进条例》。通过各种促进手段和措施加快我国服务业企业走出去，培育本土跨国服务公司。

四、推进部门行业法规以及规章的废改立

依据我国加入WTO的承诺，签署的FTA、CEPA、ECFA协定和服务业开放的新形势，对涉及相关服务行业的法律法规按照开放承诺进行系统梳理和整理。将严重过时、不符合开放和发展需求的法律法规及时废止；将部分妨碍开放的条款进行调整和修订；同时根据产业发展制定出有利于服务业进一步开放并有效对服务业开放风险进行预警和监管的法律法规，最终形成符合多边的稳定、透明、可预期的法律政策环境。

五、提高政策法规的透明度

从OECD发布的服务贸易限制指数看，对外资的准入限制较高是我国服务业开放水平不高的主要原因，还有一项比较突出的问题是，我国对服务贸易监管法律法规的透明度低，也直接提高了我国的服务贸易壁垒，影响了服务业开放水平。如在教育服务领域，加入WTO后，我国承诺开放五个教育类，但至今为止，只颁布了一部统一规范中外合作办学的行政法规，对教育服务的跨境提供、境外消费和自然人流动方面的立法几乎是空白，而涉及此类教育服务贸易模式的问题时往往依靠政府文件或临时性行政措施解决，导致政策法规的透明度很低。因此，除了需要在重点领域逐渐放开外资准入限制外，更直接有效的方式是在完善行业法律法规的基础上，全面提高我国服务领域政策法律法规的透明度。

第二节　创新依法行政的体制机制体系

服务业采用"准入前国民待遇加负面清单"的新模式进行进一步的扩大和深化开放，就必然要求我国政府职能加快转变，推动体制机制创新，尽快建立符合国际化、市场化、法制化要求的投资和贸易规则体系。

一、深化利用外资和对外投资管理体制改革

以扩大开放促进各项改革，按照国际化、法治化的要求，积极探索建立与国际高标准投资和贸易规则体系相适应的外商投资管理体系，注重事先审批转为注重事中、事后监管，切实减少行政干预，发挥市场在资源配置中的决定性作用。依照"权力清单""负面清单"和"责任清单"，进一步创新管理体制和管理模式，建立行政权责清单制度，深化行政审批制度改革，最大限度取消行政审批事项，推进行政标准化和信息化建设。推动政府职能向全面履行公共服务、市场监管、社会管理、环境保护等转变。创造各类主体公平自由、竞争有序的经济运行环境。

确立企业及个人对外投资主体地位，支持企业及个人开展多种形式的境外投资合作，在法律法规规定范围内，允许自担风险到各国各地区自由承揽项目。对境外投资项目和境外投资开办企业实行以备案制为主的管理方式，对不涉及敏感国家和地区、敏感行业的境外投资项目全部实行备案制。逐步减少个人对外投资的外汇管制。建立完善境外投资服务促进平台，加强对外投资合作事后管理和服务，建设多部门信息共享平台，完善境外资产和人员安全风险预警和应急保障体系。试点建立境外融资与跨境资金流动宏观审慎管理政策框架，支持企业开展国际商业贷款等各类境外融资活动。统一内外资企业外债政策，建立健全外债宏观审慎管理制度。

二、建立服务产业和服务贸易协调机制

建立服务产业和服务贸易协调机制，就是促进服务产业、服务业利用外

资和对外投资以及服务贸易整体协调发展。服务产业发展涉及众多行业主管部门，同时服务业吸收外资、对外投资和服务贸易除了商务主管部门外，还需要众多服务行业主管部门的通力配合和协调。

完善部级协调机制。服务业进一步扩大开放需要进一步完善部级协调机制，即横向合作机制，增强服务业开放政策与产业政策的协调性和稳定性。为促进跨部门之间日常性工作的沟通与协调，保证相关政策的有效实施，应在商务部与各个服务行业主管部门以及发改委等部门之间建立各种类型的部级联席机制，对于一对一的部级协调机制，强化联系和沟通；对于涉及一对多的部级协调机制，交由国务院牵头的跨部门政策协调机制进行协调。

推动省部协调机制。为促进服务业开放政策的落地，还需进一步推动部省协调机制，即纵向协调机制。强化服务业开放的主管部门商务部与省（自治区、直辖市）机制的协调，实现服务业开放政策在全国范围内的统一实施。通过有效的纵向协调机制，加大商务部对不同区域和省份服务业开放工作有针对性的指导，推动中央政策在地方的落实；同时地方政府能及时将服务业开放政策实践效果反馈给中央，强化中央和地方的互动和配合。

此外，还应建立服务业和制造业开放政策的有机协调机制。我国是世界制造业大国，在制定服务业开放政策时应充分考虑这一点，建立服务业开放政策和制造业开放政策的有机协调机制，一方面，服务业的开放应有利于促进我国先进制造业的发展，提升改造传统制造业；另一方面，制造业的进一步开放也能扩大和带动服务业开放。另外服务业开放政策应和国家创新政策较好衔接，服务业开放最终应为国家创新服务。

第三节　构建服务贸易出口促进体系

新常态下，服务业和服务贸易在国民经济中的重要性日益凸显，而现有主要针对货物贸易的促进体系并不完全适用于服务贸易，因此，为更好地获取服务业进一步开放的利益，我国需要构建属于服务贸易的尤其是带动服务出口的促进体系。

一、完善服务出口促进机构和促进平台建设

目前，我国已经形成了从中央到地方、从官办到半官办以及民办的多层次贸易促进体系，但基本以货物出口促进为主，新时期现有的外贸促进机构应逐步转变工作重点，以货物出口为主向以服务出口为主转变，并加大专门的服务出口机构的设立，逐步完善和建立市场化运作的服务贸易促进体系。一方面，明确界定中央和地方服务贸易促进机构的职能分工。中央促进机构主要承担发布全国服务贸易公共信息、分析境外市场以及向境外推介我国的商品和服务，地方促进机构主要承担对方服务贸易公共信息的发布、承担展览、培训、贸易咨询、企业辅导等技术工作。另一方面，更多地通过市场机制来促进服务贸易发展。政府应培育一批运作有序、符合国际惯例的为服务贸易企业提供市场、政策、法律咨询以及专业人员培训等服务的完全市场化的贸易促进中介机构，通过政府购买服务的方式引导将更多的非政府职能移交给贸易促进中介机构。同时，应加强服务贸易促进平台建设，搭建以中国（北京）国际服务贸易交易会（京交会）为龙头，各专业展会为支撑的服务贸易促进平台，鼓励其他投资贸易类展会增设服务贸易展区。积极完善中国服务贸易指南网，充实网站内容；建立针对不同服务行业和面向不同国家的线上交易平台。

二、建立多样化的促进手段和促进方式

我国现有的贸易促进手段和促进方式过于单一，主要是依靠对企业的直接财政补贴，这容易引发是否合规性的问题。除了财政补贴方式外，税收优惠、金融支持、便利化等方式都能有效地促进服务贸易的发展，此外，最主要的是，服务贸易的促进的核心应以能力建设为中心，探索务实的和技术性的促进手段，完善政府的信息服务网络，针对服务企业需求举办各种商务对接、商务会议、展览等促进活动以及面向特定国家和特定行业的专业培训活动等。由于服务业涉及的行业庞杂，不同行业的服务出口特点不同，针对不同的行业服务促进的方式也有所区别。

三、加大重点服务出口的支持

立足我国服务产业发展的比较优势和发展潜力，通过定期发布和调整《服务出口重点领域指导目录》，确定我国重点的服务出口行业，给予专门性的支持和促进。如为促进信息服务的发展，政府应在信息服务所需的人才培养和基础设施建设上给予更多的关注；大力发展国际服务外包，培育外贸发展的新增长点。

四、重视对中小企业服务出口的促进

中小企业是服务产业发展的重要主体，我国应对中小企业服务出口促进体系建立给予充分和足够重视，完善相关服务出口促进机构中中小企业服务出口促进职能或建立专门的中小企业服务出口促进机构，形成权威的、全国统一的中小企业服务出口信息服务平台，健全和完善中小企业服务出口促进体系。

五、建立服务贸易促进绩效评估机制

为了更好地落实服务贸易的相关政策和有效地利用服务贸易促进资金，应在服务贸易促进体系中建立公开、透明以及科学的促进绩效评估办法，对各类服务贸易促进组织中涉及的政府投入绩效进行评估。

第四节　强化监管体系

新时期，我国服务业的进一步扩大开放，应更好地界定政府和中介组织在行业监管中的作用，形成政府监管、行业组织自律监管、社会监督、公众参与相辅相成、互为补充的综合监管体系，防范开放风险，提升本土服务企业的国际竞争力。

一、完善政府监管

发达国家的经验表明，服务业越开放，行业监管就越完善。政府在行业监管中的作用应从之前完全依靠事前审批逐渐转向事中事后监管。推动负面清单制度成为市场准入管理的主要方式，制定和发布政府权力清单和责任清单，理清政府市场的管理，通过责任清单担负起政府应该担负的监管责任。同时在服务业开放进程中，政府应制定出引导行业有序开放和健康发展的法律法规以及政策措施，加大对服务业开放可能引发的风险进行事先的预警和事后的防范力度。

二、重构行商协会组织的自律监管

目前我国的行商业协会行政色彩浓厚，对服务行业开放的自律监管能力较弱。因此，我国需加快现有的服务业行业协会、商业协会等中介组织的去行政化，通过中介组织制定行业规范、进入标准和技术条件等，加强行业自律，规范行业竞争。

三、加强社会信用体系建设

信用体系的建立是推动企业诚信自律的基础。目前我国覆盖全社会的征信系统尚未形成，社会成员信用记录严重缺失，守信激励和失信惩戒机制尚不健全，守信激励不足，失信成本偏低。新时期我国需进一步健全社会信用体系，探索建立市场主体信用评级标准，对不同信用企业进行分级管理，市场监管、产业促进等进行差异化的奖惩制度。建立行业信息跟踪、监管和归集的综合性评估机制。健全企业及从业人员信用信息记录和披露制度，完善企业信用约束机制。建立完善的企业信用信息公示系统，实施企业年报公告公示、经营异常名录和严重违法名单制度。

四、健全综合执法体系

为更好地对企业实施监管，最好能建立统一的综合执法机构，强化执法力度。当然，短时期内没有可能建立集中的执法机构，那就应先整合城市管理、市场监督等综合执法体系，建立信息共享、资源整合、执法联动、措施协同的监管工作机制。同时鼓励社会力量参与监管的制度，加大对违法行为的打击力度。

第五节 建立安全保障体系

我国目前在国内开始自主积极探索服务业开放新模式，同时加紧推进与美国、欧盟以准入前国民待遇和负面清单的模式进行 BIT 谈判。而在国际协定中以新模式开放服务业，在安全保障条款不完善的条件下将带来较大的风险。因此，新时期，我国服务业的开放应是在保障国家核心安全下的开放，建立安全保障体系，充分平衡好利益和风险。

一、引入国家重大安全例外条款

美国等发达国家，在积极推行负面清单管理模式时，都设置了众多的例外条款，包括国家重大安全例外条款、政府采购例外条款、金融服务例外条款、税收例外条款等，通过这些条款来保障国家安全。当然其中最重要的就是国家安全例外条款。目前在我国商签的自贸协定以及投资协定中，国家重大安全例外条款并不是必备条款，因此在对服务业开放进行负面清单模式承诺时，应引入这一条款，并且赋予我国自行判断重大安全的权利；明确规定缔约方对受损方的责任；在涉及重大安全例外的争端解决程序中，规定国际条约优先于国际习惯法的适用地位，确保缔约方对个案仲裁法庭法律适用的控制等。

二、对投资者采用国家争端解决机制（ISDS）的适用范围进行限制

我国在以充分保障本国利益为基础，一方面，在与发展中国家签署协定时，充分引进投资者对国家争端解决机制，保护我国服务企业的海外投资利益；另一方面，与发达国家协定时，如有可能尽量不引进投资者—国家争端解决机制。在引进投资者—国家争端解决机制时，尤其是面对发达国家，最好要求能在穷尽东道国救济之后再适用 ISDS；同时，完善 ISDS，如明确投资定义、界定因投资产生争议的范围以及对有权提起仲裁的投资者进行严格界定等，保留我国对服务业的更多外资管辖权。

三、条款上尽量体现过渡性安排

短期内，如果与美国、欧盟等发达国家以负面清单新模式进行进一步的服务业开放承诺，对我国将产生较大的风险，因此，我国在与发达国家相关条款谈判时，在条款措辞上应宽泛灵活，赋予我国更大的政策裁量空间。在金融、电信等重点服务业领域的开放，应以国内的改革完成的时间为参照，在协定中相关行业的开放中安排过渡性条款，以免对国内产业造成重大冲击，保护国家经济利益。

四、完善外资并购安全审查制度

发达国家的经验表明，服务业采用负面清单的管理模式，除了重要和敏感行业法律法规建立外，外资并购国家安全审查制度的完善非常重要。因此，我国需要进一步完善外资并购安全审查机制。首先，出台外资审查的基本法律，如《外国投资与国家安全审查法》，对审查机关、范围、标准和程序进行明确详细规定。其次，设立跨部门的独立的审查机构，保证高效规范的审查。同时明确国家最高领导人拥有安全审查的最终决定权，全国人大及其常委拥有监督权；最后，借鉴美国经验，在国家安全上只给出总的原则，赋予

本国更大的外资管辖权。

五、建立服务贸易救济制度或援助制度

与货物贸易相对完善的救济制度相比，我国的服务贸易救济制度尚属空白，因此，在扩大服务业开放的过程中，我国必须抓紧建立符合服务贸易特点且行之有效的救济补偿措施，为在服务业开放中受到实质性损失的部门（企业）提供实际有效的补偿。同时还应防止国外服务提供者对我救济或援助措施的规避行为。

六、加强服务业开放谈判团队与智库建设

组建以政府官员、行业专家学者、企业家等多方面人才组成的谈判智库体系，构建谈判团队与智库之间良好的协作机制，更好地发挥智库体系对我国国际谈判的智力支持。让行业专家学者、业内人士更多地了解和参与谈判进程，以保障国家利益、产业利益和企业利益。

第六节　完善统计体系

一直以来，对服务业和服务贸易发展不够重视导致我国服务产业统计和服务贸易统计明显滞后，为更好地促进我国服务业进一步扩大开放，需不断优化统计体系。

一、完善服务行业统计

我国现有的服务行业分类以传统的服务行业为主且条目较少，而社会分工的细化导致新兴服务行业不断涌现，因此，应参照联合国和世界贸易组织等国际服务业分类标准，进一步细化我国服务行业的分类。与此同时，应扩大行业的统计范围。我国众多服务业主体以中小企业为主，而我国的统计中

只反映了规模以上的企业，现有的统计制度没有体现出服务业规模小、散的特性。因此，应制定符合产业发展的统计标准，扩大统计范围和数据采集面，提高服务行业统计的准确度。

二、健全服务贸易统计制度

服务贸易的统计体系是服务贸易数据分析、促进工作效果评估以及贸易政策制定的重要保障，服务贸易统计是服务贸易发展的基础，因此，我国必须要不断完善服务贸易统计。首先是要完善服务贸易统计分类。充分重视服务贸易统计，将服务贸易统计数据常态化地纳入《中华人民共和国统计公报》和《中国统计年鉴》。同时细化服务贸易统计，将新兴服务行业纳入统计中，如文化贸易、中医药服务贸易等。其次是要加大服务贸易统计部门和产业统计部门的协调。设计统一的服务产业和贸易数据报送系统，在现有的产业统计系统中纳入贸易统计指标，以便更好地获取我国服务贸易数据。最后是要将国家外汇管理局定期发布的《国际收支平衡表》中服务贸易统计与国家统计局和商务部的《服务贸易统计制度》有机地结合起来，使外汇资金流向统计与服务门类业务统计相互呼应，以利于进行监测预警分析。省、地、市应建立与外汇管理部门、统计部门及其他部门的协作机制，数据共享，夯实基础数据。

参考文献

中文部分

[1] 邓小平文选［M］. 1 版. 北京：人民出版社，1993

[2] 邓小平文选［M］. 2 版. 北京：人民出版社，1994

[3] 李岚清. 突围：国门初开的岁月［M］. 北京：中央文献出版社，2008

[4] 刘向东. 对外开放启示录［M］. 北京：经济管理出版社，2008

[5] 陈宪，殷凤，韩太祥. 服务经济与贸易［M］. 北京：清华大学出版社，2010

[6] 富克斯（Fuchs, R. V.）. 服务经济学［M］. 北京：商务印书馆，1987

[7] 何德旭，夏杰长. 服务经济学［M］. 北京：中国社会科学出版社，2009

[8] 江小涓. 服务全球化与服务外包：现状、趋势及理论分析［M］. 北京：人民出版社，2008

[9] 申朴. 服务贸易中的动态比较优势研究［M］. 上海：复旦大学出版社，2005

[10] 石广生. 中国加入世界贸易组织知识读本（四）：中国加入世界贸易组织谈判历程［M］. 1 版. 北京：人民日报出版社，2011

[11] 刘瑞旗，李平. 国家品牌战略问题研究［M］. 北京：经济管理出版社，2012

[12] 欧阳峣. 大国综合优势［M］. 上海：格致出版社，2011

[13] 李钢. 国际对外投资的政策与实践［M］. 北京：中国商务出版社，2003

[14] 卢进勇. 中国企业海外投资政策与实务［M］. 北京：对外贸易教育出版社，1994

[15] 黄建忠. 国际服务贸易评论［M］. 2009 年·第 1 辑·总第 1 辑，2010 年·第 1 辑·总第 2 辑，2011 年·第 1 辑·总第 3 辑，2012 年·第 1 辑·总第 4 辑，2013 年·第 1 辑·总第 5 辑. 厦门：厦门大学出版社，2009，2010，2011，2012，2013

[16] 联合国贸易会议. 2012 年世界投资报告：制定新一代投资政策［M］. 2012

[17] 联合国贸易会议. 2011 年世界投资报告：国际生产和发展的非股权经营模式 [M]. 2011

[18] 联合国贸易会议. 2004 年世界投资报告：转向服务业 [M]. 2004

[19] 世界贸易组织. 世界贸易报告 2012——贸易和公正政策：21 世纪的非关税措施探析 [M]. 2013

[20] 中国贸易组织. 对华四次贸易政策审议报告 [M]. 2006，2008，2010，2012

[21] 中国世界贸易组织研究会. 中国世界贸易组织年鉴 [M]. 2007 ~ 2012，2008 ~2013

[22] 中国欧盟商会. 欧盟企业在中国建议书 [M]. 2012/2013，2013/2014，2014/2015

[23] 陈万灵，任培强. 服务贸易配置要素对外贸增长方式转型的影响——基于“中介效应”检验方法的实证分析 [J]. 国际商务，2011 (5)

[24] 程大中. 中美服务部门的产业内贸易及其影响因素分析 [J]. 管理世界，2008 (9)

[25] 程大中. 中国服务贸易显性比较优势与“入世”承诺减让的实证研究 [J]. 管理世界，2003 (7)

[26] 顾国达，周蕾. 全球价值链角度下我国生产性服务贸易的发展水平研究——基于投入产出方法 [J]. 国际贸易问题，2010 (5)

[27] 何伟. 运输服务贸易比较优势的构成及变迁——基于美中两国 1992 ~2008 年贸易数据的比较 [J]. 国际贸易问题，2011 (2)

[28] 江小涓. 服务全球化的发展趋势和理论分析 [J]. 经济研究，2008 (2)

[29] 江小涓. 服务业增长：真实含义、多重影响和发展趋势 [J]. 经济研究，2011 (4)

[30] 李怀政. 我国服务贸易国际竞争力现状及国家竞争优势战略 [J]. 国际贸易问题，2003 (2)

[31] 李钢，聂平香，李西林. 新时期我国扩大服务业开放的战略与实施路径 [J]. 国际贸易，2015 (2)

[32] 李钢，郝冶军，聂平香. 对我国服务业开放的多维度评估 [J]. 国际贸易，2015 (1)

[33] 李钢. 强化贸易政策和产业政策协调若干问题研究 [J]. 国际贸易，2013 (3)

[34] 李钢. 扩大服务业开放 大力发展服务贸易 [J]. 国际贸易，2014 (6)

[35] 李钢. 中国服务贸易：转型升级新亮点 [J]. 中国外汇，2014 (3)

[36] 裴长洪，杨志远. 2000 年以来服务贸易与服务业增长速度的比较分析 [J].

财贸经济，2012（11）

[37] 谭小芬. 中国服务贸易竞争力的国际比较 [J]. 经济评论，2003（2）

[38] 万红先. 入世以来我国服务贸易国际竞争力变动分析 [J]. 国际贸易问题，2005（5）

[39] 王庆颖. 中国服务贸易的国际竞争力实证分析 [J]. 世界经济研究，2005（1）

[40] 王小平. 中国服务业利用外资的实证分析 [J]. 财贸经济，2005（9）

[41] 薛敬孝，韩燕. 服务业FDI对我国就业的影响 [J]. 南开学报（哲学社会科学版），2006（2）

[42] 薛求知，郑琴琴. 服务型跨国公司的出现及扩张动因 [J]. 世界经济研究，2002（5）

[43] 姚战琪. 工业和服务外包对中国工业生产率的影响 [J]. 经济研究，2010（7）

[44] 殷凤. 中国服务贸易比较优势测度及其稳定性分析 [J]. 财贸经济，2010（6）

[45] 殷凤，陈宪. 中国及上海服务竞争力研究 [J]. 世界经济研究，2008（10）

[46] 袁诚，陆挺. 外商直接投资与管理知识溢出效应 [J]. 经济研究，2005（3）

[47] 赵书华，李辉. 全球服务贸易10强的服务贸易国际竞争力定量分析 [J]. 国际贸易问题，2005（11）

[48] 赵永亮，张婕. 工业与服务业非均衡发展研究——服务业会走向Baumol陷阱吗？[J]. 财贸经济，2011（6）

[49] 郑吉昌，夏晴. 服务贸易国际竞争力的相关因素探讨 [J]. 国际贸易问题，2004（12）

[50] 周念利. 基于引力模型的中国双边服务贸易流量与出口潜力研究 [J]. 数量经济技术经济研，2010（12）

[51] 聂平香，戴丽华. 美国负面清单管理模式探析及对我国的借鉴 [J]. 国际贸易，2014（4）

[52] 聂平香. 我国发展服务外包的路径选择及战略取向 [J]. 国际经济合作，2007（7）

[53] 程涛. 我国服务贸易适度开放问题之研究——给予承诺开放度的分析 [J]. 国际贸易问题，2008（12）

[54] 王健. 中国服务贸易承诺自由化指标的建立和比较研究 [J]. 国际贸易问题，2005（12）

[55] 蔡宏波，杨晗. CEPA框架下内地与香港服务贸易开放评析：2004～2009 [J]. 中央财经大学学报，2011（9）

[56] 李伍荣，冯源.《国际服务贸易协定》与《服务贸易总协定》的比较分析

[J]. 财贸经济，2013，12

[57] 华桂宏，吕永刚. 论外向战略向自主发展战略的转型 [J]. 财贸经济，2007 (6)

[58] 李钢，李西林. 服务外包产业：中国经济升级版的新动力 [J]. 中国流通经济，2013 (10)

[59] 李西林. 转型发展力促服务外包企业做大做强 [J]. 中国服务外包，2014 (2)

[60] 卢锋. 探求服务外包与服务全球化真谛 [J]. 经济研究，2009 (12)

[61] 武连峰. 离岸规模扩大 新商业模式渐变 [J]. 中国服务外包，2013 (3)

[62] 武芳. 中国服务业"走出去"图景 [J]. 中国外资，2014 (7)

[63] 李文锋. 中国跨国公司现状、问题及对策 [J]. 改革，2001 (5)

[64] 奚力为. 我国服务业对外直接投资的效应分析与政策建议 [J]. 中国商贸，2013 (30)

[65] 侯瑞青. 产业安全视角下海运服务贸易自由化研究 [D]. 中国海洋大学，2011

[66] 黄庆波，王孟孟，李焱. "国货国运"政策研究 [J]. 大连海事大学学报，2013 (12)

[67] 周珏如、赵一飞. "货载保留"政策研究 [J]. 交通企业管理，2007 (8)

外文部分

[1] Catford, J. C. 1965. A Linguistic Theory of Translation：An Essay in Applied Linguistics [M]. Oxford：oxford University Press.

[2] Catford, J. C. Online databases：quality control [J]. Library Journal, 1987, 113 (3)：124 –125.

[3] Alexopoulos, M., 2011, "Read All about It!! What Happens Following a Technology Shock?", American Economic Review, Vol. 101, No. 4, pp. 1144 –1179.

[4] Amit M. & Koning J., 2007, "Trade Liberalization, Intermediate Inputs, and Productivity：Evidence from Indonesia", American Economic Review, Vol. 97, pp. 1611 –1638.

[5] Amit M. & Wei S., 2005, "Service Off-Shoring, Productivity, and Employment：Evidence from the United States", IMF Working Paper 238.

[6] Antràs P., & Helpman. E., 2004, "Global Sourcing", Journal of Political Economy, Vol. 112, pp. 552 –580.

[7] Arnold J., Beata J., & Aaditya M., 2011. "Does Services Liberalization Benefit Manufacturing Firms?", Journal of International Economics, Vol. 85, No. 1：136 –146.

[8] Bala R. , 2010, "The Determinants of Foreign Direct Investment in Services", The World Economy, Vol. 31, pp. 16 –39.

[9] Bhattacharya R. , Ila P. & Ajay S. , 2012, "Export Versus FDI in Service", The World Economy, Vol. 35, pp. 61 –78.

[10] Breinlich H. & Chiara C. , 2011, "International Trade in Services: A Portrait of Importers and Exporters", Journal of International Economics, Vol. 84, pp. 188 –206.

[11] Burstein T. & Monge-Nonge A. , 2009, "Foreign Know-How, Firm Control, and the Income of Developing countries", Quarter Journal of Economics, Vol. 124, pp. 149 –195.

[12] Bustos P. , 2011, "Trade Liberalization, Exports, and Technology Upgrading: Evidence on the Impact of MERCOSUR on Argentinian Firms", American Economic Review, Vol. 101, No. 1: 304 –340.

[13] Dimelis P. & Papaioannou K. , 2010, "FDI and ICT Effects on Productivity Growth: A Comparative Analysis of Developing and Developed Countries", European Journal of Development Research, Vol. 22, pp. 79 –96.

[14] Eaton J. & Kortum S. , 2002, "Technology, Geography, and Trade", Econometrica, Vol. 70, No. 5: 1741 –1779.

[15] Feenstra C. & Hanson H. , 2005, "Ownership and Control in Outsourcing to China: Estimating the Property-Rights Theory of the Firm", The Quarterly Journal of Economics, Vol. 120, No. 2: 729 –761.

[16] Feenstra C. , 2010, "Offshoring in the Global Economy: Theory and Evidence", Cambridge, MIT Press.

[17] Francois J. & Hoekman B. , 2010, "Service Trade and Policy" Journal of Economic Literature, Vol. 48, No. 3: 642 –692.

[18] Hoekman B. and Karseniy G. (1992), Economic Development and International Transaction in Services, Development Policy Review, 10: 211 –236.

[19] James R. Melvin (1989), Trade in Producer Services: A Heckscher-Ohlin Approach, The Journal of Political Economy, 97 (5): 1180 –1196.

[20] Jeffrey J. Reimer (2006) . Global Production Sharing and Trade in the Services of Factors, Journal of Political Economy, 97 (5): 1180 –1196.

[21] Jensen J. & Tarr D. , 2012, "Deep Trade Policy Options for Armenia: The Importance of Trade Facilitation, Services and Standards Liberalization", Economics-the Open Access Open-Assessment E-Journal, Vol. 6.

[22] Jones R. W. And Ruane, F (1990). Appraising The Options for International Trade in Services, Oxford Economic Papers, 42: 672 –687.

[23] Jozef Koning (2001). The Effects of Foreign Direct Investment on Domestic Firms: Evidence from Firm-level Panel Data in Emerging Economies. Economics of Transition, 9 (3): 619 –633.

[24] Kikuchi T. & Long N., 2011, "Shift Working and Trade in Labor Services with Time Zone Differences", Pacific Economic Review, Vol. 16, pp: 553 –564.

[25] Kolstad I., Villanger E. (2008). Determinants of Foreign Direct Investment in Services. European Journal of Political Economy, 24 (2): 518 –533.

[26] Kurata H., Ohkawa T. Okamura M., 2009, "Market Size and Firm Location in a Service Industry", Review Of International Economics, Vol. 19, no. 1: 1 –14.

[27] Lancher S. & Pelin D., 2012, "Does Finance Play a Role in Exporting for Service Firms? Evidence from India", The World Economy, Vol. 35, pp. 44 –60.

[28] Lejour A., Rojas-Romagosa & Verweij G., 2008, "Opening services markets within Europe: Modelling foreign establishments in a CGE framework", Economic Modeling, Vol. 25, pp. 1022 –1039.

[29] Long N., Riezman R., and Soubeyran A., 2005, "Fragmentation and services", North American Journal of Economics and Finance, Vol. 16, pp. 137 –152.

[30] Markusen J. R. (1989). Trade in Producer Services and in Other Specialized Intermediate Inputs. American Economic Review, March, 79 (1): 85 –99.

[31] Markusen J., Rutherford F. & Tarr D., 2005, "Trade and direct investment in producer services and the domestic market for expertise", Canadian Journal of Economics, Vol. 38, pp. 758 –777.

[32] Markusen J. & Strand B., 2009, "Adapting the Knowledge-capital Model of the Multinational Enterprise to Trade and Investment in Business Services", The World Economy, Vol. 32, pp. 6 –29.

[33] Markusen J., 1989, "Trade in Producer Services and in Other Specialized Intermediate Inputs", American Economic Review, Vol. 79, No. 1: 85 –95.

[34] Mary Amiti and Shang-Jin Wei (2005). Service Off-shoring, Productivity, and Employment: Evidence from the United States. IMF Working Paper 238.

[35] Mattoo, A. Rathindran, R. And Subrananian, A. (2001). Measuring Services Trade Liberalization and Its Impact on Economic Growth: An Illustration. World Bank, Research Program on Trade in Services. World Bank Working Paper.

［36］Nachum, L. And Keeble, D. (2003). Neo-Marshallian Clusters and Global Networks: the Linkages of Media Firms in Central London, Long Range Planning, 36 (5): 459 –480.

［37］Nayyar, D. (1988). The Political Economy of International Trade in Services, Cambridge Journal of Economics, 12: 279 –298.

［38］Nicholas B., Sadun K. & Van J., 2012, "Americans Do IT Better: US Multinationals and the Productivity Miracle", American Economic Review, Vol. 102, pp. 167 –201.

［39］Nordas K., 2010, "Trade in goods and services: Two sides of the same coin?", Economic Modeling, Vol. 27, pp. 496 –506.

［40］Raff, H., M. Ruhr. (2001). Foreign Direct Investment in Producer Services: Theory and Empirical Evidence. Mimeo, University of Kiel.

［41］Sapir A. And Winter, C. (1994). Services Trade, in D. Greenaway and L. A. Winters (eds.), Surveys in International Trade, Blackwell, Oxford LIK&Cambridge USA: 273.

［42］Sapir, A (1982). Trade In Services: Policy Issues for Eighties. Columbia Journal of World Business, 22: 77 –83.

［43］Sherman Robinson, Zhi Wang and Will Martin (2002), Capturing the Implications of Services Trade Liberalization, Economic System Research, 14 (1): 3 –31.

［44］Triplett J. & Bosworth P., 2003, "Productivity Measurement Issues in Services Industries: 'Baumol's Disease' Has Been Cured", Federal Reserve Bank Of New York Economic Policy Review, Vol. 9, No. 3: 23 –33.

［45］UNCTAD (2004). World Investment Report 2004: The Shift Towards Services. United Nation, New York and Geneva.

［46］Simon Anholt. Nation Brand as Context and Reputation. Place Branding, 2005 (1).

［47］Simon Anholt. Why Brand? Some Practical Consideration for Nation Branding. Place Branding, 2006 (2).

［48］United Nations Conference on Trade and Development (UNCTAD). World Investment Report 2011. Geneva: United Nations, 2011.

［49］Hoekman, B., Braga, C. A. P. (1997), Protection and Trade in Services. A Survey, Open Economies Review, Vol. 8 Issue 3.

［50］Hoekman, B., Sauve, P. (1994), Liberlizing Trade in Services, World Bank Discussion Papers, No. 243, Washington, D. C. .

后　记

经过多次修改，本书终于付梓，算是了却一桩心愿。感谢我们团队的每一个人。同时感谢商务部副部长张向晨对本书赖以支撑的我国服务业开放课题的指导，感谢商务部政研室杨正位副主任、王红霞处长、服务贸易和商贸服务业司王旭阳处长、徐兴峰处长、王蕊娟处长、商务部国际司康炳建处长、中国服务贸易协会顾文忠副秘书长等同志在课题进行过程中给予的具体帮助、内容的切磋、观点的交流。同时还要感谢北京市商务委员会倪跃刚副主任、服务贸易处张华雨处长、上海市商务委员会研究室李清娟主任、国际服务贸易处孙嘉荣处长、广东省商务厅服务贸易处毕惠阳处长、广州市对外经济贸易合作局技术与服务贸易处刘旭处长、深圳市经济贸易和信息化委员会高林副主任、服务贸易处贾立群处长、深圳市服务贸易协会谢小彪常务副会长兼秘书长、内蒙古自治区商务厅王文杰副厅长、服务贸易和商贸服务业处赵锐处长、呼军副处长、包头市商务局杨占明局长、河北省商务厅陈彦报副厅长、服务贸易处全成处长、芜湖商务局韩明新局长、吴龙生副局长、宁波市服务业综合发展办公室王善根处长、宁波市统计局服务业处张建雷处长以及珠海横琴新区叶真主任、邹桦副局长等地方商务系统的领导和同志们所提供的大力协助，各地企业家、专家学者们包括国务院发展研究中心刘培林研究员、国家发改委宏观研究院王晓红研究员、张建平研究员、中国社科院于立新研究员、倪月菊研究员、对外经贸大学卢进勇教授、屠新泉研究员以及周念利副研究员等贡献的智慧与案例。还要感谢经济科学出版社编辑部周国强副主任，他为本书的顺利出版做了许多工作。

312

　　在欣闻墨香之余，却深感还有诸多问题未解，本研究只能算作一个粗浅的开始，仍需花费艰辛的努力去深究并提出解决方案。受作者学识之限，书中不足望同仁不吝赐教。

李　钢

二〇一五年九月六日于北京怡馨园